Meu terapeuta está me deixando maluco!

um guia para facilitar sua vida

Meu terapeuta está me deixando maluco!

um guia para facilitar sua vida

Mark Hillman

Novo Conceito
editora

© 2005 by Tecmedd

My Therapist is Making me Nuts!
© 2003 by Mark Hillman, Ph.D.

Proibida a reprodução total ou parcial. Os infratores serão processados na forma da lei.

PRODUÇÃO EDITORIAL
Equipe Novo Conceito

EDITORAÇÃO
Dreampix Comunicação

TRADUÇÃO
Denise Brazys

PROJETO GRÁFICO E CAPA
Dreampix Comunicação

ILUSTRAÇÃO
Jeanne A. Benas

Dados Internacionais de Catalogação na Publicação (CIP)
(Câmara Brasileira do Livro, SP, Brasil)

Hillman, Mark
   Meu terapeuta está me deixando maluco! Um guia para facilitar sua vida / Mark Hillman ; [tradução Denise Brazys]. -- São Paulo : Editora Novo Conceito, 2005.

Título original: My therapist is making me nuts! A guide to avoid life´s obstacles.
ISBN 85-8665-354-3

1. Auto-ajuda - Técnicas 2. Realização pessoal 3. Relações interpessoais 4. Solução de problemas 5. Sucesso I. Título.

05-2692   CDD-158.1

Índices para catálogo sistemático:
1. Realização pessoal : Psicologia aplicada 158.1
2. Sucesso : Psicologia aplicada 158.1

2005
Direitos exclusivos para a língua portuguesa cedidos à Tecmedd.

Novo Conceito
editora

Av. General Júlio Marcondes Salgado, 106
CEP 01201-020 São Paulo - SP
tel: 55 (11) 3512-5500
sac@editoranovoconceito.com.br
www.tecmedd.com

Para Linda, uma mulher de valor

Agradecimentos

Minha sincera admiração pelos colegas, equipe e amigos que deram orientação e apoio durante toda essa aventura. Pelo dr. Robert Penna, vulgo Bobby P., por me desafiar a escrever este livro em uma linguagem "de verdade" e a não me prender na minha própria psicotagarelice acadêmica. Pelo dr. William Danko por sua ajuda, encorajamento, orientação e amizade. Pela srta. Joann Lesage, vulgo Joey, por suas habilidades com edição e compromisso com a gramática e pontuação. Pelo corpo de profissionais da Whitsto Publishing Co., especialmente Jill Wolcott, pelo layout e design da edição original. Por Karen Rush, minha assistente administrativa, pelas incontáveis horas de digitação e redigitação. Por Jeanne Benas, por suas ilustrações e design de capa da edição original; e, por último, Frank Busalacchi, vulgo Buca, por julgar-me capaz de escrever este livro.

SUMÁRIO

Algumas idéias iniciais. 11
1. Você não está mais no Kansas 17
2. Quando você faz um pedido a uma estrela cadente 23
3. Próxima parada: a zona além da imaginação. . 33
4. Verdades e mentiras 57
5. Meninas grandes não choram 67
6. Mer*a acontece. 83
7. Você controla a horizontal. 111
8. Você controla a vertical 133
9. Dando uma gelada. 159
10. Quem... Quem é você?. 169
11. Se eu fosse um homem rico 181
12. 50 maneiras de abandonar seu amante. . . . 201
13. Conte-me o que você realmente quer 211
14. De volta ao básico 223
15. Eu já lhe disse... 229
16. Dias de glória 241
17. Siga para o Oeste, jovem. 253
18. Eu e Bobby McGee 269
19. Veja Spot correr 279
Considerações finais 313
Glossário. 325
Sobre o autor. 330

ALGUMAS IDÉIAS INICIAIS

– Você vai achar que é piada, mas meu terapeuta está me **enlouquecendo!**
– É mesmo? – respondi. – Como assim?
– Toda semana é a mesma coisa: eu falo e ele escuta. Ele faz algumas anotações, balança a cabeça, e quando eu termino, ele fala de coisas que não têm nada a ver com o meu problema. Sentimentos reprimidos, controle da raiva e comunicação. O que essas coisas têm a ver comigo? E há também os livros que ele sugere. *Homens desse planeta; mulheres daquele outro*; *Eu estou bem, você não está bem*, e assim por diante. Os livros também não me dizem nada. Eu juro que, às vezes, penso que os terapeutas não vivem no mundo real. Gostaria que apenas uma vez meu terapeuta conseguisse se identificar com minha situação; apenas uma vez, eu gostaria de ler um daqueles livros e entender do que as pessoas estão falando. Apenas uma vez.

Quando a conversa e o almoço acabaram, e meu amigo já havia saído, comecei a pensar sobre o que ele havia dito. Estávamos mesmo, todos nós terapeutas e os livros que escrevemos e recomendamos, tão fora de sintonia com os verdadeiros problemas de nossos pacientes? Estaríamos mesmo tão isolados em nossos modelos e paradigmas que oferecemos soluções e análises que têm pouco a ver com o dia-a-dia das pessoas que procuram nossa ajuda? Comecei a me questionar.

Também dei uma boa olhada nas prateleiras e prateleiras de livros das minhas estantes do escritório e da minha casa. Peguei alguns deles e comecei a reler. "Meu amigo tinha uma certa razão", pensei eu.

Então, comecei a repensar os modelos que uso em minha prática profissional. Decidi repensar a maneira como eu analisava as muitas, mas semelhantes, situações dos meus pacientes. Foi assim que decidi escrever este livro.

– **Que ótimo, Mark** – posso ouvi-lo dizendo. – Justamente o que precisamos: mais um livro.

Bem, eu gosto de pensar que talvez você precise deste livro ou, pelo menos, que ele seja útil. Ele é diferente, e vou lhe dizer o porquê.

Não, este livro não vai fazê-lo ficar mais bonito ou bonita. Não vai transformá-lo instantaneamente em um sucesso nos negócios (embora vá ajudá-lo a reconhecer algumas coisas que possam estar no caminho desse sucesso). Também não vai resolver cada um dos problemas que você tem com seu esposo ou esposa ou cara-metade, com seus filhos, seu chefe, seu vizinho ou um cunhado egocêntrico. Se você quiser um livro que faça tudo isso, um livro que resolverá cada um dos seus problemas, volte para a livraria e procure algo na seção de Filosofia, Religião ou então um livro de receitas.

O que este livro fará, entretanto, é ajudá-lo a reconhecer alguns dos obstáculos nos quais todos nós tropeçamos várias vezes durante nossas vidas. Havia um programa semanal nos Estados Unidos, que estreou por volta de 1961, chamado *Dick Van Dyke Show*. Na seqüência dos créditos de abertura, Dick Van Dyke sempre entrava no palco, tropeçava em um pufe e caía. Quem assistia aquilo tinha vontade de gritar para a tela da televisão e avisá-lo para tomar cuidado com o maldito pufe.

Algumas idéias iniciais

Bem, este livro é mais ou menos como aquele programa. Todo ano, todo mês, toda semana e, algumas vezes, todos os dias tropeçamos no mesmo pufe psíquico e emocional, repetidamente. Ficamos frustrados em nossos relacionamentos pessoais e profissionais, magoados, e nos sentimos usados e manipulados. Acabamos trocando de emprego ou de parceiros. Ainda assim, quando menos se espera, temos a mesma discussão, tudo outra vez, fazendo-nos sentir frustrados, desprezados e desvalorizados novamente; ficamos zangados com os outros e com nós mesmos, e procuramos as razões para isso. Mas o problema é que, freqüentemente, procuramos no lugar errado.

Pior ainda, muitas vezes os livros que lemos e os terapeutas que procuramos estão nos lugares errados, porque não estão direcionados para a realidade em que vivemos. O que há de errado com eles? Eu acho que o problema é que muitos dos terapeutas e autores bem-intencionados começam tudo por um modelo e, então, tentam aplicá-lo a vários tipos de problemas e situações. Mas assim como não existe tamanho único que sirva em todo mundo, também não existe um modelo que sirva para todas as situações. As situações e os relacionamentos são diferentes, ou ao menos são diferentes em suas dinâmicas. Eu falei, anteriormente, do pufe no qual Dick Van Dyke tropeçava e disse que era semelhante ao que muitos de nós fazemos repetidamente. Porém a verdade é que temos uma série de obstáculos psíquicos e emocionais nos quais tropeçamos ao longo dos dias e semanas de nossas vidas. Seria como se o coitado do Dick tropeçasse no pufe na sala, em um banquinho deixado no meio da cozinha, no caminhãozinho de bombeiro de brinquedo do filho no hall e nos sapatos da esposa que estavam no quarto. Lembrar que o pufe estava na sala não seria o suficiente para poupá-lo dos tropeços diários em todas as outras coisas.

Eu escrevi este livro para ajudá-lo a reconhecer as coisas nas quais possa estar tropeçando, não só em um lugar ou em um aspecto da sua vida, mas em vários. Eu o escrevi para ajudá-lo a procurar as respostas nos lugares certos, para variar. Quais são os lugares certos? A maioria deles está bem perto, dentro de você, dentro de mim, de todos nós. Alguns também estão no mundo lá fora, na sociedade e nas regras com as quais crescemos e vivemos. Raramente, no entanto, a resposta é encontrada em outra pessoa; então, esqueça de procurar lá. **Não existe amigo perfeito, companheiro perfeito ou chefe perfeito. Não existe emprego perfeito, carreira perfeita e situação perfeita.** Mas nada disso significa que você tem de ser infeliz; existem meios para ser feliz, apesar do fato de que nada na vida é perfeito e poucas coisas são como queríamos que fossem.

Como encontramos esses meios? Neste livro, vou sugerir, essencialmente, uma estratégia que chamo de **facilitar seu ambiente**. O que isso significa? Significa livrar-se dos pufes (e dos caminhõezinhos de bombeiro, dos banquinhos e sapatos) que estão no seu caminho, dos obstáculos escondidos (ou não tão escondidos) que ficam lá, como as minas, esperando que você tropece ou pise nelas.

Ao longo do texto, introduzo uma série de novos conceitos, alguns dos quais você reconhecerá facilmente, notando que nunca soube como chamá-los. Você irá, eu espero, reconhecer muitas das situações apresentadas e, talvez, até identificar-se com elas. Outras exigirão que pense nelas por algum tempo para que entenda o impacto que têm na sua vida profissional e pessoal. Às vezes, poderá parecer que fui muito rápido, mas prometo que quando faço isso é para apresentar um argumento; após, sempre voltarei à discussão principal. Finalmente, este livro lhe fará muitas perguntas, para levá-lo a pensar, analisar e, espero, ajudar a ser sincero consigo mesmo.

Existe um verso muito bom de uma canção antiga que diz: "**As maiores mentiras são sempre aquelas que contamos a nós mesmos...**". É por aí que vamos começar.

Examinaremos as mentiras que nos contamos, conceitos como os **das fantasias, crenças e hipóteses**; as **linhas de valores paralelas** que temos em nossas vidas, de que modo as usamos para tomar decisões e como outros freqüentemente as usam contra nós. Veremos o que é **controle efetivo; crescer** versus **amadurecer**; discutiremos **resultados planejados** e também **negação**; os **graus de controle** que temos sobre nossas vidas; os conceitos de **motivação, cédulas de aprovação** e **cédulas de gratificação**; as diferenças entre **reconhecimento** e **recompensa**, entre **reação** e **resposta, culpa** versus **responsabilidade**; e a noção de **Meu Agradável** versus **Seu Agradável**, entre outras idéias. E faremos isso com **bom humor**.

Ao longo do caminho, irá conhecer personagens como o infeliz Jones, sua esposa e seus empanados de peixe. Conhecerá o velho Stuffenbottom, o chefe exemplar, além de Cobblepot e Bixby. Faremos paradas no Mundo de Oz e na Zona Além da Imaginação, e ouviremos uma ou duas coisas do sr. Spock. Quero que este livro, além de atraente, seja divertido.

Uma boa parte deste livro se faz na forma de diálogo. Estou tentando me comunicar com você, então vamos fazer a coisa toda como se estivéssemos conversando em um consultório, com você no divã. Acho que isso é algo com o qual se sentirá à vontade; é relaxante, informal e, espero, construtivo.

Finalmente, se você tivesse assistido ao programa de TV americano, veria que até Dick Van Dyke aprendeu a evitar o pufe e parou de tropeçar nele durante os créditos de abertura. O que espero é que, depois de ler este livro, você descubra que também encontrou seu caminho, contornando alguns obstáculos que bloquearam repetidamente a sua jornada rumo à realização pessoal e profissional. A caminhada para essa meta começará quando começar a ler a próxima página.

CAPÍTULO 1
Você não está mais no Kansas*

Eu sou o que chamam de terapeuta cognitivo-comportamental. O que isso significa em português claro? Simplesmente isso: eu acredito que seres humanos nunca fazem nada espontaneamente. O pensamento sempre precede a ação. Então, para fazer mudanças, você tem de mudar seus pensamentos antes. Parece simples? Bem, de certa forma é!

Você se lembra da história *O Mágico de Oz*? O autor de *Investment in Excellence* [Investimento em Excelência], Lou Tice, usa o enredo daquele filme como metáfora para fazer uma afirmação que eu gostaria de compartilhar com você. Na história, nós conhecemos Dorothy, Totó, o Espantalho, o Homem de Lata e o Leão Covarde. Eles saem para visitar o Mágico que vive no Mundo de Oz. Passam por todo tipo de aventura, mas o objetivo de sua jornada é, essencialmente, tornarem-se **mais dignos**. Os outros vêem o Mágico como o todo-poderoso, que tem a habilidade para lhes dar o que precisam, o que tanto desejaram. Desse modo, é uma grande decepção e uma grande surpresa quando Totó abre a cortina e tudo o que eles vêem é um homenzinho comum puxando alavancas. Suas expectativas não são atendidas. Não há nenhum mágico no final das contas. Na verdade, na melhor das

---

* Kansas é o Estado americano interiorano no qual ficava a fazenda dos tios de Dorothy, a personagem de *O Mágico de Oz*. Era lá que ela morava quando foi levada por um tornado para o Mundo de Oz.

hipóteses, o mágico é neutro. Ele não é mau. Ele não é bom. Ele é falso. Ponto final. Fim da história. Dorothy, o Homem de Lata e os outros personagens podem ter acreditado no poder do Mágico, mas isso não fez esse poder se tornar real. Claro, tornou a vida mais fácil por um tempo pensar que alguém ou alguma coisa poderia fazer com que todos os problemas desaparecessem, que era possível viver feliz para sempre, mas não ajudou muito em circunstâncias reais. Na prática, o homenzinho com as alavancas não lhes conseguiu nada. O Leão ainda precisava de coragem, e o Espantalho, de cérebro. Dorothy continuava querendo ir para casa, e o Homem de Lata não conseguiu o coração que queria. Acreditar e **pensar** que o Mágico tinha poder foi o que instigou a jornada do grupo. Em outras palavras, **um pensamento** (sobre o poder do Mágico) levou à **ação** (sair para encontrar o Mágico). Mas esse pensamento mal orientado também os levou a um beco sem saída.

Quando crianças, fomos iludidos. Como Dorothy e seus amigos no mundo mágico, nosso futuro nos foi mostrado como um mar de rosas. De romances a filmes e sonhos sobre o que queríamos ser quando crescêssemos, achamos que, por meio de uma combinação de muito trabalho e boa sorte, conseguiríamos qualquer coisa. Quando nos perguntavam como queríamos que nossas vidas fossem, respondíamos de acordo com o que acreditávamos que nossas vidas poderiam ser. Respondíamos que queríamos viver em um apartamento minúsculo, arrastando-nos como coitados por dias e dias de trabalho em um lugar onde não teríamos como crescer profissionalmente? Não! Respondíamos dizendo que queríamos experimentar a dor de romances fracassados, de doenças e morte, de traição, crise econômica ou as diversas pequenas decepções que enfrentamos todos os dias? Claro que não! Falávamos a verdade. Queríamos ser bombeiros ou enfermeiras, casados, felizes e ricos quando crescêssemos.

Gostaríamos de uma casa com cerquinha branca. Queríamos filhos, uma carreira de sucesso, um relacionamento gostoso, uma vida sexual divertida, comida de sobra e uma garagem para dois carros. Esses ideais eram sonhos e nunca os questionamos até que a **desilusão** e o **desencanto** com as expectativas não atendidas começaram, devagar, contudo sempre presentes, a acumular. Em outras palavras, começamos a crescer. Pode ser difícil se conformar, mas, de muitas maneiras, **crescer significa desapontar-se**.

Pegue, por exemplo, uma criança de 13 anos. Escola, professores, pais, o clima – **oh, vida!** –, tudo é visto como sendo completamente injusto. Por quê? Geralmente, a criança de 13 anos está presenciando, em circunstâncias muito reais, as barreiras que estão mais altas, e que seus pais não conseguem solucionar tudo, não podem fazer tudo ficar bem. A criança expressa sua frustração com a realidade, declarando que **tudo e todos são injustos**.

Do primeiro brinquedo quebrado que não tem conserto ao primeiro gol que não fazemos, do primeiro amor não correspondido ao primeiro emprego que não conseguimos, todos nós aprendemos lentamente que a vida não é justa. Ainda assim, isso raramente acaba com nossas *fantasias*. O que é uma fantasia? Em poucas palavras, é uma expectativa irrealista, uma idéia ou ideal que não questionamos. É o "mágico" que buscamos, acreditando sem pensar direito. Ironicamente, quando ficamos decepcionados, não abandonamos as fantasias. Muito pelo contrário, simplesmente a trocamos por outra. Trocamos a fantasia de uma vida adolescente perfeita pela dos anos futuros, independentes e divertidos que teremos quando chegarmos aos 20 e poucos anos. Quando mais uma vez nos desapontamos, passamos a acreditar que a vida familiar, com uma casa e crianças, irá resolver nossos problemas, que a verdadeira felicidade pode ser encontrada lá. Em outras palavras, como Dorothy e seus amigos, trocamos um falso mágico por outro. Acreditamos que conseguiremos uma carteira de motorista, que vamos nos formar, que vamos beber cerveja e que, de alguma forma, tudo vai dar certo.

Estamos certos? Você vai me dizer.

Quando o Mágico diz ao Espantalho: "Pelos poderes em mim investidos, dou-lhe este diploma – agora seja inteligente"; quando ele diz ao Leão: "Pelos poderes em mim investidos, dou-lhe esta medalha de coragem – agora seja corajoso!", funciona? Acontece? Talvez nos filmes, mas na vida real, quando somos proclamados adultos – "agora seja maduro!" –, ficamos perplexos, com o queixo caído e olhos bem abertos, balbuciando: "**Como?**".

Nunca havíamos sido adultos. Realmente não sabemos o que fazer. Toda nossa experiência de vida anterior foi a de uma criança ou adolescente. Ainda estamos presos às fantasias que formamos enquanto crescíamos. Nós não as substituímos por nada novo. Então, de alguma forma, de algum jeito, em algum lugar, apesar de toda a experiência contrária, ainda esperamos que a vida seja justa.

A verdade é que, assim como as ordens do Mágico de "Seja corajoso" e "Seja inteligente" foram arbitrárias e ridículas, as ordens do padre ou pastor de "Sejam casados", depois da cerimônia, são arbitrárias e ridículas também. Se você nunca foi casado antes, como sabe o que é ser casado? Se seu casamento não deu certo uma vez, como se prevenir para que não aconteça de novo?

Você não pode saber, automaticamente, como ser adulto ou casado, a menos que saiba o que esperar. Esperar perfeição, que sua vida seja como um filme, que seus sonhos de infância se realizem é esperar – bem – por um desastre. A chave é reconhecer essas fantasias e substituí-las por expectativas realistas. E como fazer isso? Eu gostaria que a resposta fosse curta. Mas vamos continuar. No próximo capítulo, discutiremos os diferentes tipos de expectativas e o que elas podem significar para você.

Exercício

(Por favor, anote suas respostas às seguintes perguntas. Sim, pode escrever no livro.)

Lembre-se de sua infância. Qual a primeira coisa que você queria ser quando crescesse?

Quem foram os mágicos poderosos em sua vida? Positivos e negativos?

Lembre-se da sua primeira grande decepção. Quando você começou a perceber que seus pais ou responsáveis não podiam resolver tudo?

CAPÍTULO 2
Quando você faz um pedido a uma estrela cadente

Discutimos sucintamente o fato de que ter expectativas não alcançadas leva a uma variedade de manifestações de frustração, e falaremos disso mais amplamente depois. Por ora, devemos nos perguntar se ter expectativas é, por si só, uma coisa ruim. Estamos meramente arrumando mais e mais decepções pelo fato de termos expectativas? Não seria melhor viver sem esperar nada, encarando cada dia como um grande imprevisto, um lance de dados no qual tudo pode acontecer? Bem, a resposta é sim e não.

O segredo é entender que existem **tipos diferentes de expectativas**. Em termos simples, podemos dizer que existem **três** tipos básicos de expectativas: *fantasias, crenças* e *hipóteses*. Como mencionado no Capítulo 1, uma **fantasia** é uma expectativa irrealista, uma idéia ou ideal que não questionamos. Uma **crença** é uma expectativa baseada na probabilidade e a **hipótese** é a área cinza entre o que esperamos que vá acontecer e o que queremos que aconteça.

Quando vamos trabalhar de manhã, presumimos que o escritório estará lá; que em um dia de pagamento receberemos um cheque com a quantia que merecemos. Ao voltarmos para casa à noite, presumimos que nosso parceiro, nossos filhos, o cachorro e o peixinho dourado ainda estarão lá. Quando telefonamos para o melhor amigo a fim de conversar, ou começamos uma relação sexual com nosso parceiro, presumimos que a reação será positiva. Quando consultamos um médico ou procuramos o técnico da máquina de lavar, presumimos que eles conhecem a área em que trabalham e irão prestar um serviço profissional. E a lista continua... mas o que ela nos diz?

Esses exemplos ilustram que certas expectativas mundanas do dia-a-dia – nossas crenças diárias – nos permitem viver sem ter de voltar constantemente para restabelecer relacionamentos, regras e parâmetros básicos de nossas vidas. Essas crenças são o que permitem que a vida continue e, dessa forma, elas funcionam! Imagine uma vida sem elas. Viveríamos perpetuamente desconfiados, apreensivos e ingênuos, acordando a cada manhã ansiosos para negociar com o mundo que deixamos para trás na noite anterior. Sem essas crenças, viver em sociedade, manter um emprego ou ter um relacionamento normal seria virtualmente impossível. Então, sim, crenças fazem com que viver cada dia seja possível.

Uma **crença** é baseada em experiência, em probabilidade. Sabemos, é claro, voltando aos nossos exemplos anteriores, que é possível chegar ao prédio onde você trabalha e descobrir que ele pegou fogo na noite anterior. É possível que nosso cheque não venha ou que a quantia esteja totalmente errada. É possível que nossos parceiros nos deixem, que nosso médico seja um charlatão, ou que a máquina de lavar roupas arruíne nosso terno favorito. É possível. No entanto não é provável. No curso normal das coisas, a maioria desses infortúnios não acontecerá conosco.

Desse modo, uma crença é muito diferente de uma fantasia. Crenças estão fundadas na realidade. A crença, por exemplo, de que ir à faculdade irá nos preparar melhor para uma boa carreira difere da fantasia de que, tendo conseguido o diploma, ganharemos $150.000 no nosso primeiro emprego. A crença de que encontraremos alguém que seja atraente, se desenvolvermos uma vida social ativa, é realista; a fantasia que prediz que encontraremos alguém rico, bonito, inteligente, sexy, alegre, que vai aparecer de repente e beijar nossos pés, não o é.

A crença de que investir em um fundo de renda fixa com um bom histórico vai nos dar um bom retorno difere da fantasia que acredita que, se gastarmos $20 por semana em bilhetes de loteria e comprarmos no supermercado um livro que garante nos dar os números sorteados, ganharemos $25 milhões.

Podemos rir desses exemplos de fantasias. Afinal, sabemos que o magricela de 13 anos – que nunca se interessou ou jogou, e nem mesmo assistiu a um jogo de futebol – que de repente se torna um aficionado, começa a usar camisetas do time e anuncia que vai ser artilheiro na equipe da escola no ano seguinte e ser um jogador profissional quando crescer está apenas fantasiando. Sorrimos com pena enquanto ele treina seus chutes e acerta o teto mais uma vez, sabendo que provavelmente esse sonho não vai se tornar realidade... isso se ele sobreviver ao ano escolar. Entendemos e aceitamos a fantasia porque ele tem apenas 13 anos. Ainda assim, do nosso próprio modo, todos fazemos exatamente a mesma coisa.

A maioria de nós não supõe que "na riqueza ou na pobreza, até que a morte nos separe" significa exatamente que casamento é para sempre? Não supomos que, se fizermos um bom trabalho no emprego, seremos recompensados e não teremos nossas carreiras abruptamente interrompidas por um capricho do destino? A maioria dos pais não supõe que seus filhos crescerão e serão fortes e saudáveis?

As respostas a essas perguntas podem ser *sim*, mas lembrem-se: o jogador sempre supõe que o próximo jogo, o próximo cavalo, o próximo lance de dados trarão a sorte para o seu lado.

Meu terapeuta está me deixando maluco!

A facilidade humana em olhar para o futuro e apostar que algo desejado acontecerá de fato chama-se **esperança**, algo de que precisamos só para levantar da cama de manhã. Problemas surgem, entretanto, quando a linha entre o que esperamos que aconteça e o que sabemos com absoluta certeza que vai acontecer fica borrada. Quando o que queremos prejudica nossa habilidade de reconhecer os sinais que sugerem um fim diferente, quando nos impede de mudar o curso ou simplesmente parar, quando nossas esperanças são muito grandes, **a vida pode ficar perigosa**. De fato, viver dessa forma significa que você pode ter cruzado um território completamente diferente, um território chamado *negação*. O que, exatamente, é negação? **Do modo mais simples, negação é a recusa do que é verdade.** Virou moda nos últimos tempos dizer que todo mundo está "em negação". E às vezes está. O dependente químico que se recusa a aceitar que tem um problema está em negação. A esposa maltratada que constantemente aceita a justificativa do marido de que a culpa é dela está em negação. Existem inúmeros exemplos que poderíamos citar. Mas, para os propósitos desta discussão, vamos deixar claro o que *não é* negação.

Negação não é o mesmo que perdão. Alguém pode efetivamente escolher perdoar, deixar passar ou simplesmente aceitar o comportamento abusivo ou negativo de outra pessoa, o que não significa que a pessoa em questão não consegue ver que o comportamento da outra pessoa é abusivo ou negativo. Não significa que ela está em negação. Pelo contrário, ela sabe disso e reconhece a outra pelo que ela é. Porém, usando um cálculo interno de valores, benefícios e perdas, escolhe aceitar aquele comportamento.

Negação também não é o mesmo que pensar que podemos mudar uma pessoa ou situação. Inúmeros exemplos de casais que começaram relacionamentos, cada um pensando que poderia **mudar** o outro, podem ser citados. Não acontece negação aqui porque o reconhecimento de que existe um padrão de comportamento na outra pessoa que precisa ser mudado está presente. Pode ser a missão de um tolo e perda de tempo (ou de uma vida) tentar, contudo não é negação.

Ao contrário, negação é a recusa de entender as evidências em nossas mãos que são contrárias à imagem que fazemos da pessoa ou situação. A pessoa que começa um relacionamento e, continuamente, sublima ou ignora evidências de que seu parceiro mente compulsivamente está, provavelmente, em negação. Da mesma forma, a pessoa que ignora evidências de que o passado de seu parceiro não foi aquilo que ele alega ter sido, e continua ignorando fortes sinais de que traços negativos do seu comportamento passado ainda estão presentes, também pode estar em negação.

Acreditar em você mesmo quando ninguém mais acredita é negação? O fato de que ninguém mais acredita que você tenha a mínima chance de se tornar um cantor de sucesso significa que está em negação por ir atrás do seu sonho? Se você tem 20 anos e trabalha o dia todo, afiando as habilidades e a performance da sua banda, então, não, você provavelmente não está em negação. Entretanto, se tem 45 anos, nunca parou em um emprego nem foi aprovado em uma audição, se as únicas multidões para as quais tocou estão em sua fértil imaginação, negação poderia ser uma boa forma de descrever a determinação da sua carreira musical. Mas isso nos leva a outro ponto da grande discussão sobre a diferença entre fantasias e crenças.

A negação está freqüentemente associada com o ter preferência por algo que pode acontecer ou por algo que provavelmente vai acontecer. Essa é a **raiz** da **fantasia**: escolher não aceitar, ir mental ou emocionalmente contra aquilo que é em favor de uma visão daquilo que poderia ser, deveria ser, ou aquilo que acreditamos que seja.

Mas será que reconhecer essas diferenças essenciais entre fantasia e crença significa que as pessoas não deveriam ter fantasias, que deveríamos viver sem nunca entreter nossos pensamentos tristonhos com o que poderia ter sido, ou com o que pode, algum dia, acontecer? Certamente não. Pelo contrário, pesquisas comprovam que fantasias e sonhos são partes naturais e benéficas do nosso "disfarce" emocional e psicológico. Fantasias sexuais, por exemplo, sobre pessoas ou situações, podem ser um adicional útil para um relacionamento sexual saudável entre duas pessoas. Fantasiar que você pode pôr aquele seu chefe frustrante no lugar dele, socar um policial intrometido ou fugir para os mares do Sul pode ser um jeito saudável de aliviar o estresse. Entretanto, executar esses sonhos, tentando fazer de tudo para que eles realmente aconteçam, pode ser desastroso.

Um homem de 40 anos pode desenvolver uma síndrome e cultivar sonhos de abandonar o trabalho, a mulher e as crianças em favor de uma vida à-toa, bebendo, correndo atrás de mulheres e morando em um barco de pesca velho e furado, mas ele seria um idiota (para não dizer irresponsável) se realmente fizesse tudo isso. Um professor universitário de meia-idade pode, igualmente, fantasiar uma *ménage à trois* com duas de suas jovens alunas, mas ser flagrado tentando planejar tal fantasia provavelmente não agradaria nem à administração da faculdade nem à sua esposa. E quanto a socar o policial...

Felizmente, a maioria das pessoas conhece a diferença entre ter ou curtir esses tipos de fantasia e realmente tentar realizá-los; aqueles que não reconhecem essa diferença, por outro lado, tendem a se colocar em situações problemáticas. De qualquer modo, a maioria sabe dos perigos de agir em favor desses impulsos e, simples e sabiamente, escolhem não agir. É interessante que muitas dessas mesmas pessoas não reconheçam o igual perigo inerente de esperar ou tentar fazer com que fantasias de longa data, quase subconscientes, se realizem. Especificamente, enquanto a maioria das pessoas sabe a diferença entre querer bater no chefe e de fato bater nele, elas não sabem a diferença entre querer que seus casamentos e carreiras tenham sucesso e se comprometer a fazer as mudanças necessárias para que isso realmente aconteça.

A solução é reconhecer a diferença entre o que gostaríamos que acontecesse e o que é provável que aconteça, entre resultados sobre os quais tivemos algum controle e aqueles sobre os quais não tivemos nenhum.

Isso levanta duas questões adicionais que discutiremos depois: a diferença entre o que podemos controlar ou não.

Exercício

(Isso mesmo, escreveremos no livro de novo.)

Quando éramos jovens, a maioria de nós tinha sonhos sobre o que seríamos quando crescêssemos; aquelas foram, talvez, nossas primeiras fantasias. O que você pensava que seria quando crescesse?

Onde você pensava que moraria?

Você se imaginava casado ou solteiro?

Em que era baseada essa fantasia? (Era baseada em alguma imagem vinda de um programa de televisão, filme, herói do esporte, estereótipo de gênero ou romance?)

O quanto a sua realidade está perto desses sonhos?

Qual é o tamanho da diferença entre sonho e realidade?

Agora pense em como você provavelmente vai passar o próximo feriado. Essa expectativa é baseada em uma tradição, em como você geralmente passa seus feriados?

A expectativa é baseada em acertos que você já fez?

Se a resposta for sim, você já está começando a entender como a crença sobre seu próximo feriado é diferente da fantasia sobre o que você queria ser quando crescesse?

Entende como a crença do feriado é baseada em algo concreto – neste caso, talvez em tradição – enquanto a fantasia é baseada em desejo?

Faça uma lista de outras coisas que tenha desejado ou esperado durante a sua vida. Podem ser pequenos desejos ou expectativas.

1.   V / F   VV / SV
2.   V / F   VV / SV
3.   V / F   VV / SV
4.   V / F   VV / SV
5.   V / F   VV / SV

Agora, ao lado de cada item, faça uma anotação dizendo se o desejo ou expectativa se tornou verdadeiro (V) ou falso (F). Quais das coisas que listou se tornaram experiências verdadeiras e válidas (VV) baseadas em probabilidade, e quais foram simples vontades (SV), baseadas em desejo, nada mais? Você consegue encontrar alguma diferença?

CAPÍTULO 3
Próxima parada:
a zona além da imaginação

Como Rod Serling, famoso apresentador da TV americana, costumava lembrar a cada semana, existem áreas cinza na vida, que não são "nem visões nem sons, **mas áreas da mente**" que freqüentemente surgem, confundindo as nossas expectativas diárias. Para muitos de nós, essa área cinza está entre aquilo que chamamos de fantasia e crença e os momentos e lugares em nossas vidas, pessoais e profissionais, que parecem nos fazer acreditar que um resultado esperado será positivo. Mais freqüentemente, essas são as coisas com as quais contamos sem admitir para nós mesmos que estamos contando com elas.

Ao mesmo tempo, existe uma outra área cinza, paralela entre a visão do que queremos e a realidade do que queremos. Para lidar com essas duas coisas relacionadas, vou dividir este capítulo em duas partes. Na primeira, discutiremos o que chamamos *hipótese*. Em seguida, voltarei a dar atenção ao abismo entre o que achamos que queremos e como reagimos quando conseguimos. Por ora, vamos examinar a hipótese.

Embora existam inúmeros exemplos dessa **área cinza**, talvez nenhum seja tão familiar para a maioria das pessoas do que as ocorrências relacionadas a um encontro amoroso. Quantos de nós pensamos que teríamos um primeiro encontro maravilhoso, quando na realidade acabamos magoados pelo fato de a outra pessoa parecer encurtar o encontro ou então jamais ligar de novo? Quantas vezes, depois de uma noite ótima e romântica, ficamos magoados e até mesmo irados ao ver que a outra pessoa não oferece nenhum convite para "prolongar a noite" depois de um jantar ou de um show? O que acontece nessas situações?

As pessoas magoadas nesses exemplos são vítimas de fantasias irrealistas? A menos que a situação tenha sido a de ganhar como prêmio um jantar com uma estrela de cinema, provavelmente não se trata de uma fantasia irrealista. As pessoas que se encaixam nesse exemplo simplesmente foram vítimas de uma terceira categoria de expectativa, **a hipótese**, aquela área cinza e nebulosa entre a fantasia e a crença. Uma hipótese é baseada numa mistura arriscada de realidade e fantasia, uma combinação de avaliação bem fundada e realista do que irá acontecer e de um desejo por aquilo que pode acontecer. A crença na situação do encontro era a de que, se o homem ou mulher saíssem bem-vestidos e agissem da melhor forma possível, observando certas normas sociais, a noite seria agradável. Interessantemente, isso é o que geralmente acontece. Então, por que ficaram tão infelizes? Eu diria que o problema está na hipótese que cada pessoa levou para o encontro.

A hipótese era a de que **recompensas** surgiriam uma vez que o objetivo imediato se realizasse. Não foi porque a noite não foi um sucesso que surgiu a decepção. A noite foi um sucesso. A decepção surgiu pelo fato de que as expectativas adicionais, as deduções do que aconteceria depois, não foram atendidas. Nesse caso, ou ele não foi convidado para entrar depois de levá-la em casa ou ela não recebeu uma ligação convidando-a para um segundo encontro.

Não devemos pensar que as expectativas mal-administradas só acontecem na vida pessoal. A vida profissional também oferece incontáveis oportunidades para que nos desesperemos com a expectativa (esperança?) de que um resultado positivo virá.

Talvez nenhum exemplo seja mais comum que o da entrevista de emprego. Vamos usar um homem chamado Bixby como exemplo. Bixby precisa de um emprego. Ele tinha uma grande carreira até ele e seu cargo serem cortados da empresa. Mas com sua experiência sólida e um controle bem documentado de sua área, Bixby sai em busca de outro emprego. Ele faz tudo direito. Tem um novo currículo, escrito e impresso profissionalmente. Usa sua rede de contatos, procura anúncios nos melhores jornais, e também usa a Internet para encontrar mais oportunidades. Finalmente, é chamado para uma grande entrevista. Faz pesquisas sobre a empresa e o empregador; está confiante e munido de fatos, números e um plano de ação para demonstrar seu comando sobre o que é preciso fazer na posição para a qual está sendo entrevistado. Bixby impressiona na entrevista; cumprimentam-no e lhe dizem o quanto ficaram impressionados. Porém o cargo é oferecido a outro candidato. Bixby fica arrasado.

Por outro lado, vamos pensar em Cobblepot. Cobblepot possui uma agência publicitária de médio porte. Uma grande empresa anuncia a intenção de conceder um contrato multimilionário. Cobblepot decide ir em busca do contrato e contrata os melhores profissionais para ajudá-lo. Indo além de mera arte, design e texto, ele traz consultores especializados na área para ter certeza de que ele e sua equipe estão usando o jargão correto, para saber todos os detalhes dessa indústria e para saber principalmente de que ele precisa nessa campanha. No total, Cobblepot gasta $15.000 em sua apresentação.

Quando chega o dia da apresentação, Cobblepot e sua equipe estão prontos. Eles têm tabelas, *slides*, um vídeo e estatísticas. Eles têm tudo. Durante a apresentação, o comitê está estarrecido. Eles dizem "Oh" e "Ah" para as tabelas, os *slides* e o vídeo, e concordam com as estatísticas. A apresentação está exatamente como Cobblepot queria. O único problema é que o contrato é concedido a uma outra empresa: a empresa do sobrinho do presidente do comitê da grande empresa.

Em todos esses casos, as pessoas envolvidas ficaram desapontadas. Os egos foram feridos e, talvez, a noção do eu, danificada. Adicionada a isso está a terrível situação financeira de Bixby e os $15.000 que Cobblepot jogou fora.

Novamente perguntamos: o que acontece aqui? Em uma escala emocional humana podemos com certeza entender tais decepções. Contudo as respectivas reações psicológicas a esses eventos são mais importantes. As reações imediatas irão, sem dúvida, passar. **Mas as reações psicológicas podem ter um impacto duradouro.** A mulher desapontada pode acabar recusando encontros com a certeza de que só vai se machucar novamente. O homem decepcionado pode acabar desenvolvendo uma atitude hostil com as mulheres. Bixby pode desistir do mercado de trabalho de vez e Cobblepot pode nunca mais se esforçar tanto por um grande contrato. Em outras palavras, cada um pode tirar a lição errada da decepção que sofreu.

Vamos usar outro exemplo. Imagine que um homem chamado Jones recebe um projeto muito importante e delicado no trabalho. Sua **crença** é a de que, se ele for aplicado e cumprir o dever, o projeto vai ser um sucesso e o chefe ficará satisfeito. Ele está certo com relação a isso e o projeto realmente é um sucesso. O chefe fica contente. No entanto, Jones fica decepcionado por não conseguir o aumento, a promoção e a sala maior que desejava ao terminar esse projeto tão importante e delicado. Ele está magoado, envergonhado, machucado e ressentido. Por quê? Porque ele foi além da crença racional do que aconteceria ao fim de seu trabalho bem-feito. A crença era a de que o chefe ficaria satisfeito. Até aqui, tudo bem. Ele tinha o controle sobre essa parte da equação.

No entanto ele **não tinha controle** sobre o que esperava que acontecesse em seguida... aquela parte na qual a satisfação do chefe resultaria em uma **recompensa adicional**. Isso, então, foi a **hipótese... de uma recompensa**. Essa hipótese não confirmada fez com que Jones ficasse insatisfeito, magoado e infeliz.

Para entender isso melhor, devemos reconhecer todas as expectativas que carregamos conosco todos os dias, sejam elas fantasias, crenças ou hipóteses. Temos expectativas quanto a certos tipos de situações, fidelidade, dinheiro, sexo, profissionalismo, pontualidade. Temos esses ideais sobre um mundo cheio de pessoas e situações perfeitas, como deveriam ser. Temos uma imagem irrealista similar quanto à nossa própria perfeição e quanto à vida perfeita pela qual lutamos. Por essa razão, vivemos com centenas e centenas de expectativas, todos os dias, quer estejamos conscientes delas ou não. A expectativa pode ser tão simples quanto esperar uma carta na caixa do correio, ou tão específica e pungente quanto a expectativa fútil de Charlie Brown, que, em todo Dia dos Namorados, esperava encontrar uma carta da Garotinha Ruiva na caixa do correio. A expectativa poderia ser tão simples como esperar que água quente saia do chuveiro. Ou poderia ser emocionalmente carregada como encontrar uma velha paquera (e quem sabe até reacender o interesse) naquela 20ª reunião da turma do colegial.

No entanto, de qualquer forma, quando as expectativas quanto a uma situação não são alcançadas, sejam elas quais forem, ficamos com o **ego ferido**.

Nas raras ocasiões em que tais expectativas são negativas e as coisas, na verdade, acabam bem, ficamos satisfeitos. Com mais freqüência, no entanto, esperamos que as coisas acabem melhor do que geralmente acabam. Dependendo da intensidade da expectativa, podemos ficar significativamente "machucados" com a maneira como tudo acaba.

Quando dizemos que você está com o **ego ferido**, isso significa que alguém ou alguma circunstância lhe tirou a noção de quem é e o que você espera de uma situação na qual se encontra, ferindo-o no processo. É apenas depois de experimentarmos esse ego ferido que temos uma **emoção primária negativa**. Mágoa, rejeição, decepção, desespero e impotência são todas manifestações de emoção primária.

Mas a pergunta essencial a se fazer é se vale a pena ficar magoado todas as vezes que o ego for ferido.

– Agora, espere um momento, Mark – você pode dizer. – Você está dizendo que não tenho o direito de me sentir insultado quando sou tratado com desrespeito ou maltratado?

Não, não é isso que estou dizendo exatamente, e sim que com freqüência nós próprios provocamos as mágoas com expectativas e suposições que fazemos de uma situação.

Vamos olhar dessa forma: se alguém o insulta em russo, turco ou javanês, você fica magoado? Provavelmente não, porque você não entende essas línguas. Em outras palavras, seu cérebro, seu ego, sua noção do eu não processam o insulto; logo, ele não tem nenhum impacto. **Simplesmente você não o processa.**

Assim como podemos ser deliberadamente insultados e não entender o insulto, também podemos nos sentir insultados sem que houvesse a **intenção** do insulto. Por quê? Por causa das nossas suposições sobre o que a situação irá produzir. Quando essas suposições não são realizadas, ficamos com o ego ferido. Devemos nos perguntar se a pessoa "responsável" pela ferida sabia quais eram as nossas suposições quanto à situação, ou se essas suposições eram válidas. Tínhamos o direito de esperar algum benefício a mais, algo além da nossa presumível crença válida da situação?

Para que as coisas fiquem mais claras, voltemos ao infeliz e recentemente ferido Jones. Como vimos, Jones está decepcionado, chocado e amedrontado em saber que não conseguiu a promoção que esperava ao terminar aquele projeto tão importante e delicado. Como pudemos notar, ele está ferido, envergonhado, magoado e ressentido. Por quê? Como Jones entende, seu ego foi ferido.

Além da sua crença em relação ao resultado imediato de sua performance, Jones, quer em pensamento quer em conversas com amigos, colegas ou sua esposa, **supôs** que algum resultado positivo adicional viria depois de terminado o projeto. Ele, em outras palavras, foi além da crença racional e se mostrou realista com relação a um resultado sobre o qual ele não tinha **nenhum controle**, ou seja, a ação que seria realizada pelo seu chefe... alguma forma de recompensa concreta. Sua suposição de que o chefe manifestaria satisfação de alguma forma mais concreta do que um animado "Bom trabalho" e um tapinha nas costas não foi concretizada quando o tapinha nas costas foi tudo o que o chefe lhe deu. No caso dos namorados que mencionamos antes, ele supôs que um beijo na bochecha, na porta da casa dela, não seria o fim da noite. Ela supôs que ele ligaria novamente. Em ambos os casos, e no caso de Jones, foi a hipótese, não a crença, que não foi concretizada. A hipótese não concretizada feriu os egos, mas foi a hipótese por si só que fez com que se ferissem em primeiro lugar.

    Nesses exemplos, também devemos notar que várias confusões podem ser identificadas. A primeira é a **confusão entre crença e hipótese**. A segunda é a confusão sobre a diferença substancial entre **reconhecimento e recompensa**. Adicione a isso a questão do controle do ambiente e terá a receita para decepção desnecessária!

    Temos discutido a confusão entre uma crença válida e uma hipótese duvidosa. Porém, e quanto à diferença entre reconhecimento e recompensa?

    Vamos, mais uma vez, visitar o pobre sr. Jones. Já sabemos que ele ficou magoado quando não recebeu **os benefícios adicionais que deduziu** que receberia no final do projeto. Também já sabemos, entretanto, que seu chefe reconheceu o fato de que Jones havia atingido a meta de completar o projeto com sucesso. Desse modo, Jones teve reconhecimento; ele ficou chateado por não ter tido uma recompensa. Essa diferenciação entre reconhecimento e recompensa é crucial para o conceito que estamos discutindo, porque ela está no fundo de como hipóteses freqüentemente falham.

    Vamos ver outro exemplo: um marido sai cedo do trabalho em uma sexta-feira à tarde para parar na peixaria e comprar um pouco de camarão. Chegando em casa, depois de passar por uma adega e comprar um refinado Pinot Grigio, acende algumas velas e prepara um jantar maravilhoso para surpreender sua mulher. Ela chega em casa um pouco tarde depois de ficar presa no trânsito, vê o que ele está fazendo e diz: "Oh, isso é tão adorável", e vai trocar de roupa.

Eles jantam e ela comenta especialmente sobre a comida que ele preparou, além de simplesmente dizer que estava tudo muito gostoso, e o resto da noite passa. Cansada do dia no trabalho, um pouco depois das 8 horas ela anuncia que está indo dormir, beija-o na bochecha e vai para cama. Como o marido está se sentindo?

Ele olha para a louça ainda suja na pia, a taça de vinho que ela mal tocou, observa o corredor e a porta fechada do quarto e conclui que seus esforços foram em vão. Ele apaga as velas, prepara uma dose dupla de vodca, deixa a louça na pia (pensando consigo "que ela lave de manhã") e se joga na poltrona para assistir às reprises de *S.O.S. Malibu*.

Na manhã seguinte, um pouco de ressaca e de mau humor, o que parecia, pelo menos para sua mulher, um total mistério. "**O que eu fiz de errado dessa vez?**", ela se pergunta, defensivamente. O que aconteceu aqui?

Muito simples: o marido não entendeu que sua mulher reconheceu seus esforços. Ela não só comentou que foi adorável ele ter feito o jantar, como também elogiou a comida. Porém o marido ignorou isso, e concentrou-se no fato de que sua **deduzida recompensa**, uma louca noite à luz de velas, vinho e paixão não aconteceu. Enquanto isso, tendo perdido as pistas, por ter tido um dia terrível no trabalho, ter ficado presa no trânsito e ter tido uma horrível dor de cabeça, ela não consegue entender como ele poderia ter sido tão adorável na sexta-feira à noite e, então, rosnar para ela no sábado de manhã.

Reconhecimento tem um valor intrínseco, mas é um valor geralmente negligenciado pelo foco no pagamento posterior que antecipamos com tanta concentração. Em outras palavras, ao examinar nossos sentimentos inatos de frustração em uma situação – com freqüência nossas deduções (hipóteses) não acontecem –, devemos nos perguntar se não estamos desvalorizando o reconhecimento que recebemos na busca frenética da **recompensa** que esperamos receber. Para sermos honestos, portanto, devemos nos perguntar, sempre que ficarmos frustrados ou com o ego ferido, se estamos ignorando o reconhecimento de nossas conquistas em favor do foco em um desejo não realizado de uma recompensa. Essa é a confusão entre recompensa e reconhecimento.

Também mencionamos que parte do problema de Jones era a confusão entre aquelas coisas sobre as quais temos controle e as outras sobre as quais temos pouco ou nenhum controle. Investigaremos isso a seguir.

No exemplo do sr. Jones, sua equação de recompensa era mais ou menos assim:

Jones faz um bom trabalho
+ O impulso do chefe para recompensar
= Promoção ou outro benefício

Contudo, sobre qual parte dessa equação Jones tinha o menor grau de controle? Bem, Jones poderia influenciar o grau de controle sobre a qualidade do seu trabalho; controlar a quantidade de esforço que pôs no projeto; controlar a quantidade de tempo que gastaria com pesquisa e o tempo que gastaria com o relatório do projeto e apresentação. Sobre esses aspectos, Jones definitivamente tinha controle. E quanto à outra parte da equação, a parte que tem a ver com a reação do chefe ao trabalho fabuloso que Jones realizou?

Aí, infelizmente para Jones, vemos que ele não tinha nenhum controle. Talvez o chefe viu o desempenho de Jones como nada menos do que se poderia esperar de um profissional de seu calibre. Talvez o chefe não acreditasse em bônus ou recompensas. Poderia ser que o orçamento e a organização estrutural não lhe permitissem dispor do dinheiro para uma recompensa, um aumento, ou uma promoção. Jones não teve o menor controle sobre nenhum desses aspectos. Ainda assim, a metade de sua equação, sua hipótese, estava na reação do chefe.

Vamos voltar aos namorados frustrados. Cada um fez o que podia para que a noite fosse agradável. E foi. Entretanto, ela não tinha controle sobre o que o cara com quem saiu queria, se era namoro ou algo menos sério. Não tinha controle sobre o fato de poder existir alguma outra mulher por quem ele estivesse mais interessado. Nem sobre a disponibilidade emocional dele para ter um relacionamento mais sério, como seria indicado por um segundo encontro. Finalmente, ela não tinha controle de seu próprio impacto emocional sobre ele. Portanto, sua equação de recompensa, a base de sua hipótese, foi neutralizada no princípio porque ela não tinha controle nenhum sobre nada além de sua contribuição para uma noite agradável.

Da mesmo forma, ele não tinha controle sobre a vontade dela de convidá-lo para continuar a noite. Talvez ela só estivesse cansada. Talvez ela achasse que tal convite a colocaria em uma situação comprometedora.

De qualquer forma, vejamos a equação de recompensa dele:

**Eu sou agradável
+ O desejo dela de...
= Minha recompensa (ser convidado para entrar)**

Essa equação é falha porque ele não tinha controle nenhum sobre o que ela faria uma vez que parassem à porta.

Dessa forma, devemos perguntar: com que freqüência ficamos decepcionados em não receber uma recompensa sobre a qual não temos nenhum controle? Com que freqüência ficamos com o ego ferido porque estávamos empenhados em receber algo cuja obtenção estava além de nossos poderes? Ah, para ter certeza, nesses casos em que ficamos zangados com nossos chefes, com ele ou com ela, no caso do encontro, ficamos zangados porque os vemos como responsáveis pela mágoa e decepção que sofremos. Mas será que a outra pessoa é mesmo responsável? Ou será que armamos tudo em virtude de hipóteses – causando então, nós próprios, a decepção?

Lembre que isso é significativamente diferente de mágoa ou decepção que sofremos quando uma crença não é concretizada ou cumprida. Tenha em mente que uma crença é baseada em experiência concreta e probabilidade. É o caso em que há justificativa por esperar que algo aconteça. A expectativa de um pagamento salarial semanal é um exemplo. Se, por alguma razão, o pagamento não chega no dia, podemos experimentar uma gama de emoções negativas, e, para isso, teríamos justificativa. Mas com uma hipótese vamos além da experiência e probabilidade, entrando no reino do desejar. É por causa disso que devemos nos questionar se sentimentos negativos, ou seja, a raiva, o ressentimento e o ego ferido, são válidos. Porque, se não forem, devemos nos perguntar se vale a pena continuar tendo o ego ferido e lidar com toda dor associada a ele.

– Agora espere um pouco, Mark – posso ouvi-lo dizer. – Eu posso não me sentir insultado se alguém me xinga em uma língua que não entendo, porém é um pouco diferente de não conseguir a promoção que estava esperando. Isso ainda machuca de qualquer maneira.

Sim, eu sei, machuca. Mas a chave aqui é no que a "esperança" está baseada. Por um lado, era realmente **esperança** (que é essencialmente um "desejo")? Ou era uma "**expectativa**"? Nos exemplos citados, de Jones e do casal de namorados, as hipóteses iam além da esperança e do desejo. Elas haviam se transformado, de fato, em expectativas. Essa é a essência de uma hipótese. Só você pode olhar para sua vida, suas decepções e desejos não realizados e determinar de verdade até que ponto eles são o resultado de esperanças desfeitas, hipóteses não concretizadas ou expectativas válidas, mas não atendidas. O exercício de examiná-los pode ajudá-lo a separar os casos nos quais teve todo o direito de ficar magoado ou decepcionado dos em que meras esperanças ou hipóteses o levaram a esperar uma recompensa ou outro benefício que não conseguiu.

Antes que examine essa questão, vou propor outro tipo de hipótese para análise. Às vezes, não deduzimos que algo vai acontecer, mas, ao contrário, deduzimos que nada vai acontecer.

Pensemos em um exemplo para deixar isso mais claro. O que acontece, por exemplo, quando um relacionamento começa? Quando conhecemos alguém, há sempre muita formalidade, e esse é um aspecto importante para se reconhecer. O que é **comportamento formal**? É um padrão de ações ritualizadas, com origem na cultura, aceito como apropriado e esperado em certas situações sociais. Você, portanto, encontra-se no seu **melhor comportamento**, assim como a pessoa que está prestes a conhecer mais profundamente. De certo modo, ambos estão apresentando a melhor versão – e somente a melhor versão – de quem são. Por quê?

Em parte, porque somos ensinados a nos comportar de modo ritualizado com as pessoas que não conhecemos bem. A advertência de nossas mães para "sentar direito" quando éramos crianças se estivéssemos em um jantar com um parente não muito próximo ou com o chefe de nosso pai é um exemplo disso. Em casa, a sós com nossos pais, podíamos estar encurvados à mesa e talvez ninguém falasse nada, pelo conforto de estarmos apenas nós e nossa família presentes. Mas quando a tia-avó Maud ou o sr. Stuffenbottom vinham para comer, as mães disparavam o "Sente-se direito" para lembrar que aquela não era uma situação como as outras, em família, tranqüila, e era esperado um comportamento mais formal, ritualizado. Tentávamos portanto dizer "por favor" e "obrigado", não limpar a boca na manga e não arrotar. Dessa forma, também em um primeiro encontro tentamos ficar eretos, não arrotar e dizer "Por favor, passe-me o sal", em vez de "Passa o sal aí".

Fazemos isso particularmente nas primeiras fases de um relacionamento (ou em uma entrevista de emprego), porque, freqüentemente, acreditamos que o eu "real" pode não causar uma impressão tão boa quanto o eu "formal". Então, nos enfeitamos e nos comportamos como nos foi ensinado. Fazemos o melhor que podemos, mandamos chocolates ou bilhetes, abrimos portas e fazemos contato visual. A outra pessoa está similarmente atraente e atraída. Depois de alguns encontros como esse, sentimos que finalmente encontramos o que estávamos procurando o tempo todo: um daqueles parceiros agradáveis e atenciosos, sexy e atentos, como os dos cinemas e da televisão.

A mesma situação ocorre na vida profissional bem como durante a primeira entrevista, o primeiro encontro com o cliente, e até mesmo quando usamos nossa voz profissional para atender um telefonema de negócios. Esses são exemplos de **comportamento formal ou melhor comportamento**.

O lado ruim disso tudo é que, conseqüentemente, situações de informalidade e comportamento não tão perfeito começam a aparecer em relacionamentos formais.

Para voltar ao exemplo do encontro, o eu verdadeiro – o eu que é mal-humorado um dia e complicado em outro, às vezes desatencioso e egoísta – emerge. Mau hálito matinal, cabelos despenteados, gases, comida ruim... "Ei, espere um momento!", você diz para si mesmo. "O que aconteceu?" A cozinha parece ter sido vítima de um tornado, e qualquer discussão sobre dinheiro vira briga. O eu verdadeiro fica chocado, amedrontado, e o que mais? Decepcionado. De forma alguma era isso o que esperávamos.

E por aí vai. A verdade é que você preferiria assistir ao futebol na televisão a ficar abraçado no sofá. Ela preferiria que você guardasse para si suas opiniões sobre as roupas dela. Enquanto isso, o mundo real de infecções e diarréias, dores de cabeça e ressacas começa a surgir no cenário artificialmente perfeito. Não é nada, nem um pouco, como nos filmes. "Onde está a pessoa que eu conheci há cinco meses?", você acaba se perguntando. "Essa não é a mesma pessoa."

Ou será que é? Você ainda é tão engraçado e apaixonado como era quando se conheceram. Ela não é uma versão malsucedida e menos segura da advogada que você convidou para sair. Algo mudou, sim. Mas não foi o seu parceiro ou a sua parceira, e sim como vocês interagem. Vamos encarar os fatos: usar um terno ou salto alto a semana inteira é impossível. Aparecer com uma coleção interminável de piadas é exaustivo. Ser bondoso, atencioso e agradável é possível na maior parte do tempo, porém certamente há dias em que isso pode estar além das capacidades de alguém. A vida tem suas pressões, e quando elas entram em cena, reagimos. Reagimos às pressões e, sim, aos parceiros e parceiras.

Uma maneira de reagir é baixar a guarda, a fachada... não se esforçando para ser perfeito. O que nossos parceiros ou parceiras vêem? Obviamente, alguém com bafo matinal, cabelo ruim e gases, alguém que é mal-humorado alguns dias e complicado em outros, desatencioso às vezes e egoísta de vez em quando. Em outras palavras, alguém decididamente menos perfeito.

– **Mas eu estava atraído pelo perfeito** – você reclama.
– É o que eu queria.

Sim, assim como sua parceira, seu parceiro. E, então, as suas expectativas e as do seu parceiro ou parceira não são atendidas. Isso leva a frustração, estresse, e a algo de que falamos anteriormente: o **ego ferido**. Claro, isso é uma situação pessoal, e a referência posterior era a de uma situação profissional (lembre-se de Jones). Contudo as duas são similares. **Você tem expectativas. Elas não são atendidas. Você se sente péssimo.**

No mundo do trabalho, quer você esteja no ramo de seguros, gestão de riquezas, educação ou alimentação, certos aspectos dessas experiências são similares.

O exemplo clássico, é claro, é o caso da promoção. Lembra-se do Jones? Sua carreira parece ser um desastre. Tendo esquecido o passado, ele está diligentemente tentando, mais uma vez, conseguir a cobiçada promoção. Dessa vez, ele realmente consegue. Não é preciso dizer que todos ficam muito felizes na casa dos Jones quando isso acontece. Inicialmente, Jones faz a festa no luxo do seu novo cubículo, em sua nova cadeira, em sua nova e brilhante mesa. Ora, ele festeja tudo! Até mesmo os clipes e elásticos para papel o deixam maravilhado. Ele conseguiu. Ele conseguiu chegar exatamente aonde queria.

O problema é que não demora muito e a excitação com os clipes para papel passa, e Jones começa a perceber que seu novo cargo requer muito mais reuniões do que ele havia imaginado. Pior ainda, as reuniões arrastam-se por horas e às vezes ele não consegue chegar em casa antes das 8 horas. Ele começa a perceber que não pode escapar do serviço nas tardes de verão, não pode ir ao recital de dança da filha e não pode assistir aos jogos do filho na escola. Espere! Isso não é o que ele tinha em mente!

Enquanto isso, na casa dos Jones parece que a sra. Jones também foi promovida. Agora ela não tem tempo para fazer o jantar ou ouvi-lo falar das últimas do escritório. Está muito cansada para ser paciente e, às vezes, está fora da cidade. Isso o deixa sozinho em casa com as crianças noite após noite, encarando jantares de empanados de peixe de microondas. Isso está ainda além do que ele havia imaginado. Como algo que ele queria tanto poderia ter se tornado uma decepção tão grande?

Em outras palavras, Jones conseguiu o que queria, assim como aquele casal, pelo menos no começo. Mas parece que **há um preço para conseguir o que nós queremos**. Temos de conviver com a realidade de que aquilo que queríamos vem com alguns **extras inesperados**: cabelo ruim, reuniões longas e mais. De certa forma, parece ridículo descrever esses extras. Afinal, enquanto você lê isso, percebe que essa é a estrutura do cotidiano; com o tempo, vemos que as coisas não são perfeitas como às vezes queremos que sejam. Você percebe que é natural ter de encarar o desequilíbrio entre o comportamento formal e o informal. Certamente, ninguém precisa lhe explicar que em situações familiares o comportamento informal é a norma, e que em cenários formais é preciso comportamento formal. Então, por que nos sentimos decepcionados quando namoradas e namorados se mostram pessoas normais, ou quando o chefe põe negócios acima de sentimentos? Por que não olhamos de maneira séria e madura para a situação e nos concentramos nos seus ganhos? A resposta? Agora você já sabe de cor. Porque ficamos **decepcionados**. Porque deixamos nossas fantasias sobre o futuro ofuscarem avaliações realistas das direções que as coisas podem tomar. Infelizes e frustrados, decidimos que parceiras e parceiros devem mudar, chefes devem se demitir e que recompensas devem melhorar. Mas isso não leva a lugar nenhum. E parte dessa razão é que nossas hipóteses, em tais casos, nos levaram a esperar que nada aconteceria, que nada mudaria.

Anteriormente, discutimos o ego ferido que freqüentemente acompanha o fato de que algo que pensávamos (esperávamos?) que aconteceria não aconteceu e não vai acontecer. Discutimos como essas esperanças e expectativas são o que nos leva à decepção. Igualmente perigosas são as situações em que esperamos que nada aconteça, nada mude, especialmente quando na maioria das situações **a mudança é preordenada**.

Um amigo meu casou-se com uma jovem sexy e vivaz para, depois de três filhos e 15 anos, descobrir que as prioridades dela haviam mudado... assim como seu nível de energia. Outra amiga casou-se com um cara muito legal que sempre fazia questão de tirar as tardes de folga para ver a aula de dança da filhinha de 3 anos de idade. Após sete anos e duas promoções, ela está prestes a pedir o divórcio porque esse mesmo cara parece mais casado com sua carreira do que com ela. E o que é ainda pior, além de não tirar mais as tardes de folga, muitas vezes ele trabalha nos fins de semana e fica fora da cidade 15 dias por mês a negócios. Enquanto isso, o casal que estava tão encantado com a polidez um do outro agora descobre que eles, no final das contas, são meramente humanos. Ambos estão sujeitos a infecções. Um fica com gases quando come pepinos, e o outro com diarréia quando come cogumelos. Em casa, vestem-se com calças velhas e rasgadas; ele rouba os lençóis e ela tem chulé. Que horror!

O bom e velho Jones, enquanto isso, está chocado e assustado com o fato de as promoções, suas e de sua esposa, terem lhes roubado tanto da liberdade que tinham antes e não usavam direito.

O que está acontecendo nessas situações? Eu diria que várias das **feridas no ego**, sofridas pelas pessoas dos exemplos, são o resultado de uma hipótese não concretizada de que nada iria mudar, a dedução de que aquilo de que mais gostavam em cada situação não seria alterado pelo tempo, pelas novas responsabilidades, idade ou familiaridade.

Assim percebemos que uma das minas emocionais e psicológicas mais perigosas na qual podemos pisar é a **hipótese**. Hipóteses nos fazem ter expectativas que não temos o direito de ter em primeiro lugar; levam-nos a acreditar que o melhor de qualquer situação nunca vai mudar. Fazem-nos ignorar reconhecimento quando estamos atrás da recompensa, e concentrar nossa fé nos resultados sobre os quais não temos controle nenhum. Elas nos levam a negligenciar e a diminuir aquilo que é bom em uma situação porque estamos mais preocupados em nos concentrar no que é bom e que poderia ter caracterizado uma situação no passado. Em outras palavras, quase sempre nos levam à decepção.

Ainda assim, a maioria de nós todos ainda carrega essas hipóteses, entra semana e sai semana, situação após situação. Depois nos perguntamos por que nos decepcionamos tanto. Por que é tão difícil perguntar a nós próprios se, talvez, nossas expectativas não foram irrealistas? Por que é tão difícil aceitar que **não podemos controlar o que não controlamos**? Por que é tão difícil parar de querer e esperar sempre mais?

Próxima parada: a zona além da imaginação

QUEM NÃO GOSTA DE UM JARDIM TRADICIONAL?

Exercício

Para fixar esta lição, usaremos um exemplo da vida real. Por favor, defina uma situação no trabalho em que tenha ficado com o **ego ferido** para ver se pode definir o **porquê** e **em que ponto** ele se originou. Comece pela situação de mágoa para chegar à causa.

EGO FERIDO – Como aconteceu? (*Ex.: sentimento de rejeição.*)

Em que essa ferida foi baseada? Fantasia, crença **ou** hipótese?

SITUAÇÃO QUE NÃO FOI CONCRETIZADA?
– Definida na sua vida real. (*MINHA tática para uma noite ARDENTE.*)

EXPECTATIVAS

Hipótese – a área cinza e nebulosa – uma mistura de fato e fantasia – recompensa além do benefício. (*Puxa, eu fiz o jantar e não ganhei nada.*)

Crença – baseada em probabilidade – reconhecimento. (*Se eu fiz isso, e nós SOMOS casados.*)

Fantasia – série de expectativas que acreditamos ser verdadeiras. (*Cheguei cedo em casa, e faça um esforço.*)

CAPÍTULO 4
Verdades e mentiras

Um dos primeiros conceitos que pais e professores tentaram nos ensinar, quando éramos crianças, é o conceito da verdade. **Deveríamos sempre falar a verdade**; não mentir. Mas essa era uma lição difícil de aprender e aceitar naquela época. Para começar, mesmo quando ainda muito pequenos, aprendemos que contar a verdade freqüentemente nos exporia às conseqüências de nossos atos. E mesmo quando crianças, talvez especialmente quando crianças, queríamos ser poupados o máximo possível das conseqüências.

Porém devagar, com o passar do tempo, com má vontade e hesitação, aprendemos a dizer a verdade. Parte disso deve-se ao conhecimento de que, assim como todos nos exigiam a verdade, também queríamos acreditar no que nos dissessem. Aprendemos, rapidamente, que se todo mundo mentisse, o mundo seria um lugar desequilibrado e não confiável. **Aprendemos o valor da verdade.** Todo mundo – nós aceitamos agora – deveria dizer a verdade.

Infelizmente, isso é um ideal, que também aprendemos conforme crescíamos. Começamos a perceber que as pessoas – pais, amigos, chefes e até companheiros – muitas vezes contavam meias-verdades, esticavam-nas ou mudavam-nas completamente. Começamos a perceber que, às vezes, para poupar os sentimentos de alguém, por exemplo, a **verdade** não precisava necessariamente ser dita em seu todo... talvez nem precisasse ser dita. Começamos a aprender os conceitos de pequenas mentirinhas e de mentira pura. Também aprendemos, particularmente ao entrar no mundo **adulto profissional**, que existiam situações em que se **esperava que mentíssemos**. Porque a realidade é que ninguém consegue ser completamente honesto na vida real. **Na verdade, uma das características das "boas maneiras" é, bem, mentir.**

Todos fomos ensinados a mentir de um jeito ou de outro. Quando a tia-avó Maud aparece para o jantar de Ação de Graças com um de seus panetones de cimento e melado, de acordo com o treinamento nos lembramos de não fazer careta nem lhe dizer que toda a família decididamente odeia os seus panetones. Quando o chefe vem com mais uma de suas costumeiras piadas ridículas e mal contadas, esse treinamento acende uma luz que nos manda pelo menos mostrar os dentes, se não conseguirmos rir. Os exemplos são intermináveis.

Há uma cena hilária no filme *East is East*, por exemplo, que ilustra isso de um jeito meio cômico. Os integrantes masculinos de duas famílias de imigrantes estão se reunindo para arranjar o duplo noivado dos filhos de uma família com as filhas da outra família. O pai das garotas leva um retrato das duas futuras noivas e o entrega para que os parentes dos noivos vejam. O pai dos garotos arregala os olhos e passa o quadro para seus irmãos, primos e conselheiros. Suas reações, com até alguns murmúrios, são iguais à do pai. Finalmente, a câmera mostra o retrato e vemos as duas garotas pela primeira vez. Elas são decididamente horrorosas!

– Linda – o pai dos garotos diz enquanto devolve o retrato. – **Você deve estar orgulhoso.**

Rimos (e nos contorcemos) ao ver o pai dos garotos enrascado pela honra e pela convenção social. Sabemos que as garotas são feias. Ele sabe que as garotas são feias. O pai das garotas e todos os parentes masculinos sabem que elas são feias. Os noivos prometidos provavelmente saberão que as garotas são feias quando as virem. Mas **honra e convenção social** exigem que esse fato óbvio não deva ser mencionado ou reconhecido. É a história *As roupas novas do imperador* revista.

– É uma graça, Mark – você poderá dizer –, mas é só um filme.

Sim, é um filme, mas ele contém uma verdadeira lição de qualquer forma.

Tomemos outro exemplo. Ao se encontrar um colega na rua (não um amigo próximo, mas alguém que você conhece ou com quem você trabalhou), acontece uma rotina específica na sua interação. Ele pergunta como você está. Você mente e diz "tudo ótimo". Você não fala que sua esposa acaba de fugir com o *personal trainer*, que o seu filho voltou para casa na noite anterior com sete *piercings* nos lábios, que sua filha de 13 anos fugiu com uma banda grunge, ou que o seu chiuaua tem tumores nasais. Você **esconde** essas coisas em favor do que a convenção social pede que diga.

De um jeito parecido, o(a) colega não divulga que a(o) esposa(o) foi recentemente processada(o) por desfalque, que o filho mais velho é um revolucionário nas selvas do Peru, ou que ele(a) está prestes a falir. Em vez disso, ambos mentem; e combinam de ligar um para o outro para marcar um **almoço** juntos.

Esses exemplos estão um pouco exagerados para que fiquem bem explicados. Contudo, ilustram o fato de que não deixamos que o conhecido saiba a verdade. Não admitimos que o estresse diário do trabalho e da vida em família nos afeta. Não admitimos que as coisas não vão bem nem que, ultimamente, estivemos um pouco deprimidos. **Nós mentimos.**

Vamos pegar um caso contrário como exemplo. Você já encontrou um conhecido na rua e perguntou "Como você está?" só para vê-lo desatar a contar uma história trágica de destinos cruéis e infortúnios? Talvez ele tenha se divorciado depois da última vez em que o viu. Talvez tenha sido demitido e esteja desempregado desde que vocês se falaram pela última vez. Talvez tenha ocorrido uma morte trágica na família. Sejam quais forem as más notícias que essa pessoa tenha para compartilhar, você não se sente **arrependido por ter perguntado**, nem mesmo de ter se encontrado com ele? Nessas circunstâncias, você não teve um pouco de vontade de se contorcer e muita vontade de ir embora?

– Por que ele está me contando tudo isso? – provavelmente você se perguntou.

Bem, você perguntou, não perguntou?

– Perguntei, mas eu não queria ou precisava saber de tudo isso – você pode dizer. – Eu só estava sendo educado.

Ah, educado... ao contrário do quê? Provavelmente, ao contrário de se importar de verdade.

Esse pequeno exemplo não tem a intenção de fazê-lo se sentir insensível. Ele serve para ilustrar como todos nós, você, eu e o outro cara, não só somos **treinados para mentir**, como também para esconder sentimentos, e esperamos que todos, exceto os que nos são próximos, façam o mesmo.

Também não é tão simples quanto "livrar a cara". Claro, quando é a nós que perguntam "Como vão as coisas?", queremos que o conhecido nos veja em nosso melhor; mas há mais que isso, como alguns mecanismos de defesa

Verdades e mentiras

que usamos no trabalho. Outro exemplo vai deixar isso mais claro. Imagine que você esbarrou no seu chefe. Depois de corrigi-lo, educadamente, pelo que parece ser a 700ª vez, quando ele o chama pelo nome errado, você lhe assegura que está tudo muito bem quando ele pergunta: "Então, como vão as coisas?", enquanto passa numa nuvem de fumaça de charuto. Você certamente não lhe diz que sua esposa acaba de fugir com o *personal trainer*, que o seu filho voltou para casa na noite anterior com sete *piercings* nos lábios, que sua filha de 13 anos fugiu com uma banda grunge, ou que o seu chiuaua tem tumores nasais. Da mesma forma, você **não diz** que o seu supervisor imediato, que é filho desse chefe, é um completo idiota que não conseguiria achar o caminho de volta do banheiro sozinho, que a promoção que ele recentemente deu ao sobrinho da amante vai custar milhões à empresa porque o garoto é um retardado mental, e que o fato de você não conseguir um aumento maior que metade de 1% nos últimos cinco anos significa que não pode pagar um ortodontista para o seu gato. Mais uma vez, você mente. Tudo está bem, você lhe assegura enquanto ele desaparece do corredor dizendo: "Bom, muito bom. Continue o bom trabalho".

De alguma forma, sobrevivendo ao resto do dia, você volta para casa, que, aliás, está vazia porque sua mulher acabou de fugir, seu filho está colocando mais *piercings* nos lábios, sua filha de 13 anos está no exterior com a banda grunge, e o chiuaua está no México, para tratamento holístico dos tumores nasais, quando então a sua mãe liga e pergunta como estão as coisas.

– **Bem** – você diz, uma vez que, afinal de contas, por que deveria dizer algo que a preocupasse?

O que acontece aqui? A resposta: **tudo e nada**.

O nada é o fato de que você não fez nada anormal ou problemático. Ao contrário, fez exatamente o que a convenção social exige. Você não balançou o barco. Não contou para ninguém que sua vida está desmoronando. Não disse ao seu chefe como realmente se sente a respeito das suas decisões administrativas. Não chamou atenção para si próprio (afinal, você não queria ser rude).

O tudo é o fato de que por trás das mentiras sobre a vida que está levando está a verdade sobre o que está passando. Sua família está em desordem. Você tem expectativas que não estão sendo atendidas. Está atravessando crises de natureza pessoal e financeira. Às vezes, você só quer **GRITAR!**

Mas quando enfrentamos situações como essas, não podemos falar sobre elas... e, certamente, não podemos gritar.

Isso, às vezes, faz parte. Como pai, por exemplo, seria errado reclamar para seus filhos, ou na frente deles, que sua presença resulta em uma enorme falta de privacidade para você e sua esposa. Essa falta de privacidade, a falta de liberdade, é um dos sacrifícios que vêm com a paternidade, faz parte. De maneira similar, seria errado e doloroso reclamarmos que as necessidades de um pai doente são um inconveniente se ele estivesse precisando de ajuda. Às vezes, todos temos de fazer coisas que não queremos, e simplesmente **calar a boca**. Seria uma mentira esconder sentimentos nessas situações? Estritamente falando, provavelmente. Mas é uma mentira por uma boa causa. Sem essas mentiras, provavelmente teríamos dificuldade em manter qualquer tipo de relacionamento pessoal ou próximo.

Porém, no grande mundo em que vivemos, as mentiras, meias-verdades e omissões que proclamamos quase todos os dias dizem muito a respeito das expectativas sobre nós mesmos e daquelas que os outros têm de nós. Nos exemplos das rápidas conversas com o chefe ou o conhecido que perguntam como estamos, por exemplo, a verdade é, basicamente, que a vida que estamos vivendo é o exato oposto da que descrevemos. **Mas por quê?** Por que a norma esperada é a de que guardaremos as frustrações? E por que tal norma é importante? Porque é mais fácil, responderei a segunda pergunta primeiro.

Ela é importante porque tais mentiras sociais não só exacerbam o estresse da situação que estamos escondendo, como também produzem estresse por si sós. Sabemos, por exemplo, que mentir causa mudanças consideráveis no organismo; essa é a base do teste de detecção de mentira. Por que, então, não se pensaria que mentir também causa estresse emocional e mental na vida diária?

– Agora espere um momento aí, Mark – posso ouvi-lo protestando. – Claro que algum criminoso preso a um detector de mentiras vai sentir estresse em tentar encobrir o que fez. Mas como você pode comparar isso a querer manter certas coisas em segredo?

O problema aqui não é o desejo de manter sua privacidade. Querer manter algumas coisas em segredo é totalmente aceitável. Existem informações profundamente pessoais que todos queremos guardar para nós mesmos. Não é desse tipo de informação que estamos falando.

Pense por um momento em situações correntes que poderiam causar estresse a alguém. Talvez alguém que conhecemos está tendo uma crise no casamento e suspeita, seriamente, de que seu marido, ou esposa, está tendo um caso. Talvez os negócios dele ou dela estejam quase fracassando e a falência está ameaçadoramente próxima. Talvez o problema seja um filho que foi pego comprando drogas na escola ou uma filha de 16 anos que engravidou. Ou quem sabe essa pessoa tenha acabado de descobrir que vai ser demitida no prazo de duas semanas. Os exemplos são inúmeros.

Agora pense no estresse pelo qual essa pessoa provavelmente está passando, por qualquer uma dessas circunstâncias. Podemos nos identificar com elas porque nenhum de nós quer enfrentar aquelas situações. Todos sabemos do estresse que qualquer uma dessas situações causaria.

Pense em como essa pessoa pode lidar com as crises. Ela iria provavelmente querer esconder os fatos do chefe e colegas de trabalho. Ela pode querer esconder os fatos dos pais, dos irmãos e de qualquer pessoa, exceto dos amigos próximos. As situações são embaraçosas. O embaraço, a dor, e talvez o contínuo senso de responsabilidade e fracasso em cada uma dessas situações, causam estresse.

Ao mesmo tempo, a necessidade, quer esteja presente ou seja apenas perceptível, de esconder essas verdades é, por si mesma, causa de estresse. A pessoa tem de tomar cuidado com o que ela fala, pôr uma fachada de bravura e boa vontade. Tem de esconder, pelo menos no momento, o que está realmente sentindo e vivendo. O esforço, a necessidade de mascarar a verdade causam ainda mais estresse.

Além disso, não é justo dizer que só você ou eu somos forçados a situações como essas, que o resto do mundo é frio ou insensível. Lembra-se do exemplo que citamos anteriormente, no qual eu ou você damos de cara com alguém, perguntamos como ele está, e acabamos inesperadamente derrubados por uma história trágica? Você se lembra do desconforto que descrevemos? A verdade é que cada um se sente **culpado** por querer que os outros guardem seus problemas para si próprios: o chefe não quer ouvir seus problemas nem os meus; nem você nem eu, particularmente, queremos ouvir as histórias tristes que a recepcionista tem para contar.

Estamos analisando esse problema porque é algo que todos enfrentamos na vida. A convenção social e, às vezes, o impulso pessoal nos obrigam a **esconder** muito do que vivemos e sentimos. E o passo fundamental para entender isso e o impacto que isso tem na nossa vida é compreender por que acontece assim, é entender por que a **mentira social** é tão central na vida cotidiana.

CAPÍTULO 5
Meninas grandes não choram

Assim como não choram os meninos grandes, já que tocamos no assunto. E essa é uma das lições mais básicas por trás das mentiras sociais que nos causam tanto estresse e que são partes tão grandes de nossas vidas. Você é um pai ou um pai adotivo? Você já foi pai? Ao menos se lembra de ter sido criança? Se sim, deve se lembrar de ter dito para alguém mais jovem, ou então ter ouvido de alguém **que chorar não é resposta**. Admitamos que esse não é um mau conselho. Aprender a parar de choramingar pelas situações negativas e, no lugar disso, encontrar soluções é a marca registrada da resposta madura a uma situação negativa. Mas essa lição não deve ser confundida com a reação mais do que humana de chorar por uma intensa emoção ou dor física.

Quando um marido ou uma mulher, um pai ou uma mãe, ou um filho se machuca ou morre, quando o amor de nossas vidas de repente vai embora, quando caímos e quebramos uma perna, mesmo ao assistir a um final meloso de um filme romântico, a resposta instintiva é chorar. É uma reação típica e involuntária, muito além do nosso controle.

De fato, estudos têm demonstrado que indivíduos que são grandemente (ou inteiramente) imunes a tal reação estão sofrendo de grave deficiência emocional, que é freqüentemente relacionada com uma incapacidade de discernir entre o certo e o errado, de ter empatia com outras pessoas e compreender e/ou entender os resultados da reação ao impulso. Então, aspirações ao controle **Vulcano** de todas as emoções à parte, devemos aceitar que certas manifestações de dor física e/ou emocional – nesse caso, chorar – são parte do disfarce comum de espécie.

Além disso, também reconhecemos que crianças choram com mais freqüência e geralmente em resposta a um estímulo menos significativo do que adultos ou mesmo adolescentes. Várias dinâmicas estão em jogo aqui. Crianças não têm o senso de perspectiva dos adultos. Elas choram por um joelho ralado, situação na qual um adulto pode apenas xingar. Crianças pequenas choram de decepção por uma festa de aniversário perdida; crianças maiores ficam mal-humoradas diante de decepção semelhante. Crianças pequenas choram quando seus sentimentos são feridos, quando são insultados ou debochados.

– Não é justo! – elas gritam contra uma série de injustiças e problemas superficiais da vida.

Quando adultos, também sentimos as dores e o desprezo das injustiças. Também (internamente, de qualquer forma) sofremos quando nos provocam ou insultam. Mas não choramos, não fazemos cena. Aprendemos a ter perspectiva, um senso de proporção que nos permite colocar o incidente no seu devido lugar. Essa é uma das lições do crescimento.

Aprendemos, com isso, outra coisa.

Distinguir os estímulos negativos menores dos maiores e colocá-los em perspectiva é um grande passo no caminho para a maturidade, sim. O problema é que a maioria de nós tem um tipo de filtro interno que continuamente informa que muito do que está nos incomodando não é realmente importante; que é coisa pequena, ou pelo menos é a maneira como as preocupações serão vistas pelos outros. Essa é uma das duas principais fontes da estressante mentira social.

Para ilustrar, imagine que, em uma noite, a sua bomba d'água pára de funcionar por um tempo durante uma tempestade horrível. Enquanto todos se arrumavam para sair de casa para escola ou trabalho, ninguém na família conseguiu perceber isso. Mas, às 8h10 da manhã, sua filha desce as escadas e descobre que a sala de estar recentemente reformada, o porão e tudo o que ficava lá embaixo, da estante de livros dela até o seu *stereo surround sound* novinho, bem como a televisão de 29 polegadas, estava debaixo de 8 centímetros de água. Você ficaria chateado? É claro que ficaria.

São 8h13 da manhã e você tem de sair para trabalhar. Furioso, liga para um ou dois encanadores, e só consegue falar com secretárias eletrônicas; constata rapidamente que sua esposa não pode ficar em casa e faltar no trabalho, dá uma última olhada nas fitas de vídeo flutuando no primeiro degrau da escada e sai de casa para o trabalho relutantemente.

Algum tempo mais tarde, no trabalho, enquanto ainda tenta, furiosamente, achar o encanador, seu chefe passa pela sua mesa. Depois de chamá-lo pelo nome errado pela 701ª vez agora, ele pergunta como você está. Completamente obcecado pela situação de alagamento que deixou em casa, você menciona que tem um porão cheio de água e está prestes a perder milhares de dólares em propriedades familiares para as águas que rapidamente continuam a subir.

O chefe é um cara antiquado. Ele ainda acha que charutos no escritório, conhaques triplos no almoço e *strippers* saltando de bolos em um encontro de vendas são todos meios perfeitamente aceitáveis de se fazer negócio. A mulher dele nunca conseguiu parar em um emprego e ele não tem paciência com problemas com os horários da família quando duas pessoas trabalham. A menção do seu porão alagado o faz parar como se estivesse congelado. Um olhar frio toma seu rosto e ele sugere que sua esposa deveria estar cuidando do problema. Percebendo o seu erro, você sai da sala, murmurando algo sobre o trabalho da sua mulher.

– **Bem, parece ser um problema pessoal** – ele responde, esclarecendo que espera que nenhum porão alagado vá distraí-lo dos seus deveres tão importantes no trabalho. Em outras palavras, o chefe traçou uma linha entre **o que você acha importante e o que ele acha importante**. É esperado que você controle suas emoções (nesse caso, sua preocupação com os milhares de dólares que vai perder no porão) e que volte toda sua atenção aos importantes requerimentos da empresa.

Então, como você está se sentindo? Nesse ponto, podemos imaginar que o seu **ego está muito ferido**. O destino alagou seu porão, atrapalhando sua noção de como as coisas deveriam ser. A afirmação de sua esposa de que a apresentação dela era muito importante para ser perdida sugere que ela vê as funções que tem, fora de casa, como mais urgentes que o alagamento, portanto, ofendendo suas sensibilidades arcaicas. E, por fim, o chefe atacou todas as suas preocupações afirmando que o seu problema é pessoal, sem importância para o real esquema das coisas e que certamente não é algo que deveria atrapalhar um dia de trabalho. Ainda pior, parte de você concorda com ele.

Assim, você entra em **conflito** com o destino (o porão alagado), com sua esposa (porque ela não quis ficar em casa e cuidar do alagamento), com seu chefe (que acha que o alagamento não é importante) e com si próprio (porque está divido entre os deveres com sua casa e com seu trabalho). Não admira que fique frustrado! Parte do que está sentindo com tudo isso é um conflito específico que a maioria de nós ignora. É uma batalha entre **caráter e criação**, entre a maneira que você foi feito e o modo como foi criado, entre o que sente e aquilo em que acredita. É o mesmo conflito que faz com que minta quando um conhecido pergunta como está e você encobre todos os problemas contidianos. É o conflito da vida social.

Qual é a diferença entre caráter e criação, entre o modo como foi feito e como foi criado, entre como você se sente e em que acredita? Para uma resposta, vamos pensar no **sr. Spock** de *Jornada nas estrelas*.

Em *Jornada nas estrelas*, sr. Spock é popular, em parte porque, estando cercado de personagens bidimensionais, ele incorpora um conflito universal na nossa sociedade: **o conflito entre emoção e lógica**. Como espectadores, admirávamos o controle emocional dele, encontrando naquela filosofia algo estranho, sim, mas ainda assim atraente. Claro, procuramos muito por uma falha naquela fachada, um toque de calor, um sorriso, talvez até mesmo um sinal de atração pelo sexo oposto. Mas por quê? Talvez porque reconhecemos no sr. Spock algo que reconhecemos em nós: um conflito. Em nosso caso, não é o conflito entre emoção e lógica, por assim dizer, porém o conflito entre **como somos e a maneira como fomos criados**. Não há nada de novo nesse conflito. A raça humana civilizada tem lutado contra ele por mais de 2 mil anos.

Para entendê-lo, para entender as repentinas ondas de emoção que sentimos quando nos damos com uma escolha entre ir àquela reunião importante ou ir ao recital de dança da nossa filha de 7 anos de idade, quando a escolha diante de nós é ficar em casa para cuidar do porão alagado ou ir ao escritório – para entender por que nos sentimos constantemente pressionados por essas escolhas –, devemos entender a raiz do problema. **A natureza nos fez**, programou-nos de certa maneira. Somos programados para reagir com um senso de atração e proteção diante de crianças pequenas; na verdade, reagimos dessa forma com a maioria dos mamíferos jovens, quer sejam filhotes de cães ou gatos ou crianças. A resposta instintiva é a de proteger, cuidar. Não há muita lógica em querer levar para casa um gatinho desgarrado, contudo o fato é que muitos de nós, talvez a maioria dos humanos, vêem o gatinho (ou cachorrinho) como algo atraente e queremos levá-lo para casa. Sentimo-nos compelidos, ou pelo menos tentados a fazê-lo.

Da mesma forma, gostamos de comédias românticas, vibramos quando o Exterminador acaba com o bandido e ficamos com o coração na mão quando os filhos vão para a escola pela primeira vez. Novamente, é o instinto fazendo-nos responder à dor e ao prazer físico ou emocional.

Seguindo essas linhas, também temos necessidades, pretensões e desejos. Mas, se todos fôssemos atrás de tudo aquilo que entendemos como necessidade, pretensão e desejo, o resultado seria o caos.

Lendo as próximas páginas, você pode começar a pensar que eu me perdi ou que você se enganou ao pegar este livro da prateleira. Pode ficar se perguntando aonde vou querer chegar com a discussão. Deixe-me assegurar-lhe de que há uma razão para isso.

Como eu já disse, quero explorar o conflito entre aquilo que com freqüência **sentimos** e o que com freqüência **acreditamos**, entre aquilo que sentimos vontade de fazer e aquilo que fomos ensinados a fazer, o conceito daquilo que chamo de *mentira social*. Temos discutido sobre algumas das fontes dos sentimentos. Mas estes estão internalizados e o fato é que vivemos em um **mundo exterior**. A menos que consigamos entender por completo o impacto que o mundo exterior tem sobre nós, jamais entenderemos, de verdade, muitas das coisas pelas quais passamos todos os dias.

Em seu livro *The anatomy of love* [A anatomia do amor], Helen Fisher toca em um aspecto desse problema ao explorar o impulso de afastamento *versus* o valor social que é dado à fidelidade conjugal. Estou parafraseando aqui, mas, essencialmente, Fisher argumenta sobre o instinto que a natureza nos deu de espalhar nossos genes. Por essa razão, ela sugere que os primeiros seres humanos não se uniam apenas uma vez, a só uma pessoa. Antes, havia um impulso instintivo de acasalamento com o maior número possível de membros do sexo oposto, para dar aos seus genes maior possibilidade de sobrevivência. Com o desenvolvimento da civilização, a norma social de fidelidade evoluiu para a monogamia, ao menos no Ocidente judaico-cristão. O matrimônio e a fidelidade, segundo a autora, vão contra a essência com que a natureza nos programou, moldou e nos moveu. Essa é apenas uma faceta do conflito entre como nos sentimos e como somos criados. Fisher discute extensivamente o desenvolvimento legal, social e religioso dos conceitos de casamento e fidelidade.

Para enxergarmos mais amplamente, no entanto, para entendermos como o tipo de conflito que Fisher discute tem impacto em nossas vidas e na miríade de situações em que nos encontramos, é necessário ir além do seu foco e olhar para a grande paleta de normas culturais sob as quais nos movemos. Lembre-se: **todos nascemos com senti-**

mentos. Até a menor das crianças irá rir, chorar e expressar desejo e preferência. Entretanto, não nascemos com **crenças ou valores**, pois são exteriores, aprendidos. Portanto, para realmente entender as duas partes da equação, é necessário avaliar de onde essas crenças e valores vêm. Que crenças? Bom, começaremos com os conceitos básicos de comportamento bom, mau e apropriado. De onde esses conceitos vieram?

Agora, muito do que vou dizer está baseado principalmente no contexto e na mentalidade norte-americanos. Lembre-se: estamos explorando por que passamos por um **conflito entre o que sentimos e em que acreditamos**, especialmente em que acreditamos sobre como deveríamos agir. Portanto, se aceitamos a idéia de que as crenças são aprendidas, temos que aceitar que aprendemos como norte-americanos, vivemos em uma sociedade moderna norte-americana e crescemos com valores norte-americanos, que podem muito bem ser diferentes dos valores no Japão, na Síria ou no México. Em outras palavras, uma boa parte do que sentimos ser um conflito na nossa sociedade e no nosso contexto pode não ser conflito nenhum para pessoas de outras culturas. Então, para entender o conflito, devemos entender a cultura.

Seres humanos têm necessidades, pretensões e desejos. Isso não é novidade e é fato reconhecido desde o começo da civilização. Mas viver em civilização implica encontrar o equilíbrio entre necessidades, pretensões e desejos, e as necessidades, pretensões e desejos dos outros. As necessidades de um conjunto pesam mais do que a necessidade de um indivíduo – ou assim fomos ensinados. A civilização cria uma série de regras, e então, se queremos entender o impacto que a civilização tem sobre nós, devemos estudar as origens dessas regras.

Dizemos que vivemos em uma sociedade ocidental. Isso significa que as normas fundamentais sobre as quais nossa sociedade é construída são ocidentais, ao contrário das normas orientais. Os valores sociais mais básicos chegaram até nós por meio do mundo greco-romano de 2 a 3 mil anos atrás. Para os gregos e para os romanos que neles se espelharam, **autocontrole** era considerado a mais alta forma de excelência; de fato, era a maior meta das filosofias mais populares da época. Com o mundo externo ao homem girando rapidamente, e as necessidades, pretensões e desejos igualmente movimentando o interior dele, o autocontrole (ou "agir apropriadamente") passou a ser visto como uma **virtude**. Os gregos referiam-se a essas necessidades, pretensões e desejos como paixões, e paixões não eram coisas das quais se deveria ser especialmente orgulhoso. Antes, o homem ou mulher superior era aquele ou aquela que executava o autocontrole. Tal autocontrole era visto como a marca da excelência com a qual alguém poderia julgar o caráter, a educação, a virtude, a compostura, a integridade e a auto-estima de uma outra pessoa (Mack, 1995). Para os gregos, autocontrole era o mesmo que controlar as próprias paixões. Para eles, agir de forma civilizada era mais importante do que estar civilizado internamente. Eles entendiam que se alguém **agisse apropriadamente** acabaria **pensando apropriadamente**.

Na época dos romanos, aquele que cumprisse seus deveres e apresentasse comportamento apropriado era visto como um perfeito e justo súdito de César. Foi daí que herdamos os conceitos de honra, dever e responsabilidade.

Porém enquanto vivemos em uma sociedade ocidental, também alegamos aderir à chamada ética judaico-cristã. O que isso significa e como isso nos impacta hoje?

Meu terapeuta está me deixando maluco!

Enquanto os gregos (e depois, os romanos) se concentravam na maneira como o indivíduo deve viver como parte da sociedade, enfatizando seu comportamento exterior, os antigos hebreus estavam bem mais preocupados com o comportamento interno, ou o que hoje chamamos **ética**. Assim, enquanto os gregos e romanos pregavam a obediência à lei ("dai a César o que é de César"), os hebreus, um povo mais antigo que gregos ou romanos, pregavam a preocupação e a atenção aos sentimentos, necessidades e desejos dos outros. Julgando seguir uma lei superior à Lei de César, os hebreus levavam muito a sério a questão da necessidade social. Para eles, o interesse com o exterior que tanto preocupava os gregos era menos perigoso que as paixões interiores egoístas. Podemos dizer que, para os hebreus, pensar e sentir apropriadamente levaria naturalmente a agir de maneira apropriada.

Por séculos, essas duas visões de mundo, junto com aquelas de outras sociedades antigas que iam e vinham, seguiam paralelamente, cada uma consciente, mas não particularmente impressionada, com a visão do outro. E aí veio São Paulo.

Paulo era hebreu, um judeu que havia se convertido ao cristianismo e estava pregando para os gregos – e para aqueles influenciados pela cultura grega – no Império Romano do primeiro século. Isso sim é conflito!

Paulo fundiu os dois conceitos que acabamos de discutir em um único conceito. Ele pregava que as paixões que deveriam ser controladas não eram apenas as de interesse próprio dos gregos, um desejo de desenvolvimento, bens e posição, mas também as preocupações internas dos hebreus com luxúria, vingança e ciúmes. Paulo contrastou pecado e virtuosidade, carne e espírito, da mesma maneira que os gregos contrastavam a escravidão com as paixões autocontroladas.

Conforme o cristianismo se expandia para o mundo ocidental, essa ética judaico-cristã foi enxertada nas noções de certo e errado, bem e mal, honra e vergonha. Esses conceitos foram nossa herança e fazem parte da base daquilo que consideramos moralidade hoje. Mas, assim como somos produtos da mentalidade ocidental e da ética judaico-cristã, também somos produtos da sociedade que se desenvolveu como anglo-saxã.

Vamos avançar para os primeiros anos de 1600.

No momento em que a Reforma havia se enraizado na Europa, especialmente no norte da Europa, duas correntes predominavam. A primeira, puramente teológica, era uma reação ao que era visto como erro doutrinário na Igreja Católica e seus excessos. Muitas das primeiras denominações protestantes, portanto, adotaram um ritual mais claro e simples, deixando-o mais próximo ao povo. No entanto uma corrente bem mais radical estava sendo desenvolvida pela teologia de João Calvino e os puritanos ingleses. Essa era uma teologia que rejeitava todos os excessos, e mais, uma teologia que via esses excessos não só no cenário do ritual católico romano, mas virtualmente em todos os aspectos da vida. Para esse grupo, roupas coloridas deveriam ser banidas em favor do preto básico. Canto, dança, frivolidade – ou seja, todo prazer humano –, tudo deveria ser banido. Do mesmo modo, todas as demonstrações públicas de afeto, fossem elas de amor, indulgência pessoal, excesso de sexualidade, também deveriam ser banidas. A ética era trabalhar duro, sempre ter uma ocupação, sem distrações. Tratava-se muito mais do que estabelecer padrões de comportamento. Era o caminho para o **Céu**.

Se você se lembrar de história, vai saber que **puritanos** são as pessoas a quem hoje os americanos chamam de **peregrinos**. Esse é o grupo responsável por trazer tais conceitos ao Novo Mundo, para a América, e, conseqüentemente, para nós.

Embora dizer que todos os imigrantes defendiam esses conceitos seja exagero, os conceitos representam, de certa forma, um ideal norte-americano. A ética de trabalho protestante, o desconforto com o emocional, o afastamento de comportamento excessivamente expressivo acabaram sendo o sustento de muito do que consideramos ser o comportamento social adequado hoje em dia.

Quando a sociedade norte-americana adotou os valores da Inglaterra Vitoriana, acrescentamos ainda outra camada a isso. No fim do século XIX, a Inglaterra era a nação mais poderosa e certamente a de mais prestígio no mundo. E enquanto a França zombava e a Rússia ameaçava, na América ainda sofríamos de uma ansiedade pela separação em relação ao país-mãe. O resultado foi uma adoção, uma imitação quase bajulatória, de quase tudo o que era britânico, seus códigos sociais, morais e em especial seu código de negócios.

Os vitorianos adotaram a ética de trabalho dos puritanos, reenfatizaram, pelo menos em sua aparência exterior, a moralidade sexual e social judaico-cristã, reforçaram-na com um código estrito de comportamento social e apresentaram-na como Deus, Rainha e País. A coragem inabalável de Gunga Din, gritos de "Mulheres e crianças primeiro!" enquanto o navio Titanic afundava representam a marca do comportamento social esperado. Homens não choravam (e homens de verdade não reclamavam). O lugar de uma mulher era em casa. Aja apropriadamente e será apropriado. Essas eram as palavras de ordem da sociedade britânica.

E na América adotamos tudo isso.

Então, enquanto os franceses e os italianos se divertiam com suas farsas sexuais no teatro, ignoravam funcionários públicos incompetentes e mal reagiam à notícia de que alguém tinha uma amante, mimavam seus filhos e viviam o presente, os americanos (e os alemães) seguiam a liderança reprimida dos britânicos século XX adentro. Onde estamos agora?

Para recapitular, **os gregos queriam controlar o comportamento exterior do homem; os hebreus estavam preocupados em controlar o comportamento interior. São Paulo combinou os dois e disse que os impulsos egoístas deveriam ser controlados. Os puritanos ensinaram que esse controle deveria se estender às práticas de divertimento e prazer. Os vitorianos aumentaram a aposta do jogo, dizendo que também não se deve demonstrar sinais de desconforto e dor.**

O único problema era – e ainda é – que somos seres humanos. Temos instintos negativos e positivos de emoção. Podemos ter, e temos, impulsos altruístas; mas também temos impulsos egoístas. Em outras palavras, nossos **impulsos naturais** não mudaram nada em 5 mil anos. Ainda nos enraivecemos, desejamos, nos ressentimos e queremos vingança. Ainda cobiçamos e ambicionamos. Ainda queremos uma vida física confortável e sentimos ciúmes. E como Helen Fisher nos lembra, ainda temos o impulso de nos desgarrarmos de uma só pessoa.

Ainda reagimos positivamente à beleza, muitas vezes não vendo a feiúra que ela encobre; e ainda reagimos negativamente ao feio, freqüentemente ignorando a beleza que esconde. Reagimos positivamente ao prazeroso e negativamente à obrigação ou àquilo que é desagradável.

Ao mesmo tempo, ainda temos milhares de anos de aculturação acumulada nos dizendo para ignorar esses impulsos. Somos ensinados a não roubar, não estuprar, não matar; a obedecer às regras do jogo e a alguma lei com a qual, às vezes, discordamos severamente. Somos ensinados a ser bons perdedores e bons ganhadores. Somos ensinados que o crime não compensa e que os trapaceiros nunca vencem, apesar das várias evidências do contrário. Ensinam-nos a desejar o bem ao próximo, mesmo quando queremos superá-lo de alguma maneira; a poupar os sentimentos dos outros, agir civilizadamente e ficarmos quietos a respeito de como nos sentimos em relação a alguma situação incômoda. **Somos ensinados a ser educados; somos ensinados a mentir.**

Falando de outro jeito, passamos a maior parte de 3 mil anos tentando negar nossa própria natureza como espécie. O choque entre o que sentimos instintivamente e como somos ensinados a agir é um conflito. Não podemos fazer nada quanto a isso. Sentimos dor emocional, temos os egos feridos quando contamos ao chefe que o porão está alagado e ele responde que parece ser um problema pessoal.

Vivenciamos um conflito quando outra pessoa recebe a promoção que queríamos e somos obrigados a cumprimentá-la. Vivenciamos um conflito quando alguém é indelicado conosco ou faz algo injusto ou completamente rude. Isso está claro.

O que pode não estar tão claro, talvez, é o segundo e muitas vezes exacerbado conflito que vivenciamos quando temos de trabalhar sob ordens da pessoa que conseguiu aquela promoção que achamos ter sido injusta, quando somos forçados a morder a língua e não responder aos desaforos que ela nos fez. Vivenciamos um conflito quando temos de aceitar a palavra de nosso chefe como lei e deixar os bens ensopados no porão alagado, porque há um trabalho a fazer no escritório. Vivenciamos esse conflito quando somos forçados, dia após dia, a encarar uma série de mentiras sociais para viver de um jeito e sentir de outro.

Você já se encontrou em uma situação na qual participa de uma briga inesperada com alguém, talvez sua esposa, esposo, namorada ou namorado, em um lugar público? Já teve de dizer a essa pessoa "**Não aqui, não agora**"? Isso não é ainda pior do que aquilo que o fez ficar zangado em primeiro lugar? Já se pegou repentinamente falando "**Agora não? Então QUANDO?**" acabando por esquecer completamente o motivo da briga? É desse conflito que estou falando.

Em uma situação como essa você está zangado por alguma coisa que vivenciou, algum tipo de ego ferido. Seu instinto, sua resposta imediata, é contra-atacar... por isso a briga. Você está dando voz aos seus sentimentos verdadeiros. Porém a outra pessoa dizendo "Não aqui; não agora" está fazendo com que se lembre de que as normas sociais da situação em que se encontram não permitem que tenham esse tipo de discussão em público. Antes, é chamado a participar da mentira social de que não há nada errado enquanto você está fervendo. Sua reação, então, é "Agora não? Então QUANDO?", e o sentimento de frustração que segue é o resultado desse segundo conflito, o conflito entre o que está sentindo e como deve se comportar.

Do mesmo modo, a sociedade julgou incorreto estrangular o idiota que o insultou na reunião de equipe ou na reunião do clube feminino. Se você não vive no Império de Klingon, sabe que não pode simplesmente assassinar a pessoa que conseguiu a promoção na empresa. E se quer manter seu emprego, você não pode mandar seu chefe passear e ir para casa salvar seus pertences ensopados do porão. E tudo isso agrava o estresse que você já tinha experimentado por causa da ferida no ego inicial.

Afinal, o que acontece quando nós damos voz a esses impulsos de vingança, alívio e uma recontagem de reações em que não nos favorecem? O chefe pode dizer (e com certeza pensar), se der voz a esse conflito, que você saiu da linha, que não está controlando seus impulsos. E, francamente, não importa para ele se esse impulso é o de ficar em casa com sua filha doente de 7 anos ou correr para salvar seus discos de vinil de um alagamento. Ele simplesmente considera isso inadequado.

Assim como o Conselho de Diretores, a Polícia e uma dúzia de advogados achariam inadequado se você estrangulasse o idiota que o insultou na reunião ou assassinasse a pessoa que conseguiu a promoção que você queria.

Infelizmente, nem você nem eu podemos **mudar** 3 mil anos de aculturação acumulada. Não podemos mudar as atitudes dos chefes nem o fato de que o seu supervisor vai continuar fazendo questão de que você vá à reunião mesmo que não tenha nada para fazer lá, e você acaba perdendo o jogo do seu filho. E em nenhum lugar, a não ser em um filme, alguém iria aplaudir se você socasse o idiota que o insultou.

Também não podemos, felizmente, mudar o modo como somos programados, com sentimentos instintivos que nos fazem humanos. Pois a verdade é que sentimentos podem ser, e são, uma fonte tanto de prazer como de desgosto. Sim, sentimentos nos fazem vivenciar dor, frustração e decepções. Mas também nos permitem vivenciar amor, carinho, empatia e orgulho nas realizações dos outros. Então, os problemas não são os sentimentos em si.

O problema é aprender a lidar com os conflitos aos quais esses sentimentos freqüentemente levam.

CAPÍTULO 6
Mer*a acontece

Você não precisa ter assistido a *Forrest Gump – O contador de histórias* para saber qual letra está faltando no título deste capítulo; você entendeu a mensagem. **Mer*a acontece!** De fato, muitas coisas sobre as quais **não temos controle nenhum** acontecem conosco, gostemos ou não. Quer você assinta em **perturbada concordância** ou balance a cabeça negativamente em triste **resignação**, é importante que entenda bem o que isso implica na vida diária.

Desde a Antiguidade, passando pela Era de Aquário até a Nova Era da atualidade, as pessoas têm lutado contra a natureza caprichosa da vida. Por que – temos nos perguntado através dos séculos – uma pessoa tem a sorte de ganhar na loteria e a outra, a de tornar-se vítima de desgraça? Por que uma pessoa decide mudar a rota do caminho de casa um dia, momentos antes da ponte pela qual passava diariamente cair no rio? Por que uma pessoa pertence a uma família vítima de todos os tipos de doenças horríveis, outra perde uma entrevista importante porque o carro quebrou, e outra ainda é demitida pela sétima vez em quatro anos – enquanto outras ganham na loteria, permanecem saudáveis, conseguem empregos e, para todos os efeitos, vivem felizes (parece) para sempre? Ainda pior, por que coisas ruins acontecem com tanta freqüência a pessoas boas, enquanto algumas pessoas más parecem não ter nada além de boa sorte e uma felicidade inexplicável?

Através dos anos, a raça humana tem dado todo tipo de nome para essas estranhas e às vezes fatais viradas de situação. Nós as temos chamado de **sorte**; chamado de **karma**. Os gregos antigos descreviam três destinos – **Clotho, Lachesis e Atropos** –, todos desfiando da linha da vida e da fortuna de um indivíduo, com vontade própria. Da mesma maneira, por milhares de anos, astrólogos têm **olhado as estrelas** à procura de sinais e presságios das coisas que estão por vir, por avisos de infortúnios e guias para a boa sorte. Os calvinistas viam a boa e a má sorte, sucesso e/ou fracasso como sinais da bondade ou da ira de Deus. No Oriente, essas mesmas coisas eram vistas como indicações do tipo de vida que alguém teve em uma existência passada. Mesmo agora, entrando no século XXI, ainda cruzamos os dedos, evitamos gatos pretos, lemos horóscopo, acendemos velas e murmuramos orações silenciosas, tudo na louca e falsa esperança de que na próxima vez que a **Mer*a acontecer, não aconteça conosco**.

Mas acontece, apesar de tudo o que fazemos. Com freqüência enlouquecedora, perdemos trens, ficamos presos no trânsito, perdemos chaves, temos porões alagados, o computador quebrado, ou a fita predileta devorada pelo videocassete. Pessoas adoecem e morrem; pessoas, talvez até aquelas que conhecemos, são feridas, mutiladas e mortas em acidentes estúpidos. Amantes destroem famílias. Carreiras terminam abruptamente; negócios vão à falência. Furacões e tornados devastam comunidades inteiras. Má sorte – parece que com freqüência – nos persegue como espécie.

E, ao mesmo tempo, algumas pessoas têm sorte. Elas ganham na loteria, são reconhecidas pelo presidente da empresa no momento certo ou escapam de acidentes por um triz.

Qual é a causa de tudo isso? Existe uma resposta? Infelizmente, a resposta é: "**Não, não há resposta, não há razão para nada disso**". As coisas boas e as ruins apenas acontecem. Geralmente não têm pé nem cabeça, muito menos razão para acontecer. Não há nenhum motivo especial para a companhia aérea perder sua bagagem ou para um carro, depois de uma colisão, atingir uma árvore enquanto o outro aterrissa na neve. Simplesmente acontece.

– Mas, Mark – você pode protestar –, quando eu fui demitido porque decidiram diminuir o pessoal/quando aquele cretino bateu no meu carro/quando minha mulher se machucou naquela escada rolante, alguém tinha culpa.

Bem, sim e não. Alguém pode ter sido o agente do que aconteceu com você em dada situação, porém esse agente não é necessariamente o causador do infortúnio. Chamando de sorte, karma, destino ou plano de Deus, existem coisas que simplesmente acontecem nessa vida... e não há explicação para muitas delas.

E elas não acontecem sempre com você; **você não foi amaldiçoado**. Não nasceu em uma sexta-feira 13. E Deus, muito provavelmente, não o está punindo. **Confie em mim**; Ele tem mais o que fazer.

Então, por que isso é importante? Se muito do que acontece é só sorte, por que perder tempo discutindo isso?

Só existe uma razão, e ela é simplesmente esta: muitas pessoas, quando as coisas dão errado, quando mer*as acontecem, sentem frustração, dor, choque, decepção ou, em outras palavras, ficam com o **ego ferido**. Estão magoadas, enojadas, derrotadas, zangadas e desesperadas. Mas é essa a reação adequada? Talvez sim; talvez não. Antes de continuar lendo, faça a si próprio as seguintes perguntas:

• Se está com pressa, correndo para terminar um relatório, levar as crianças para a escola ou chegar àquela

reunião importante, e derrama café e faz aquela sujeira, você fica furioso? Com quem ou com o quê?
• Se o seu carro quebra, o computador não liga ou a máquina de lavar roupas transborda, você sente vontade de chutar a máquina?
• Se está em um jantar no qual estão sorteando prêmios e todo mundo, menos você, ganha alguma coisa, você fica decepcionado?
• Se alguém que conhece chega contando algo incrível que lhe aconteceu, você sente ciúmes?
• Se você comete um erro bobo, derruba algo que acaba se quebrando, por exemplo, fica zangado com você mesmo? Quão zangado e com que freqüência isso acontece?

Constatamos que ficamos com o ego ferido quando nossas várias expectativas, por meio de fantasias, hipóteses ou crenças, não são atendidas. Quando, seja qual for o motivo, nossa visão perfeita da vida, das outras pessoas ou de nós mesmos não se tornaram realidade. Experimentamos, assim, **dissonância cognitiva**, ou uma incongruência entre o que acreditamos (é, deveria ser, será) e o que uma situação realmente é. Um excelente exemplo disso é a bem documentada reação à tristeza. Da mesma forma que com outros padrões de resposta a experiências que nos causam tristeza, como a morte repentina de um ente querido ou o fim igualmente repentino de um relacionamento, respondemos passando pela fase da negação. Esse é o momento em que simplesmente não conseguimos aceitar que o horrível fato aconteceu. Uma declaração tal como "Eu não consigo acreditar" pode soar familiar.
A mente lógica sabe que nosso pai, companheiro, amigo ou (Deus nos livre!) filho morreu. Contudo, em nível emocional, não aceitamos o fim da situação. Do mesmo

modo, quando alguém como sua esposa ou cara-metade anuncia sua inevitável partida, desejo de uma separação imediata ou de divórcio (ou então simplesmente vai embora), sabemos o que eles estão falando, mas não conseguimos aceitar que o relacionamento acabou. Em vez disso, nos prendemos à fútil esperança de que ela ou ele voltará, que é meramente uma crise e que tudo voltará ao normal. O que está acontecendo aqui é dissonância cognitiva, a **dissociação** gritante entre o que acabamos de saber que é verdade e o que achamos que deve ou deveria ser. Dessa maneira, como nossa visão perfeita do mundo, do nosso lugar nele e de como ele irá nos tratar é tão abruptamente confundida, ficamos com o ego ferido, porque a noção do eu, que também inclui a noção de como a vida vai ser, foi completamente abalada.

No entanto, o que muitos de nós não conseguem entender é que, enquanto conseguimos reconhecer algo como um grande trauma, a perda de um ente querido, o fim de um relacionamento ou uma demissão podem nos fazer reagir dessa forma, falhamos completamente em perceber como os acidentes do dia-a-dia nos impactam quase da mesma forma.

Considere estes exemplos:

• Você está atrasado para uma reunião de vendas. Em vez de chegar ao encontro 15, 20 minutos adiantado, terá sorte se conseguir chegar lá na hora. De repente, a mais ou menos 180 metros na sua frente, um enorme reboque de trator tomba, derrubando peças de automóveis usadas na rua. Carros estão brecando repentinamente à sua esquerda, à sua direita, diante e atrás de você. Felizmente, ninguém sai ferido, mas ninguém vai a lugar nenhum também. Qual é a sua reação? Provavelmente, mais que

"!@#$%^&* (&&^$#%#!!!). Filho da $%&*! *&%$#@*. Por que isso só acontece **COMIGO?**".
• Você está querendo marcar um encontro com a srta. Maravilhosa já faz um tempo. Em um momento de fraqueza, srta. Maravilhosa aceita seu convite. Você toma banho, faz a barba, arruma os pêlos do nariz e pede a uma amiga com alguma noção de moda para escolher suas roupas. Estuda todos os grandes assuntos da semana, pratica 127 frases para quebrar o gelo caso o assunto acabe, assiste ao especial do canal de notícias (no caso da srta. Maravilhosa ser uma pessoa culta), compra uma caixa de spray para mau hálito e dirige-se para a porta – infelizmente para descobrir que o seu carro não pega. Qual é a sua reação? Provavelmente, mais que "!@#%$^&** (&&^$#!!). Filho da $%&*! %$#@*. Por que isso só acontece **COMIGO?**".
• Vai ser aquele fim de semana mais do que esperado. Sua namorada relativamente recente, uma mãe solteira com seis filhos, finalmente conseguiu que o ex-marido ficasse com as crianças por um fim de semana inteiro. Você pôs o vinho no gelo. E a lagosta que preparou com perfeição está só esperando para ser colocada naquela bandeja de alface, ao lado do caviar com o qual gastou o salário do mês. Você cozinhou os vegetais no vapor, levemente mexidos, e vai cobri-los com óleo de nozes com o qual você também gastou uma nota. O arroz soltinho está pronto e a salada de cebolinhas, na geladeira. O CD já está no CD player. A grama está cortada, a mesa está posta, os lençóis são novos, os óleos de banho (para dois!) também estão prontos, o filme está no videocassete, as flores acabam de ser entregues. As reservas para velejar no dia seguinte foram confirmadas. Você espera pela chegada dela... aqui vem o carro... você serve o champanhe, nervoso para saber

como ela vai reagir a suas investidas... o carro está estacionando... você abre a porta com duas taças na mão... a porta do carro está abrindo... e então você os vê... não só o insuportável filho, Júnior, mas também as insuportáveis irmãs do Júnior... todos no carro. Pior ainda, a aparência deles não é nada boa: todos com o nariz escorrendo. A sua namorada (relativamente recente) explica que nas últimas 18 horas, três das crianças adoeceram de alguma doença tropical, e que a caçula, apesar de não estar doente, não quis ficar sozinha em casa o fim de semana inteiro, e o pai havia viajado também. Qual é a sua reação? Provavelmente, mais que "!@#%$$#%^&*(&&^$#%#!!!). Filho da $%&*! *&%$#@*. Por que isso só acontece **COMIGO?**".

Mesmo que nenhum desses exemplos seja de situações que aconteceram realmente com você, eu imagino que possa admitir que, se tivessem acontecido, as coisas não teriam terminado do jeito que você planejava. Se qualquer uma dessas situações tivesse realmente acontecido, você teria ficado frustrado. Iria se sentir traído. Você teria ficado com o ego ferido.

Mas, e então? O que acontece?

Ah... agora essa é a pergunta importante, porque dependendo de como você escolhe interpretar o evento, você ou *reage* ou *responde*.

Se nós **reagimos**, essencialmente permitimos que o lado emocional tome conta da situação, e o resultado será muita energia perdida por causa do nervosismo. Nesses casos, procuramos alguém ou alguma coisa para culpar, pois a culpa é basicamente uma justificativa emocional para os sentimentos; procuramos reequilibrar as escalas de justiça, fazendo um escândalo. Nós gritamos, berramos e, às vezes, até atiramos objetos contra a parede ou no chão. Ficamos de mau humor, fazemos cara feia e geralmente arruinamos o resto do dia, além do resto do dia dos coitados que estão a nossa volta.

Mas se decidirmos **responder**, temos mais escolhas. Por quê? Como pode perceber, eu uso duas palavras diferentes para descrever as maneiras como lidamos com estímulos negativos e positivos: reação e resposta.

Vamos voltar ao começo, com o estímulo, aquilo que impulsiona todo o resto. Um estímulo é um evento que nos põe em movimento, algo que incentiva nosso subconsciente a agir de certa forma. A reação é uma ação automática ao estímulo. Ela se assemelha muito ao modo como recuamos automaticamente, sem pensar, se tocamos algo quente e nos queimamos. Uma reação vem imediatamente, até mesmo antes de processarmos o que aconteceu:

- levamos um tapa; ficamos com raiva e gritamos "Ai!";
- alguém nos atrapalha com o carro em um cruzamento; ficamos furiosos e xingamos;
- ficamos sabendo que nossa namorada ou namorado foi vista(o) flertando com outra pessoa; ficamos irados e berramos;
- descobrimos que o sobrinho do chefe foi premiado com aquela conta especial pela qual estávamos trabalhando; ficamos zangados e xingamos;
- um acidente bloqueia a estrada, o carro não pega, ou nossa namorada estraga completamente nossos planos, levando Júnior e suas irmãs para aquele passeio; ficamos furiosos e fazemos escândalo.

Em todos esses casos, o resultado quase instantâneo, a reação, é ficarmos com raiva, lidar com o que entendemos como estímulo negativo com uma atitude ou ação igualmente negativa. Não podemos fazer nada quanto a esse fato. É parte da maneira como fomos programados, são sinais e luzes, piscando e buzinando nas partes mais pré-históricas do cérebro. A chave aqui é entender que o subconsciente lida com a dor física e emocional com a mesma força com a qual elas nos atingem: "Eu me machuquei!", a mensagem registra. "Eu devo contra-atacar em defesa própria ou fugir do perigo intransponível!" E então, se o cálculo mental instantâneo não nos informa de que estamos diante de um perigo intransponível, a reação instintiva nos faz atacar aquilo que nos machucou. Às vezes, o ataque chega na forma de palavras duras e cheias de raiva. Às vezes, vem na forma não verbal, com uma inconfundível demonstração de raiva, como sair do local repentinamente e batendo a porta. Às vezes, infelizmente, ele vem na forma de um ataque físico verdadeiro. De qualquer maneira, é a nossa *reação de luta* tomando conta.

A verdade é que também temos a habilidade de dar um **curto-circuito** na mensagem, no instinto, e, de fato, não reagir. Em outras palavras, temos a capacidade de **responder**.

Então, qual é a diferença entre resposta e reação? Como eu disse há pouco, uma reação vem da mais profunda noção instintiva do eu, do instinto de autopreservação, se assim quiser chamar. A **resposta**, por outro lado, é informada e moldada pela **mente analítica, pensante**.

Essa é a parte da mente que leva em consideração as fontes, as condições, a intenção provável, o resultado da nossa reação/resposta e uma série de outras coisas; enxerga o todo.

Assim, se um estranho nos dá um tapa, ficamos furiosos e reagimos tentando dar o troco. Mas se uma criança nos faz o mesmo, processamos o incidente de maneira diferente, respondendo em vez de reagir, e a criança permanece intocada.

O que está em jogo aqui? Primeiro, a estimativa de fatos. Deixe-me dar um exemplo. Estou namorando uma mulher chamada Linda e vamos jantar em um restaurante francês muito fino. Esta é a noite em que vou pedi-la em casamento. Tenho um anel de brilhante no bolso e treinei minhas mais encantadoras frases. Vou ser gracioso, atraente e sensível. Coloco as minhas melhores roupas, lavo o carro, passo em sua casa para pegá-la e então vamos ao jantar. Chegamos ao restaurante e eu conheço o *maître*. Seu nome é Anthony. Não Tony, por favor, mas Anthony.

– Olá, Anthony.
– Olá, Mark. Olá, Linda, como está você?
– Ótima, maravilhosa. Está tudo bem.
– Mark, temos um pequeno problema.
– Puxa Anthony, o que é?
– A mesa que você pediu ainda não está disponível. Você se importa se eu os levar a uma outra mesa?
– Sem problema – eu digo, afinal esse é o tipo de cara que sou.

Então nos sentamos e a garçonete chega sem nenhum olá ou coisa que o valha.

– E aí, o que vocês vão beber?

Fico um pouco surpreso. Como eu disse antes, todos passamos por certos rituais, e hoje à noite o ritual vai ter uma garrafa de champanhe especial de $140 e, por isso, eu estava esperando um pouco mais de formalidade do que eu teria se estivesse em um bar pedindo uma cerveja.

Mas, sem desanimar (porque esse é o tipo de cara que eu sou), eu olho para a garçonete e digo:

– Vamos querer uma garrafa de Dom Perignon.
Ela vai e volta, estoura a rolha, serve os copos. Sem ao menos esperar que provemos o champanhe, ela nos entrega o menu e diz:
– Temos três pratos especiais esta noite: o filé de linguado almadina, pato ao molho de laranja e alguma coisa com pimenta e carne de vitela. O que vocês querem?
Tentando tirar o melhor proveito possível do crescente desastre (porque esse é o tipo de cara que sou!), fazemos os pedidos. A garçonete desaparece por vinte minutos, então volta e joga na mesa as saladas.
Sorrindo com esforço e torcendo para que a amável Linda ignore a garçonete e concentre-se na salada, começamos a comer. De repente, enquanto estou ainda mastigando, ela ressurge e retira os pratos, levando-os embora.
Reaparece e, sem nenhuma palavra, larga as entradas sobre a mesa e nove minutos depois as retira.
Mais uma vez eu sorrio (porque esse ainda é o tipo de cara que eu sou!) e sugiro para a ainda amável, mas confusa Linda, que peçamos as sobremesas. A garçonete traz o carrinho de sobremesas e diz:
– Olha, temos torta de maçã, torta de framboesa, um suflê de chocolate que demora 45 minutos para ser preparado; já que não pediram antes do jantar, não podem mais pedir... e, então, o que vocês querem?
Uau! Isso é que é tratar bem o cliente!
Quando chega a conta, eu faço algo que não combina com minha personalidade. Não pago a gorjeta. A mulher arruinou meu jantar, arruinou o pedido de casamento que eu tinha planejado fazer à Linda, mais amável do que nunca, e se eu não arrumar logo outra oportunidade para isso, essa garçonete, que eu nem conheço, pode muito bem ter arruinado minha vida!

– Atendimento péssimo – digo, concordando com Linda, resolvendo dizer aos meus amigos para nunca irem a esse restaurante. Eu vou embora sem ao menos me despedir do Anthony.

Ou seja, eu **reajo**.

Agora, vejamos a mesma situação novamente. Eu vou pedir Linda em casamento. Vamos ao restaurante:
– Olá, Mark. Olá, Linda.
– Olá, Anthony.
– Como vai você, blá blá blá sim, blá blá blá, sabe?
– Temos um pequeno problema.
– Puxa Anthony, o que é?
– Bem, a mesa que você pediu ainda não está disponível. Você se importa se eu os levar a uma outra mesa?

Minha preocupação é com Linda, não com a mesa, então eu digo:
– Sem problemas.

Nós nos sentamos e a garçonete se aproxima e diz:
– E aí, o que vocês vão beber?
– Vamos querer uma garrafa de Dom Perignon.

E a situação se repete. Ela estoura a rolha, serve-nos, traz o menu sem esperar e diz:
– Temos três pratos especiais esta noite: o filé de linguado almadina, pato ao molho de laranja e alguma coisa com pimenta e carne de vitela. O que vocês querem?

Ela traz as saladas e as leva de volta, traz as entradas e aí vem o carrinho de sobremesa. Temos torta de maçã, de framboesa e um suflê de chocolate ao qual não temos direito porque não pedimos antes do jantar e leva 45 minutos para ser preparado. Contudo agora, quando chega a conta, eu ajo de maneira diferente. Aproveito quando Linda vai ao toalete e levanto-me para ir até a entrada falar com Anthony.

– Correu tudo bem, Mark?
– Bem, Anthony, para dizer a verdade, não. A garçonete – eu me lembro dela, portanto, sei que não é nova –, bem, a idéia que ela faz de atendimento é terrível. Não sei qual é o problema dela, mas queria que soubesse...
Ao que Anthony responde:
– Eu sinto muito, Mark. Tem sido uma situação difícil. Veja bem, é a primeira noite dela no trabalho depois de seis semanas fora. A filha de 17 anos e o filho de 14 morreram em um acidente de carro com um motorista bêbado.
– Puxa Anthony, é uma história triste. Sinto muito pela perda dela; obrigado por me contar.
Agora, ao pagar a conta, deixo uma gorjeta de 20%.

O comportamento da garçonete mudou em alguma coisa? Obviamente não. A única coisa que mudou foi a maneira com que **eu processei** o comportamento dela e o comportamento que tive como resposta.

No primeiro exemplo, eu **reagi** à pequena voz dentro da minha cabeça que gritava "Sou uma vítima, estou sendo maltratado, essa garçonete não sabe o que está fazendo... blá blá blá". No segundo exemplo, eu **respondi**. Naquele caso, o comportamento dela não influenciou a maneira como me comportei com ela ou em relação à situação. O que foi diferente?

A resposta é que, no segundo caso, eu tinha **fatos** para pesar, fatos que me ajudaram a parar para pensar, analisar a situação racionalmente, aceitar aquilo que eu, inicialmente, interpretara como um ego ferido, e seguir em frente.

Concluindo, **os fatos importam**... e isso é algo que quero enfatizar.

Todos já ouvimos alguém dizer:

– **Minha opinião está formada. Não me confunda com fatos.** Embora possamos rir com a óbvia referência a uma mente fechada, devemos admitir que ela também é uma triste verdade. Todos nós, com muita freqüência, ficamos irritados com uma situação antes de saber todos os fatos. Por que fazemos isso? Existem muitas razões. Em alguns casos, a pessoa que sente raiva vê um padrão no comportamento de alguém, algo que sempre lhe causou raiva antes. Portanto, a pessoa ferida reage ao que ela vê como uma continuidade daquele padrão, quer a situação se encaixe nele ou não. Em outros casos, os fatos são muito difíceis de ser determinados, muito difíceis de ser encontrados ou dão muito trabalho para ser peneirados. **Ficar com raiva é sempre mais fácil**, por isso muitas pessoas o fazem. Finalmente, fatos podem se chocar e muitas vezes se chocam com noções preconcebidas ou preconceitos.

Talvez essas noções e preconceitos sejam herdados dos pais. Talvez tenham vindo de uma perspectiva de classe ou raça. De qualquer forma, essas noções preconcebidas ou preconceitos podem parecer facilitar a vida de algumas pessoas, dando-lhes categorias nas quais elas podem encaixar as pessoas em termos de nacionalidade, religião, classe, raça, atividades ou situações, sem nunca terem de pensar por si mesmas sobre o que estão fazendo. Tais pessoas, de forma subconsciente, sentem como se se beneficiassem de experiência com os alvos dessas noções e preconceitos, mesmo que provavelmente não tenham tal experiência. Não é, portanto, incomum que elas evitem continuamente os fatos se eles desafiam noções preconcebidas e preconceitos. Muito melhor, elas preferem ser **ignorantes felizes**, a ser **informadas, mas estressadas**.

A verdade é que, apesar desses exemplos ou das pessoas que se encaixam em qualquer dessas tipologias, os **fatos são nossos amigos.**

Os fatos nos dizem o que realmente compromete uma situação, o que determinada pessoa fez. Os fatos nos dão as únicas e verdadeiras orientações no mundo; e eles geralmente nos ajudam a evitar erros.

Aprendemos que se queremos responder em vez de reagir, os fatos são as ferramentas mais básicas de que precisamos em qualquer situação. Podemos entrar em uma situação negativa, totalmente desinformados, e reagir negativamente a uma situação já ruim – ou podemos parar e pensar, tentar descobrir que outras variantes que ainda não vimos podem estar em jogo, e depois decidir a resposta.

Gostaria de chamar sua atenção à tabela a seguir. O tema é **F.E.P.R.**, significando Falsa Evidência /Emoção que Parece Real. Eu acho que se encaixa especialmente bem aqui porque, como estávamos falando de reagir *versus* responder, ou usar a mente analítica pensante *versus* sentimentos mais primitivos, o diagrama ilustra como reações negativas alimentam-se de si mesmas.

Você conhece a sensação de estar estressado. Esse estresse causa mais estresse porque agora você está estressado por estar estressado.

Nesses casos, a sensação de que estamos enfrentando probabilidades esmagadoras informa o nosso sempre confuso cérebro de que estamos perdidos... de que não temos a menor chance... de que estamos praticamente acabados... quer seja esse o caso, quer não. Essa sensação (Emoção que Parece Real) assume o controle. O cérebro manda uma mensagem para o organismo: ALERTA VERMELHO! O organismo responde prontificando-se para o modo lutar ou correr, adrenalina é liberada, pressão sangüínea sobe, coração acelera, músculos ficam tensos, a respiração fica curta, não profunda. Isso leva a um estado físico que chamamos de **ansiedade**. Sentimos a ansiedade e o corpo reage da seguinte forma: mais adrenalina é liberada, pressão sangüínea sobe ainda mais, respiração fica mais curta e menos profunda. E agora, já que estamos mesmo prestes a explodir, entramos em **pânico**... e geralmente fazemos alguma coisa estúpida.

Mas, como o modelo ilustra, se nós **mudarmos a estratégia** e colocarmos a mente para funcionar, podemos evitar muito disso por meio de respostas no lugar de reações.

Então, pare um pouco e examine o diagrama a seguir. Veja se ele não ilustra essa mudança para você, e depois voltamos a nossa discussão. A propósito, por favor, responda às três questões no fim da página da ilustração.

F E P R
FALSA EVIDÊNCIA QUE PARECE REAL

- AVALIAÇÃO DE PERIGO POTENCIAL
- ANSIEDADE Intensa Reação EMOCIONAL
- Abertura para o PÂNICO

MUDANÇA DE ESTRATÉGIA

▼

PENSANTE
ou
COGNITIVA

SENTIMENTOS

Você reage ou você responde?

Responda à afirmação: "O que é, é".

Você baseia as suas noções em fatos ou emoções?

Muito bem, então vamos voltar ao restaurante onde, em vez de reagir, eu acabei respondendo à performance lamentável da garçonete. Há algo mais para se aprender sobre esse cenário?

Com certeza, podemos dizer que o segundo exemplo do cenário também ilustra que, com o instinto primário de autopreservação que mencionei, temos a capacidade de ter **empatia**. Nesse caso, a dor e o trauma pelos quais a garçonete passou pesam mais do que a minha irritação com o fato de que meus planos para um jantar perfeito e romântico foram arruinados... em outras palavras, eu adquiri **perspectiva**.

Muito bem. Além da perspectiva, o espaço que estabelecemos para refletir sobre como responder a um estímulo negativo, também precisamos voltar à questão da raiva: ela é justificada? Nesse caso, minha empatia pela tragédia da garçonete neutralizou a reação negativa ao mau atendimento. De alguma forma, eu estava pensando: "Puxa... se isso tivesse acontecido comigo eu não sei nem se eu voltaria a trabalhar...". Empatia e de posse dos fatos da situação, convenci-me de que a minha raiva não era justificada, que não era culpa da garçonete que minha noite perfeita não saíra como eu queria e que ela provavelmente estava fazendo o melhor que podia.

Esse caso foi, de certa maneira, fora do normal, porque havia o outro lado da moeda para considerar. Mas e quando não há outra perspectiva que seja tão fácil de perceber? Como reagimos/respondemos então?

Simples, certo? Bem, deveria ser simples. Tente fazer este exercício:

Exercício
Reagir ou Responder?
(Por favor, seja honesto em suas respostas.)

Uma pedra cai de um caminhão à sua frente e racha o seu pára-brisa... *Reagir ou Responder?*

O seu vôo foi cancelado... *Reagir ou Responder?*

Você está sem líquido para limpar o pára-brisa do seu carro e se dá conta disso justo quando precisa e está dirigindo a 100 km/h... *Reagir ou Responder?*

Seu trem vai sair 35 minutos atrasado... *Reagir ou Responder?*

Você tem um pneu murcho no seu carro... *Reagir ou Responder?*

A pessoa com quem você marcou um encontro não aparece... *Reagir ou Responder?*

Você fica preso no trânsito e vai se atrasar para o teatro... *Reagir ou Responder?*

Você acaba de sair da manicure e lasca uma unha... *Reagir ou Responder?*

Já vimos que quando as coisas dão errado, quando **Mer*a acontece**, freqüentemente ficamos com o ego ferido. Gostaria de passar alguns momentos explorando a delicada questão de se esse sentimento é sempre adequado.

A questão é delicada porque:
1. a resposta com freqüência é: "Não, seu tonto, você não tem o direito de sentir raiva ou mágoa" e
2. essa não é a resposta que as pessoas querem ouvir.

Acabamos ficando com o **ego ferido por causa da dissonância cognitiva**, por causa do choque entre como esperamos que as coisas aconteçam e como elas realmente acontecem. Mas a primeira coisa que devemos nos perguntar é se essas expectativas eram razoáveis, para começo de conversa.

Já discutimos fantasias, crenças e hipóteses. Já estabelecemos o seguinte: quando os eventos se chocam com fantasias ou hipóteses, é hora de dar uma olhada na expectativa por si só. Porque por mais que desejemos culpar alguém ou alguma coisa, pode muito bem ser que a expectativa seja a culpada aqui. Em outras palavras, as expectativas podem ter sido mais baseadas naquilo que queremos que aconteça do que naquilo que é provável que aconteça.

Eu chamo isso de "**Fórmula para Enlouquecer**", e ela funciona assim:

ESTRESSE		AÇÃO		ESTADO		TOTAL
x	= ANSIEDADE +	+	x	DE	=	DESGRAÇA
PREOCUPAÇÃO		INAÇÃO		FUROR		PESSOAL

Todos reconhecemos como essa fórmula se encaixa em pontos nos quais as expectativas, sejam elas baseadas em fantasias ou hipóteses, foram irrealistas. Vamos dar uma olhada em como reagimos ou respondemos quando as hipóteses mais válidas não são concretizadas.

Esses são exemplos de coisas que temos todo o direito de esperar que aconteçam:

- Quando vamos pegar o trem das 7h38, podemos esperar que ele esteja lá, no horário.
- Quando entramos numa rodovia, podemos esperar que nossa viagem de 15 minutos leve, aproximadamente, 15 minutos.
- Quando entramos no carro e viramos a chave, podemos esperar que o carro ligue.
- Quando acendemos a luz, ligamos a televisão ou abrimos a torneira, podemos esperar que a luz acenda, que a televisão funcione e que saia água da torneira.

Ainda assim, estamos cientes de que, mesmo em situações como essas, as expectativas, às vezes, não são atendidas:

- O trem das 7h38 vai sair apenas às 8h20.
- Um acidente aconteceu na rodovia, o que impede o trânsito por uma hora.
- O carro não pega.
- A luz queima, a energia elétrica acaba ou a água foi cortada.

A questão diante de nós é saber se esses incidentes merecem um ego ferido. Para algumas pessoas, a resposta será "**SIM!**". Elas não conseguem admitir que nada dê errado em suas vidas. São as pessoas que constantemente resmungam "**Por que eu?**".

Eu adoro essa pergunta. Quando alguém a faz, eu tenho vontade de responder: "Por que não? Você tem alguém melhor em mente?".

A verdade é que essa pergunta não é tão arrogante quanto parece. O que estou perguntando é se essas pessoas estão lamentando a virada da sorte por si só ou o fato de que ela a escolheu como alvo. Se estão lamentando a virada da sorte por si só, devemos parar aqui e lembrarmos de que **MER*A ACONTECE!!!**

É importante reconhecer que tentar entender o **porquê** de todas as más coisas que acontecem na vida é ruim por si só. Aqui estão três razões do porquê:

1) Tentar entender o porquê de cada acontecimento negativo é, em efeito, **uma tentativa de conseguir um grau impossível de controle sobre o nosso ambiente.** A pessoa que fica obcecada com o porquê da morte repentina do pai está, na realidade, tentando futilmente exercer controle sobre a própria morte. Se eu entendo o porquê, então eu posso saber o que eu deveria ter feito, ou o que minha mãe deveria ter feito, ou o que o médico deveria ter feito para que meu pai não morresse. **ERRADO!** Se meu pai morre repentinamente de causas naturais, provavelmente não havia nada que você, sua mãe ou o médico pudessem ter feito. Você não pode exercer esse tipo de controle que vai prevenir acidentes, que vai impedir a companhia onde trabalha de falir, que vai impedir alguém próximo de adoecer. Essas coisas simplesmente acontecem.

2) Constantemente, a meta de concentrar-se no porquê de uma situação negativa serve para atribuir culpa. Como afirmamos anteriormente, decidir quem ou o que é culpado por algo negativo é um **exercício de justificação.** Mas o que, exatamente, estamos tentando justificar? Na maioria dos casos, a resposta é: **nossos sentimentos.**

De modo geral, podemos identificar vários tipos de pessoas quando o assunto é culpar:

a) *Os mártires.* Essas são as pessoas que **se culpam por tudo**, quer sejam responsáveis de verdade ou não. Uma versão desse tipo tende a ter uma má ou fraca opinião formada sobre si mesma, como base de muito de sua visão de mundo. Desse modo, colocar a culpa em si próprias justifica a noção negativa do eu por meio de mais evidência da sua falta de valor como seres humanos. Outra pessoa desse tipo pode tomar a culpa como meio de chamar a atenção de outros para si mesma no lugar das vítimas reais. Assim, quando uma mãe diz "Eu deveria ter percebido e feito alguma coisa" quando o casamento de vinte anos de sua filha acabou em divórcio, isso acontece com freqüência por ciúmes da atenção que a filha está recebendo de amigos e familiares. O ato "altruísta" da mãe em culpar-se não é tolo; é, muitas vezes, um grito de socorro.

b) *As vítimas*. Essas são as pessoas que **culpam alguém ou alguma coisa** quando situações ruins acontecem, mesmo quando são parcialmente responsáveis pelo que aconteceu. Essas pessoas estão procurando, como vamos discutir mais adiante, proteção de responsabilidades; elas simplesmente não conseguem aceitar responsabilidade por si mesmas ou por suas ações. Essa pessoa pode deixar de trocar o óleo do carro por dois anos, mas pode, mesmo assim, culpar o fabricante do carro por "fazer uma sucata como essas" quando o carro quebrar. Ou pode culpar seu marido por não lembrá-la de trocar o óleo do carro ou, melhor ainda, por não ter trocado o óleo ele mesmo. Elas irão se zangar com o chefe por nunca tê-las dado um minuto livre para que pudessem cuidar do carro, e assim por diante. São pessoas que perdem as entrevistas ou as provas e sempre arrumam um motivo, talvez um despertador defeituoso ou um joelho machucado, para justificar o sentimento de que o emprego perdido ou a nota baixa "**não é minha culpa**".

c) *Os inquisitores*. O tipo final de "procuradores de culpa" inclui aqueles que sempre têm **certeza absoluta de que alguém é culpado** quando algo ruim acontece, o saleiro que cai da prateleira acidentalmente e quebra o prato sobre o qual cai, a torneira de água quente que começa a pingar... tem de ser culpa de alguém. De certa maneira, essas pessoas também estão tentando exercer controle sobre o seu ambiente. São pessoas que estão constantemente gritando "Quem é o responsável por essa bagunça?". Freqüentemente aparecem com as razões mais absurdas de por que é sua culpa que elas bateram o carro ("porque você me pediu para eu ir atrás daquilo"), que o linóleo acabou ("porque vocês, crianças, estão sempre arrastando os pés enquanto lavam a louça"), ou que o papel de parede está descascando ("porque você e as crianças sempre deixam o banheiro cheio de vapor no banho"). O que essas pessoas estão realmente dizendo é que se elas podem encontrar um meio de intimidar todo mundo em suas vidas para ser **perfeitas** (como elas definem perfeito), então nada de ruim acontecerá novamente.

Mas seja qual for o exemplo que usemos, o que vemos são pessoas que estão essencialmente justificando suas decepções ou raivas, seu sentimento de indignação ou de vítima, por meio do ato de **culpar**.

Agora, isso não é para dizer que a culpa nunca é válida. Às vezes existem incidentes que o forçam a olhar no espelho e dizer: "**Ei, estúpido... você estragou tudo**". Às vezes existem casos nos quais, por exemplo, você precisa olhar para a criança que fez algo muito irresponsável ao deixar o serrote na chuva, onde poderia enferrujar. Em alguns casos, tal conceito tem a ver com a lei e termina em processos.

No entanto esses são exemplos em que a *responsabilidade* tem um lugar adequado na equação, muito mais que a culpa. Essa é uma distinção importante. A responsabilidade é geralmente uma medida objetiva: ou o infeliz Jones era responsável por mandar o pacote que nunca chegou, ou não era. Ou a criança deixou o serrote na chuva, ou não deixou. Ou o motorista do carro que bateu no ônibus escolar estava bêbado, ou não estava. A culpa, por outro lado, é geralmente mais subjetiva. Com ela, o fator dominante não é a existência de um documento que claramente estabelece que Jones era o responsável pelo pacote, ou o fato de que a única pessoa que levou as ferramentas para fora era uma criança distraída. A culpa é freqüentemente atribuída com base na opinião, sem base em fatos, de que o evento negativo não teria ocorrido se alguém tivesse feito ou pedido determinada coisa.

Em resumo, o exercício de atribuir a culpa não faz nada além de nos fazer sentir melhores ao justificar algo que pensávamos ou sentíamos antes do incidente negativo.

3) A terceira razão pela qual procurar o porquê por si só já é negativo é que fazê-lo **nos distrai e nos impede** de lidar com a situação negativa. Como seres humanos temos apenas certa quantidade de energia física, mental e emocional, e a energia que gastamos em alguma coisa não pode ser usada novamente. Assim, de maneira quase paralela à escolha entre reagir e responder, também temos a possibilidade de lidar com uma situação negativa ou ficar tentando descobrir o "porquê" dela. Obviamente, quanto mais tempo e energia perdemos com a tentativa de descobrir o "porquê", menos tempo e energia disponíveis teremos para lidar com a situação negativa em si.

Então, se nos concentramos no **porquê** de uma situação negativa qualquer ("Oh, Deus. Por que o deslizamento de terra tinha de atingir a minha casa? O que fiz para merecer isso?") ou então nos concentramos em atribuir a culpa pelo que quer que tenha acontecido ("Se você não tivesse aceitado esse maldito emprego e nos feito mudar para Califórnia, nenhum deslizamento de terra teria destruído nossa casa"), sobra-nos pouco tempo ou energia para lidar com a situação negativa.

A pergunta é simples: o que é mais importante: culpar Deus, nós mesmos ou o esposo pelo deslizamento de terra, ou tratar de lidar com a situação e continuar com a vida?

Lembre-se: a única verdadeira liberdade da natureza caprichosa da vida é a morte. E quantos de nós pensamos que essa é a melhor opção?

Então, precisamos fazer algumas **escolhas**. Aprenderemos a viver com situações negativas de maneira saudável, ou deixaremos que essas situações nos controlem?

Vamos reagir ou vamos responder? A escolha é nossa.

Neste capítulo tentei lidar com um assunto que, não à toa, leva muitas pessoas à loucura: por que coisas ruins/inconvenientes/problemáticas/terríveis acontecem, e como devemos lidar com elas. Tentei sugerir que um passo seria decidir se queremos *reagir* **ou** *responder* a essas situações. Expliquei que a reação é geralmente induzida pela emoção. A resposta, em contraste, é induzida pelo pensar, considerar fatos quando possível e por empatia.

Mas, além disso, também ilustrei que se concentrar no **porquê** de cada má situação não leva a lugar nenhum. Acima de tudo, atribuir culpa, especialmente sobre aqueles que não têm, de nenhuma forma, responsabilidade pela ocorrência, é, de fato, entrar em um beco sem saída.

Coisas ruins acontecem. **Mer*a acontece! É parte da vida.** Não podemos mudar isso. O que podemos mudar, pelo menos em parte, é o impacto que permitimos que essas coisas tenham em nossas vidas e nas vidas daqueles a nossa volta... e uma maneira de fazer isso é superar perguntas como "por quê?" e "de quem é a culpa?".

No final das contas, temos de lidar com as coisas ruins que acontecem, seja a morte de alguém próximo, a perda de um amor, de um emprego, o café derramado sobre o relatório, um aparelho quebrado ou chaves perdidas. No final das contas, temos de juntar os pedaços e continuar a vida.

Para que, então, nos tornar ainda mais infelizes? Para que perder tempo?

Por que não simplesmente continuar caminhando?

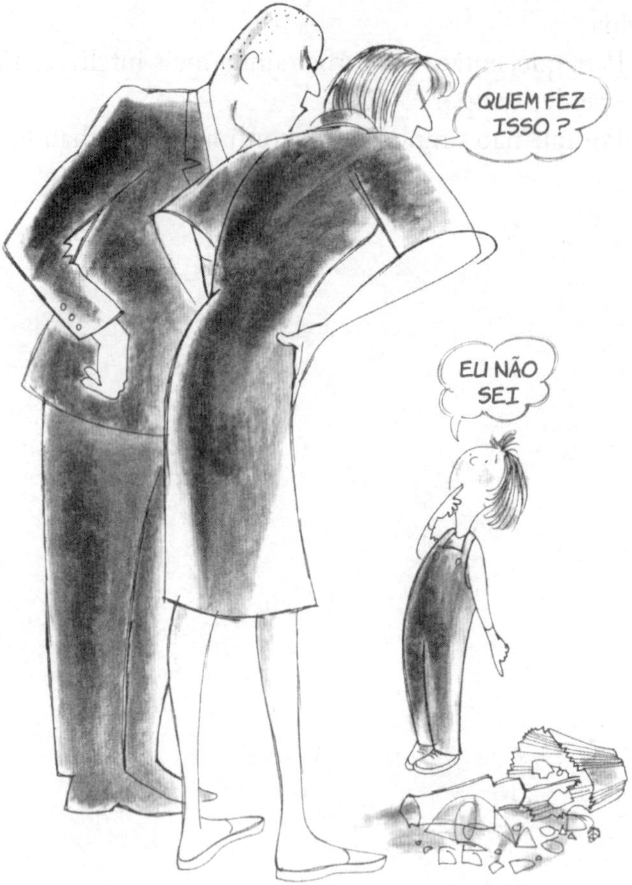
QUEM FEZ ISSO ?
EU NÃO SEI

CAPÍTULO 7
Você controla a horizontal

Em vários momentos dessa discussão, eu falei sobre o controle, sobre as coisas a respeito das quais as pessoas tentam ter controle e sobre as quais elas não têm controle nenhum. Agora quero me voltar a outro aspecto da questão do controle, o controle sobre a vida diária. E isso é algo que quero explorar, porque aprender como o controle funciona, reconhecer as coisas que podemos e as que não podemos controlar, reconhecer a diferença entre elas e desenvolver uma estratégia para exercer o controle que temos são aspectos importantes deste livro.

Vamos voltar aos namorados decepcionados que usamos em exemplos anteriores. Cada um estava decepcionado pelo fato de que suas respectivas **hipóteses**, assim como aquelas deduções do pobre Jones, não foram concretizadas. Se a expectativa não atendida era uma dedução de que a noite continuaria ou de que o primeiro encontro levaria a um segundo, essas deduções são exemplos de coisas sobre as quais eles não tinham nenhum *controle efetivo*.

O que é **controle efetivo**? De maneira simples, é a habilidade de persuadir alguém a fazer alguma coisa que queremos que a pessoa faça ou, para ser mais direto, a habilidade de persuadir alguém a fazer algo que não quer fazer ou que normalmente não quer fazer.

Meu terapeuta está me deixando maluco!

E QUEM ESTÁ CONTROLANDO VOCÊ?

Fazer com que alguém lhe passe o sal não é controle efetivo; isso é algo que ninguém teria objeção em realizar por nós. Convencer alguém de desistir de sentar-se na primeira fileira para ver o jogo mais importante do seu time, em um domingo perfeito de sol, no entanto, é um exemplo de controle efetivo. A regra prática geral, a crença nesse caso, é que qualquer um acima de nós dentro da **cadeia alimentar** tem potencial para algum grau de controle sobre nós. Portanto, o chefe definitivamente tem potencial necessário para exercer o controle efetivo. Quando você era jovem, seus pais e professores tinham controle efetivo sobre você ou, ao menos, deveriam ter tido. Se você segue carreira militar, qualquer um acima na hierarquia tem controle efetivo sobre você. E a lista continua.

Em breve, vamos examinar ou decidir quem tem direito a esse controle, quem não tem, quem o usa adequadamente e quem não usa. Por ora, vamos nos manter concentrados no conceito de controle. Certamente, todos nós experimentamos o controle efetivo; sem dúvida nenhuma, alguém em algum lugar exerceu esse tipo de controle sobre nós.

Colocando de maneira simples, o controle efetivo é uma forma de motivação. Susan Butt, a autora de *Psicologia do esporte* [*Psychology of sport*], ensina que existem três métodos principais de motivação: *agressão, conflito neurótico* e *competência*. Vamos examinar esses métodos.

Agressão

A essência da abordagem da agressão é a ameaça com possíveis ou iminentes conseqüências:
– Faça isso com eles, antes que o façam com você.
– É melhor você fazer o que estou dizendo ou você vai ver.

– Eu sou o médico/chefe/pai e pedi que você fizesse como eu mandei.
Soa familiar? Esse estilo de motivação até que funciona bem para algumas pessoas. Pessoas de personalidade mais passiva, freqüentemente, gostam que lhe digam o que fazer. Essas pessoas vêem imposições de forma positiva; um contexto militar ou outro tipo de hierarquia estrita é atraente para elas. Por quê?
Existem várias razões. Uma delas é que a figura autoritária externa minimiza qualquer necessidade que o subordinado tenha de tomar decisões e/ou aceitar responsabilidade pelos resultados daquelas decisões. Podemos ver, facilmente, como essa estrutura hierárquica isenta o soldado da responsabilidade do fracasso da batalha; a culpa é direcionada ao general que planejou e organizou a empreitada. No ambiente de trabalho, a estrita hierarquia de tomada de decisões é estruturada para recompensar e punir aqueles que tomam as decisões, ao mesmo tempo que absolve e protege os subalternos. Porém essa dinâmica descreve qualquer um de nossos relacionamentos interpessoais? **Sim!**
O esposo ou esposa que deixa seu parceiro(a) tomar todas as decisões importantes (e freqüentemente as não tão importantes também) é um exemplo de pessoa que busca proteção por meio de uma hierarquia doméstica claramente estabelecida. A pessoa que, mesmo sendo casada e tendo filhos, ainda procura o conselho de seus pais a todo momento, por qualquer problema, é um exemplo de alguém que ainda busca a proteção da hierarquia de autoridades entre pais e filhos. Não é suficiente caracterizar tal pessoa dizendo "Ele/ela nunca cresceu" (principalmente no caso de um esposo ou uma esposa). Antes, é preciso entender que essa pessoa está ativamente tentando evitar responsabilidades; ela está procurando a proteção das

conseqüências. Está procurando a proteção que lembra ter tido (ainda que subconscientemente) quando criança.

Procurar esse tipo de proteção não meramente se estende a usar alguém como escudo. A pessoa que se torna dependente de astrólogos, tarô e cartomantes, por exemplo, está procurando no destino ou nas estrelas um mecanismo de proteção dessa responsabilidade. Em outras palavras, não é culpa dela que algo não deu certo, nem mesmo ter tido um caso ou feito uma aposta (e ter perdido). Foi o destino ou as estrelas que ordenaram tanto a ação como o resultado. O indivíduo permanece **inocente**.

Esse também é o caso de pessoas que abusam do álcool ou das drogas com prescrição médica. Sim, existem fatores genéticos, físicos ou psicológicos que podem ter um impacto em tais dependências. Mas procurar uma desculpa para evitar a responsabilidade pode ser, e com freqüência é, um fator de motivação emocional.

– **Não foi minha culpa**. Eu estava bêbado.

Quantas vezes ouvimos essas desculpas, usadas tanto para justificar comportamento rude como ataques físicos (vindas até mesmo de vítimas)? De qualquer forma, do ponto de vista dessa pessoa, ela é inocente.

Uma pessoa que desenvolve um problema físico, enfermidade ou doença que não podem ser diagnosticados, tratados e curados também pode estar procurando uma proteção semelhante da responsabilidade.

– Não posso fazer a coisa "x" porque não estou bem.

Essa declaração pode estar ligada a uma tentativa de fugir das responsabilidades da vida – essa fuga tem como escudo a doença.

Mas, e quanto ao outro lado da moeda? E quanto à pessoa que constantemente tenta impor controle sobre tudo e todos em sua vida? Todos ouvimos falar sobre o macho alfa, o membro dominante de um grupo que exerce autoridade e controle sobre os demais. Devemos reconhecer que na natureza, assim como no dia-a-dia, existem fêmeas alfa também. **Indivíduos alfa**, como podemos chamá-los, normalmente tentam exercer um grau anormal de controle sobre os outros. Quem são eles?

A lista de exemplos é quase interminável: o chefe que está sempre procurando meios, até mesmo mesquinhos, de demonstrar seu controle efetivo sobre aqueles que ficam abaixo dele na hierarquia é um exemplo comum. O pai que decreta que "couve está suspensa até segunda ordem", mesmo que seja a única verdura que sua dedicada esposa consegue fazer as crianças comerem, é ainda outro exemplo. E até mesmo a pessoa que nunca cala a boca e tenta dominar toda conversa da qual ela participa é um exemplo de tentativa de exercer controle sobre todos a sua volta. O que motiva essas pessoas?

Embora possa haver outras, **cinco** possibilidades vêm à mente:

• a pessoa pode estar motivada por uma tentativa de controlar todo seu ambiente, tentando transformar, futilmente, cada fantasia e cada devaneio em uma hipótese. Em outras palavras, ao demonstrar o controle sobre todos à sua volta, essa pessoa está tentando ter o controle das coisas sobre as quais não tem nenhum controle real. Um exemplo é a pessoa que, aproveitando-se de uma crise familiar, torna-se um ditador absoluto ou um superprotetor repressivo em casa, exercendo controle até mesmo sobre os aspectos mais insignificantes da vida doméstica. Para colocar de outra maneira, essa pessoa está tentando compensar sua inaptidão para controlar o ambiente em seu todo por meio de exercício de controle anormal e excessivo sobre o seu ambiente imediato e as pessoas que estão nele;

- a pessoa que, ressentida de figuras autoritárias no seu presente ou passado, busca subconscientemente uma vingança ou equilíbrio, exercendo um controle excessivo sobre todos dentro da sua esfera imediata de influência;
- um indivíduo com uma auto-imagem fraca ou subdesenvolvida pode querer compensar seus próprios medos e sentimentos de inadequação ao exercer controle anormal e excessivo sobre seu ambiente imediato e sobre as pessoas à sua volta;
- uma pessoa com uma auto-imagem fraca ou subdesenvolvida pode estar motivada a procurar validação, aprovação e reforço pela sua fraca noção do eu ao exercer controle anormal e excessivo sobre seu ambiente imediato e as pessoas à sua volta para compensar suas inseguranças;
- o pai que simplesmente não aceita que seus filhos cresceram e continua tentando exercer controle sobre eles, mesmo adultos, pode estar expressando o medo de mudanças ou de envelhecer, de ser considerado obsoleto. Freqüentemente, uma auto-imagem malformada, aquela que é centrada unicamente no papel de pai/protetor/provedor, é a base desse tipo de comportamento.

– Se eu não sou mais a mamãe (ou papai) – esse é o raciocínio –, o que ou quem sou eu?

Assim, essa pessoa procura validação e afirmação ao eternizar o relacionamento pai/filho, em outras palavras, exercendo controle.

Poderíamos, sem dúvida, encontrar mais exemplos de **maníacos do controle**. Mas chegamos ao ponto da discussão: essas são pessoas que habitualmente usam **agressão** para motivar os outros. Elas assumem o controle, de um jeito ou de outro (agressão), para fazer com que os outros recuem (e, assim, se rendam).

Conflito Neurótico

Uma segunda maneira de motivar as pessoas é colocá-las em conflito.
– **Eu preciso... mas não posso; eu tenho de... mas não quero... mas eu deveria.**

Assim, temos:
– Eu sei que preciso parar de fumar, mas não posso parar de fumar, mas eu tenho de parar, mas eu não posso, mas eu gosto de fumar, mas eu deveria parar de fumar, mas não posso, mas tenho de parar, mas eu não consigo, mas eu deveria, mas eu tenho de parar.

Acabamos entrando em um ciclo vicioso sem chegar a lugar nenhum. Alguns de vocês podem conhecer esse dilema como **culpa católica, culpa judaica ou culpa italiana**, a não ser que os exemplos familiares nesses casos sejam geralmente:

– Mama quer que eu faça isso, mas eu quero fazer aquilo. Mama diz que eu deveria fazer aquilo, mas eu preciso fazer isso.

E, vamos encarar, **a culpa funciona!** É a isso que chamamos **conflito neurótico**.

Interessante observar que é exatamente essa tensão que seu chefe tenta estabelecer quando impõe uma linha entre o que você pensa ser importante e o que ele pensa ser importante. Ele cria um conflito entre seus interesses pessoais e seu senso incalculável de dever, assim como a Mama tenta fazer... e com freqüência (normalmente?) faz.

Não importa se no caso da Mama há teatralidade, se seu pai teve sete empregos (de uma vez!) para lhe dar as coisas boas da vida, ou se a Mama costumava andar pela neve (o ano inteiro), subir (e descer) colinas para lhe trazer um bom lanche quente todos os dias quando estava na escola. Não importa se o chefe usa palavras diferentes. Ambos apelam para o que eles esperam e prevêem ser sua consciência pesada. Por que isso funciona? A razão principal é que a pessoa que intencionalmente provoca esse conflito sabe o que está fazendo. Ela sabe que está provocando a colisão entre suas *linhas de valores paralelas*. Já que esses conflitos são comuns, devemos passar alguns momentos examinando-os e entendendo por que são tão eficazes.

Linhas de valores são a base para muitas de nossas crenças diárias, as expectativas e ações que discutimos anteriormente nos permitem viver dia após dia sem ter de, a toda hora, voltar e restabelecer cada relacionamento em nossas vidas. Linhas de valores são o resultado de um cálculo interno que nos informa a importância das diferentes pessoas e coisas em nossas vidas. Mas não se deve presumir que temos uma grande linha de valores em nossas vidas; ao contrário, temos várias. Para cada conjunto de circunstâncias diferentes e separadas, temos um número de valores. Linhas de valores paralelas são algo que desenvolvemos com o tempo, conforme crescemos e aprendemos que coisas diferentes podem ter importância não exclusiva apenas para nós.

Toda criança, em um momento ou outro da infância, perguntou a outra criança:

– Você é meu melhor amigo?

Essa pergunta impõe um dilema à criança que foi questionada porque é preciso que ela faça uma escolha. Mas a criança, ao mesmo tempo, é perfeitamente capaz de dizer:

– Sim, Janie é minha melhor amiga – ou – tio Chris é meu tio favorito – ou ainda – azul é minha cor favorita.

Da mesma forma, a criança é perfeitamente capaz de fazer uma seleção diferente em uma semana, um dia, ou mesmo em uma hora. E se a questionarem de novo, a criança é perfeitamente capaz de dizer que Kaitlin é sua melhor amiga, que tio Bill é seu tio favorito ou que vermelho é sua cor favorita. Crianças não têm nem precisam de linhas de valores paralelas. Uma única linha é o suficiente, mesmo que ela mude continuamente.

Mas, como adultos, temos o conhecimento de que poucas coisas na vida têm de ser exclusivas. Com exceção da pessoa que é nossa companheira (um relacionamento que é para ser exclusivo), somos livres para ter vários favoritos em outras áreas, vários melhores amigos, uma grande variedade de fidelidades e afeições. A criança pode perguntar:

– Mamãe, quem é seu favorito? Eu ou meu irmão?

Mas o pai ou a mãe sabe que ambos podem ser seus favoritos e amados igualmente. O pai ou a mãe sabe que assim como temos dez dedos aos quais somos igualmente ligados, podemos ter vários filhos aos quais somos igualmente ligados. E assim vai conforme crescemos, especialmente no mundo moderno em que vivemos. Na infância, velhos amigos são geralmente substituídos por novos. O novo melhor amigo, na sétima série, substitui o melhor amigo que tínhamos na terceira. Como adultos, no entanto, aprendemos a dar valor a velhos amigos, mesmo quando as vidas mudam e fazemos novas amizades. Temos uma linha de valor paralela que nos informa que tanto os velhos amigos como os novos são importantes.

Nossas vidas, especialmente no mundo moderno, pós-industrial, não estão integradas. A sociedade avançou até o ponto em que a vida pessoal está quase totalmente separada da vida profissional. Morar em uma comunidade e trabalhar em outra, à uma hora de distância, é um exemplo comum dessa dicotomia. Ademais, a separação esperada entre performance exterior e necessidades, desejos e sentimentos interiores – tipificada não somente pela reação do chefe, ao afirmar que o porão alagado é um problema pessoal, mas também pelas centenas de normas sociais que observamos todos os dias – serve para dividir ainda mais nossas rotinas diárias em um conjunto de categorias, opondo-se a uma experiência só, integrada. Assim, um dia comum pode ser dividido em segmentos: casa, família, trabalho ou comunidade, e os segmentos raramente se cruzam:

• o chefe já deixou claro que não está nem um pouco interessado nos problemas familiares... e ele está, sem dúvida, igualmente desinteressado nas nossas atividades como líder dos escoteiros, membro de uma congregação ou presidente do fã-clube local do Elvis;
• os parceiros podem pensar que somos maridos e esposas e pais maravilhosos. Mas quanto ela ou ele realmente sabe sobre a vida que levamos no escritório, na loja ou na usina? O que é ainda mais importante: ele ou ela realmente se importa?;
• o pessoal dos escoteiros, asilos ou instituições de caridade pensam que nossa contribuição foi excelente. Mas quantos deles sabem que não conseguimos pagar nossas contas, que temos uma vida sexual disfuncional com os parceiros ou que estamos pensando em ter um caso?

Resumindo, o que esses exemplos ilustram é o fato de que não só segmentamos nossas atividades, como também segmentamos partes de nossa vida compartilhada em cada um dos segmentos. Compartilhamos apenas o que é **seguro**, apenas aquilo que não irá além das normas sociais esperadas... apenas o que não vai passar dos limites aceitos de cada segmento. E isso vale apenas para as "coisas normais". O que fazemos com a informação de que apostamos secretamente (e perdemos) centenas de dólares por semana, que vamos para casa e nos embebedamos toda noite antes do jantar, que nós e/ou nosso parceiro somos promíscuos ou pertencemos a um clube nudista local? Contamos para as pessoas que estamos, de fato, tendo um caso com um líder religioso local ou estamos sendo investigados por fraude? O que fazemos com essas informações?

Nós escondemos, é claro!

Nós escondemos; não só porque muitas dessas coisas são escandalizantes (obviamente), mas porque não se encaixam em nenhum dos segmentos estabelecidos que descrevem a vida diária.

O que todos esses exemplos deveriam ilustrar é até que ponto segmentamos nossas vidas – dividimos tudo em categorias certinhas. E, quase diariamente, fazemos malabarismo, tendo cuidado para não revelar muito, ou então nada, de um segmento para o outro. Só isso deveria fazer com que a maioria das pessoas precisasse de terapia! Mas além disso está a questão de como conseguimos esse delicado ato de equilíbrio social.

Fazemos isso por meio das **linhas de valores paralelas**, conjuntos de normas inerentes que aplicamos a toda e qualquer situação seguindo a crença de que elas não só nos guiarão pelos campos minados, como também cobrirão todas (ou quase todas) as circunstâncias que encontraremos em cada um desses segmentos da vida crescentemente segmentada.

Assim, temos uma linha de valor para lidar com a Mama, uma linha de valor para lidar com o chefe e com os colegas de trabalho, uma para lidar com conhecidos e amigos distantes, outra para lidar com o esposo ou esposa, uma para lidar com os filhos, uma para lidar com os filhos de outras pessoas, e assim por diante. Em cada

Você controla a horizontal

TODO MUNDO COM QUEM VOCÊ PRECISA ESTAR EM UM DIA...

uma dessas situações, nossa linha de valor nos informa a importância que determinada pessoa tem para nós e como é esperado que lidemos com ela. A linha de valor nos proporciona um guia interno pelo qual medimos a importância das exigências que aquela pessoa nos faz, no longo prazo e neste momento. Ela nos dá uma noção de até que ponto podemos ir, até que ponto aquela pessoa pode ir e como proceder.

O que é importante lembrar aqui é que as linhas de valores paralelas nos permitem atribuir importâncias iguais para uma gama de pessoas e coisas. Assim a linha de valor profissional diz que o chefe e seus desejos são prioridades. A linha de valor familiar nos diz que nosso esposo, esposa e filhos são prioridades. A linha de valor do jogo de boliche nos diz que não podemos decepcionar nossos parceiros não aparecendo para o grande torneio. A linha de valor da responsabilidade com a comunidade nos lembra que é importante que sejamos voluntários e que façamos contribuições aos escoteiros, à igreja e ao serviço de limpeza de calçada. Comumente, já que nossas vidas são tão segmentadas, esses valores paralelos, essas linhas de valores separadas nunca entram em conflito. Mas e quando entram?

Quando a Mamãe liga e diz que estava contando com você para levá-la ao pedicuro (não importa que ela nunca tenha mencionado isso antes), a linha de valores dela entra em ação e você pesa o fato de que o pedido está vindo da Mamãe, o fato de que ela não tem outros meios para ir até o bom pedicuro, o fato de que ela está mancando há três meses ou o fato de que a consulta foi sua idéia para começo de conversa. A linha dos valores da Mamãe pesa o pedido dela contra o que quer que seja que você possa ter agendado ou planejado para aquele momento. E se tudo correr como esperado, você concorda em levá-la para visitar o fantástico dr. Bunion. Mentalmente concorda em rearranjar a sua agenda, cancelar o almoço com os garotos, adiar a pintura do galpão ou o que for, porque a linha de valores da Mama diz que o pedido dela é importante e que você tem de honrá-lo. Além disso, a Mamãe conta com o fato de que todo esse processo acontece na sua mente quando ela lhe faz o pedido. Em outras palavras, a linha de valor de filho, o conjunto de presunções que forma a base de como ela lida com você, confirma que o seu pedido está dentro das normas do que é aceitável.

Simultaneamente, o chefe sabe que a sua linha de valor em relação a ele está lhe informando veementemente que o seu pescoço está em jogo toda vez que lhe faz um pedido. Além disso, ele está contando com o fato de que sua avaliação do caso lhe seja favorável – e seus valores profissionais prevalecerão sobre quaisquer valores que o estejam lembrando de outras obrigações. Geralmente, você acaba atendendo ao pedido do chefe exatamente porque sua linha de valor de chefe fica lhe dizendo que está correndo perigo.

Mas o que acontece quando a Mamãe e o chefe fazem um pedido ao mesmo tempo? Você entra em um conflito. Por quê? Não é meramente porque dois eventos estão marcados para o mesmo momento. Ao contrário, é porque suas linhas de valores estão em conflito. Coloque a Mamãe contra o chefe e terá um conflito, não só entre eventos, mas também entre valores. Ambos são importantes, e você gostaria de satisfazer os dois. Porém, não pode. Você simplesmente não pode levar a Mamãe ao pedicuro e fazer sua grande apresentação ao mesmo tempo. Então, tem de fazer uma escolha, tomar uma decisão – escolha a decisão que preferiria não fazer, não tomar.

Ou você tem de dizer a Mamãe para cancelar a consulta, ou dizer ao chefe para encontrar outra pessoa para impressionar o sr. Importante.

Quando essas coisas acontecem, vivenciamos situações de exigências mutuamente exclusivas como um conflito, como dor emocional ou emoções negativas direcionadas à Mamãe, ao chefe ou a ambos. De qualquer forma, o que estamos de fato vivenciando é o uso de conflito neurótico como instrumento motivacional. Simplificando, pessoas que se utilizam de conflito neurótico estão tentando nos fazer sentir culpados para que façamos o que elas querem... não é bonito, mas é **geralmente efetivo**.

Competência

Uma terceira maneira de motivar as pessoas é pelo senso de competência, ou, para usar um termo mais erudito do fim dos anos 80, **o senso de capacitação**. Quer chamemos de competência ou capacitação, isso essencialmente significa que o reforço positivo é a ferramenta básica para persuadir alguém a fazer alguma coisa. Pense nisso por um momento.

Quando você faz uso de agressão ou de conflito neurótico para motivar pessoas, o sustentáculo, a alavanca empregada, são estímulos negativos ou caluniosos. É uma ameaça direta ou implícita, ou é o estabelecimento deliberado de um conflito entre uma ou mais linhas de valores paralelas. Além disso, o subproduto, ou a conseqüência daquele estímulo motivacional negativo, é freqüentemente a competição, uma competição muito real (ainda que muitas vezes seja subconsciente) entre as metas de quem manda e de quem tem de fazer alguma coisa. Isso causa ressentimento e dificulta futuras cooperações entre as partes. Em outras palavras, tanto a agressão como o conflito neurótico, na melhor das hipóteses, resultam em ganhos de curto prazo, porque ambos provocarão conflitos em algum momento futuro. **Por quê?** Existem várias razões.

No longo prazo, com exceção daquelas pessoas que estão preenchendo uma necessidade psicológica ao deixar que alguém as controle, a maioria reconhece e ressente o controle imposto e repetitivo exercido por outra pessoa. As pessoas ressentem seu ego ferido associado ao fato de serem constantemente forçadas a desistir, render-se, submeter-se. Também ressentem a ferida paralela que resulta do conflito de seus valores. Para deixar isso um pouquinho mais claro, talvez devêssemos parar um momento para discutir as diferenças entre *forças motrizes internas* e *externas*.

Uma **força motriz externa**, que nos é imposta, geralmente nos faz agir de forma que haja ressentimento, seja esse nosso ressentimento consciente ou subliminar, articulado ou reprimido. A lei diz que temos de nos desdobrar para pagar o imposto de renda até o dia 15 de abril. Então, quando esse dia se aproxima, enlouquecemos procurando os zilhões de papeizinhos que fazem parte do histórico financeiro; ligamos para o contador e tentamos ser simpáticos para recompensar o fato de que não falamos com ele há um ano e fazemos malabarismo para cumprir o prazo. Por que fazemos isso? Para o bem geral? É porque uma voz dentro de nós diz que bons cidadãos pagam seus impostos no prazo pelo bem geral da nação? **Não!**
Fazemos isso para que a Receita Federal não venha atrás de nós e tire tudo o que temos. Além disso, a força motriz por trás do compromisso com o dia 15 de abril é externa, imposta por outras pessoas.

Da mesma forma, a pessoa que está passando por um divórcio e tem de a ceder nove décimos de seus pertences para seu futuro ex-esposo ou ex-esposa dificilmente está fazendo isso por altruísmo ou interesse próprio. Antes, o mero fato de que alguém lhe esteja jogando a culpa ("Bem, é o mínimo que pode fazer já que foi você quem quis o divórcio") ilustra que a força motriz por trás dessa decisão é, mais uma vez, externa.

Nesses casos, não somos motivados; somos **coagidos**, forçados ou manipulados a concordar.

Ademais, se reconhecermos que essa motivação negativa, ou manipulação, gera ressentimento, também devemos reconhecer que o ressentimento, em troca, gera ainda mais resistência. Em outras palavras, o ditador que força sua equipe ou sua família (ou, ainda, sua nação) a submeter-se aos seus caprichos pelo uso de motivação coerciva está plantando as sementes da sua própria destruição, porque a condescendência apresentada por aqueles que foram manipulados não é produto de lealdade.

O chefe, o parceiro ou a Mamãe, portanto, que intimida, culpa, ameaça ou manipula outros para que façam o que quer, está gerando uma reserva de ressentimento potencialmente explosiva. A próxima vez que o chefe, o parceiro ou a Mama quiser alguma coisa, a resposta não será positiva. Na verdade, vai ser preciso muito mais manipulação.

No longo prazo, esse comportamento vai levar a atos de deslealdade ou vingança, como resultado de ressentimento guardado, ou à explosão de ressentimentos acumulados.

No entanto, quando a confiança na competência de uma pessoa é usada e expressada para motivá-la, o resultado é a **cooperação**. Por quê? Porque verdadeira motivação, ao contrário da manipulação, vem de dentro, é uma

força motriz interna. A verdadeira motivação diz: "Eu quero fazer isso, conseguir aquilo, me aplicar, doar o meu tempo e/ou meus talentos". Verdadeira motivação, portanto, não gera ressentimento, porque a força motriz fundamental por trás das ações da pessoa vem **de dentro** dos seus próprios conceitos de interesse próprio. O indivíduo pode estar fazendo algo para outra pessoa, no nome de outra pessoa ou a pedido de outra pessoa. A diferença é que a tarefa, o pedido, a meta foram aceitos por ele, não como conflito, mas em concordância com seus interesses próprios e com sua noção do eu. O termo psicológico para isso é o chamado **egotismo altruísta**, fazendo o bem por fazer o bem, porque ele volta para você.

Competência como uma ferramenta de motivação funciona porque fala direto ao interesse próprio e/ou à noção do eu da pessoa cujos consentimento, complacência, condescendência ou cooperação buscamos. Mais adiante, usando meu famoso Truque de Cartas sem Cartas, exploraremos o feito de como fazer alguém aceitar nossas metas por meio de um consenso. Por ora, vamos continuar concentrados na questão da competência.

A maioria já viu um pai gritando com o filho por ter perdido um gol fácil, ou com a filha por ter esquecido as falas ou ter se atrapalhado com elas durante uma apresentação. Nesses casos, o que o pai ou a mãe insensíveis dizem? Geralmente é algo assim:
– Como você pode ser tão estúpido/descuidado/desastrado/esquecido...?
Isso é manipulação. É a tentativa de apelar para o medo de rejeição, de falta de confiança e de uma série de outras emoções negativas para não só envergonhar a criança e fazê-la se arrepender do erro, como também para fazer com que ela se saia melhor da próxima vez.

Também há o pai que viu que a criança não queria falhar, que ela queria ter se saído melhor. Ele reassegura à criança de que não só ele compartilha da mesma meta que ela, como também acredita em sua capacidade de atingir tal meta. Esse pai leva a criança para um canto e lhe assegura que seu erro foi algo normal e que ela pode fazer melhor da próxima vez. O mesmo exemplo serve para a criança que, indo mal em uma prova de matemática, já está frustrada antes que o pai ou a mãe entre na história. O que faria mais sentido? Chamar a criança de burra ou preguiçosa, ou encorajá-la a tentar de novo?

É tudo uma questão de confiança e competência. Usando competência como motivação, poderíamos dizer -lhe:

– Eu acredito que você consegue, e quando acreditar que pode, vai conseguir.

Essa é a verdadeira capacitação, verdadeira motivação.

Que forma de motivação funciona mais para você? Para a maioria, o reconhecimento da competência ganha. Faz sentido, não faz? Geralmente, não aceitamos responsabilidades maiores e concordamos com um maior esforço quando acreditamos na meta? Pense nisso: essa não é a essência do voluntariado? As pessoas fazem de tudo por uma meta na qual acreditam, mesmo que não sejam diretamente recompensadas pelo esforço. Fica óbvio, portanto, que, se queremos alguma coisa de alguém, o melhor modo de consegui-la é fazer com que nossa meta seja também a meta dessa pessoa. Em um ambiente de trabalho, qual seria a melhor motivação: ouvir que, como tem o cargo mais baixo, você ficou com o trabalho que ninguém mais queria, ou ouvir que é um trabalho muito importante e que você era a pessoa mais indicada para fazê-lo? Claramente, a segunda opção deixaria mais pessoas motivadas a atingir a meta.

Finalmente, a competência reconhece a inteligência e a capacidade de decisão da pessoa cuja cooperação queremos. Explicar por que uma tarefa ou uma responsabilidade é importante aumenta confiança e competência de maneira que uma mera ordem, comando ou ordem oficial jamais conseguiriam fazer. Isso é verdadeiro seja a pessoa que recebe a ordem uma criança, um empregado ou um colega de trabalho. Assim, ao tentarmos entender o conceito de **controle efetivo**, temos de saber quatro coisas:

1) Controle efetivo, quer seja o nosso sobre outros, ou o de outros sobre nós, é a habilidade de persuadir alguém a fazer alguma coisa que normalmente ele/ela não faria.

2) Existem essencialmente três maneiras de se aplicar o controle efetivo: agressão, conflito neurótico e competência.

3) Agressão e conflito neurótico são inerentemente negativos em relação a aplicações e resultados. Somente a competência resulta em experiência positiva para ambas as partes (quem procura a cooperação e quem deve cooperação). Somente a competência garante futuras cooperações também.

4) Temos uma escolha, portanto, tanto no tipo de mecanismo de controle a que respondemos como no tipo que usamos em outros.

Antes que deixemos completamente a questão do controle, existem dois últimos aspectos do assunto que quero discutir. O primeiro aspecto é a questão de quem deixamos que tenha controle sobre nós. O segundo é a questão das coisas que controlamos: quais são seus limites, como podemos reconhecê-las e como devemos responder a elas?

Então, vamos ao Capítulo 8 para dar uma boa (e demorada) olhada naqueles que têm controle sobre nós, as figuras autoritárias em nossas vidas.

CAPÍTULO 8
Você controla a vertical

Este é um dos capítulos **mais importantes** deste livro porque trata da raiz do seu disfarce como ser humano. Examinaremos **aquilo que pensa** e exatamente **por que pensa** dessa forma. Também vamos discutir autoridade e quanta autoridade os outros deveriam ter sobre você. Especificamente, discutiremos o conceito de **figuras autoritárias** e como elas impactam e influenciam nossas vidas, desde o nascimento até a vida adulta.

O que é uma **figura autoritária?** Simplificando, uma figura autoritária é uma pessoa ou um grupo de pessoas que permitimos que tenha controle efetivo sobre pelo menos uma porção das ações que abrangem nossas vidas. Até aí nada de novo. Mas o que podemos não perceber é que figuras autoritárias também moldam nossa personalidade e auto-imagem.

Começaremos com **uma verdade básica:** crianças nascem nuas não só fisicamente, mas também mental e emocionalmente. São folhas de papel em branco sobre as quais seu comportamento – desde a(s) língua(s) que fala(m) até os alimentos que comem –, seus valores e visões de relacionamento serão escritos antes de terem mais que poucos anos de vida.

A maior parte do que você sabe, a maior parte do que faz e uma boa parte do que é vêm desses primeiros anos de formação. Bebês nascem com três impulsos: o impulso de satisfazer a fome, de evitar a dor ou o desconforto e o de responder ao conforto e ao afeto. A importância do primeiro nós sabemos: sem alimento, qualquer ser vivo definha e morre. Também sabemos do segundo: uma criança chora quando está molhada, suja, com frio, com fome ou ferida. Porém igualmente importante é que a criança é sustentada por conforto, amor e por um senso de que existem meios suficientes para subsistência. Brian Tracy, autor de *A psicologia da realização* [*The psychology of achievement*], lembra-nos de que, há décadas, vários experimentos infelizes provaram que crianças privadas de toque, conforto e qualquer forma de amor também definhavam e morriam. De fato, suas reações não foram diferentes das reações das crianças privadas de comida. Reforço positivo juntamente com comida e o alívio do desconforto ou da dor são essenciais para a sobrevivência de um jovem ser humano.

O bebê não tem nenhuma noção nesse estágio da vida; bebês são puro sentido. São mais semelhantes a organismos que a pessoas. Eles não reconhecem que tal coisa como o "eu" existe. Não têm a menor noção de quem esse "eu" seja. Não gostam e não odeiam. Além disso, exceto por dois medos instintivos, o de cair e o de sons muito altos, eles não têm medo de nada. Não está na natureza deles temer pessoas ou situações. E eles, certamente, não têm medo de errar. Todos esses medos (e gostar e desgostar) são, basicamente, **aprendidos**. Crianças em seu "estado natural" são desinibidas, destemidas e confiantes. Não acho que seja necessário dizer o quanto isso muda com o tempo.

Talvez o primeiro medo que a criança aprenda seja o medo de perder o amor da mãe ou do pai, de quem quer que cuide dela. Adultos percebem isso e freqüentemente usam medidas relacionadas a tal sentimento para disciplinar os filhos. Em sua essência, a disciplina é caracterizada por invocar respostas a estímulos negativos que as crianças instintivamente evitam. Veja se você reconhece os exemplos a seguir:

• gritar com a criança para perturbar seu nível de conforto;
• bater na criança para acionar sua resposta de fuga da dor;
• mudar a expressão facial ou agir ameaçadoramente para expressar censura à criança, a fim de acionar seu medo de rejeição.

O pai ou a mãe – a mãe, geralmente – torna-se assim a primeira figura autoritária para criança. O qüiproquó entre criança e figura autoritária é simbiótico no sentido de que a criança aceita que a figura autoritária tenha **controle efetivo** inquestionável sobre sua vida, em troca de amor incondicional, devoção, confiança e lealdade. A criança efetivamente pede três coisas a essa figura autoritária:

• diga-me quem sou;
• diga-me quanto valho;
• diga-me como agir.

A noção de eu da criança não é autogerada; antes, vem de seus pais ou responsável. Mensagens positivas resultam em auto-imagem positiva; mensagens negativas produzem auto-imagem fraca, malformada ou negativa.

A experiência recente de um amigo meu ilustra quanto isso pode ser importante, e quantas crianças, ao ser corretamente instruídas sobre como agir, não são realmente ensinadas a saber quem são ou quanto valem. Como os que têm filhos no Clube dos Escoteiros devem saber, essa organização instituiu um novo distintivo de mérito requerido chamado Vida Familiar. Para merecer esse distintivo, escoteiros devem completar várias tarefas, incluindo projetos combinados com a família e para o benefício dela. Também há o requerimento de que o escoteiro faça uma lista das razões pelas quais ele é importante para sua família.

Meu amigo é líder dos escoteiros e recentemente apareceram alguns garotos diante dele em busca desse distintivo. Ele me contou que havia ficado chocado ao ver quantos dos meninos não tinham idéia de por que eram importantes para suas respectivas famílias. A melhor resposta que a maioria conseguiu foi relacionada a uma série de deveres que realizavam em casa. Para mim, isso mostra claramente que essas crianças já aprenderam que sua importância – seu valor – é determinada pelo **que elas fazem** e não pelo **que elas são**.

Além da auto-imagem, as mensagens que os pais enviam aos seus filhos também geram uma série de *atitudes operantes*, com as quais a criança irá conseqüentemente encarar o mundo. O que é uma atitude operante? Para resumir, são aquelas noções de habilidade e competência próprias e com as quais enfrentamos o mundo. Como uma régua interna que nos diz o tamanho da vala que podemos pular, as atitudes operantes funcionam como uma régua mental e emocional que calcula o risco e as probabilidades de sucesso cada vez que enfrentamos uma situação desafiadora. Bem armados de mensagens positivas no princípio da infância, portanto, encaramos o mundo com uma atitude de "**sim, eu posso**". Desafios válidos ficam à espera. Temos a confiança de que podemos enfrentar tudo, desde relacionamentos até carreiras. Em outras palavras, sabemos o que sabemos.

Isso pode parecer óbvio, mas na verdade é um pouco complicado. Na realidade, existem quatro estágios de conhecimento de competência. O primeiro é a **incompetência inconsciente**, ou seja, quando não temos conhecimento do que não sabemos; nem ao menos pensamos em nos fazer esse tipo de pergunta em tal estágio. Por exemplo, perguntar a uma criança se ela sabe falar italiano não é uma pergunta válida, porque a criança nem sabe o que é italiano. A criança não está ciente do fato de que não pode falar italiano porque o conceito de falar outra língua nunca lhe passou pela cabeça. No entanto, uma vez que contamos à criança o que é italiano e perguntamos outra vez, a criança responderá que não, que não sabe falar italiano. A criança, então, avançou para **incompetência consciente**: ela está consciente de que existem conhecimentos que ela não possui.

Assim, ensinamos italiano a ela. Na primeira vez em que a criança tentar falar italiano, precisará escutar com cuidado para conseguir traduzir o que ouviu, formular uma resposta e pensar na gramática e no vocabulário antes de responder. Isso é a **competência consciente**, ou o estágio em que sabemos possuir certo conhecimento e em que sabemos que o estamos usando em dado momento.

Finalmente, a criança torna-se fluente em italiano e não tem de traduzir o que ouve ou o que quer dizer; ela simplesmente entende e fala esse idioma. Isso nos leva à **competência inconsciente**, ou o estágio em que não mais pensamos sobre o conhecimento que temos. Por que isso é importante?

As atitudes operantes passam a pertencer à categoria de conhecimento inconsciente. Há muito tempo paramos de pensar ativamente sobre o que faremos, como vamos responder a uma situação ou circunstância – simplesmente agimos. Desse modo, se durante a infância formos bombardeados de atitudes operantes positivas, quando o chefe nos diz que quer que façamos algo complicado, a voz interna diz: "**Sim, eu posso fazer isso**".

Atitudes de "Sim, eu posso"

• Atitudes de clareza – atitude de ação específica;
• atitudes construtivas – ação que permite que você melhore sua performance;
• atitudes de fluxo – ação que pode ser iniciada imediatamente;
• atitude de controlabilidade – ação sobre a qual você tem controle direto.

Se as mensagens positivas forem poucas, no entanto, o resultado será uma auto-imagem negativa, fraca e malformada. Isso também resulta em uma autoconfiança fraca e malformada. O modelo comportamental "Eu tenho de... mas não posso", que discutimos anteriormente, é com freqüência o resultado dessa noção fraca de autoconfiança. Não é algo sobre o qual se pensa ativamente, mas, antes, opera sob a superfície.

Já estabelecemos que crianças aprendem seus comportamentos, valores, padrões básicos emocionais e de relacionamento com seus pais ou responsáveis. O que isso significa é que padrões de hábito negativos, como o medo e a punição, também vêm dos adultos que convivem com a criança. Crítica destrutiva é a raiz de muitos desses padrões negativos. Examinaremos alguns.

O **padrão de hábito negativo inibitório**, que é o "Não posso" do modelo de "Eu tenho de... mas não posso", essencialmente é o medo de novas experiências, novos

Você controla a vertical

EU MOSTRAREI A VOCÊ!

desafios. Lembre-se: a primeira palavra, o primeiro conceito que as crianças aprendem é a palavra "não". Usada para proteger as crianças do perigo, para evitar que saiam quebrando coisas e para protegê-las de comportamento negativo, é uma ferramenta útil. No entanto, quando ela se torna apenas um meio para manter a criança quieta e/ou dócil, as sementes do padrão de hábito negativo inibitório são plantadas e florescerão mais tarde.

Por exemplo, vamos pensar no filho de uma mãe superprotetora. Se a mãe tiver um medo anormal de água, mais do que provavelmente ela lhe transmitirá tal medo. Da mesma forma, se tiver medo de lugares estranhos ou novos, de pessoas estranhas, comida não feita em casa ou de uma série de outras coisas, todos esses medos serão transmitidos para o filho. No entanto, enquanto cada um desses medos pode ter um impacto individual, o impacto total desses alertas, contínuos e combinados, será o de acabar com os impulsos naturais de curiosidade da criança.

Quando adolescente, essa pessoa provavelmente vai estar sobrecarregada de atitudes operantes de "Eu não posso" – a cada novo desafio ou situação, ela vai estar carregada de dúvida e de um doloroso desejo de se esquivar do desafio, de ser poupada da responsabilidade, de ser protegida das realidades da vida, da mesma forma que quando criança. Isso claramente se vincula ao tipo de personalidade que discutimos antes: pessoas que querem ou até precisam de uma série de figuras autoritárias para lhes dizer o que devem fazer. Em outras palavras, essas pessoas nunca superam a noção de que "Eu não posso" porque "sou muito jovem, muito pequeno, muito frágil, muito fraco, muito incompetente".

O exemplo do pai pós-Depressão tem sido usado para ilustrar essas atitudes. Muitos daqueles que cresceram durante a Grande Depressão nunca superaram a noção de incerteza financeira. Vinte, trinta, até quarenta anos mais tarde, muitos desses adultos da fase pós-Depressão ainda lidavam com cada decisão de compra com a atitude operante de que "Não posso pagar por isso/Eu não preciso disso de verdade/Vou conseguir viver sem isso", independentemente da sua situação financeira naquele instante. Assim, a pessoa com a atitude operante que continuamente informa que ela não pode, que tudo, desde convidar alguém para sair até aceitar um novo emprego, é muito arriscado, continuamente diz a si mesma que "Não posso me dar ao luxo de tentar", resultando em uma paralisia em seu desenvolvimento pessoal.

Outra manifestação dessas mensagens negativas nos primeiros anos da infância resulta do modelo de agressão motivacional já discutido. Nesse modelo, o pai tenta motivar a criança, continuamente soltando uma série de imposições ("Você tem de fazer isso porque eu mandei"). Presente em situações que vão desde o estilo de roupas à escolha de amigos, recreação e profissão, o impacto acumulativo dessa mensagem torna a criança incapaz de fazer escolhas, já que o único valor que ela tem vem do fato de ser completamente obediente, de seguir regras e, por conseqüência, jamais pensar por si própria. Como isso funciona? Por que funciona?

Já estabelecemos que entre as necessidades mais primárias de uma criança está a necessidade de ser amada. O medo de perder o amor da mamãe ou do papai, continuamente reforçado por uma atitude manipuladora, faz com que a criança pense que, se não seguir as regras, mamãe ou papai não irão amá-la. Assim, ela pensa que só será amada e só terá valor se **obedecer às regras**. Mais além, pensa que não existe nenhum valor em si mesma, ou de si mesma – pensa que seu único valor vem daquilo que faz, do sucesso e da seriedade com que segue as regras.

Estranhamente, essa atitude operante pode freqüentemente resultar no desenvolvimento de uma personalidade alfa. Mas, você pode perguntar, a personalidade alfa não é aquela que assume o controle? Sim e não. O domínio de muitos alfas é tanto máscara como sintoma. Ela é, ou pode ser, uma máscara para esconder um profundo sentimento de inferioridade. Contudo a competitividade que ela propicia é, na verdade, uma busca por aprovação. Se os pais forem a fonte de sua necessidade de aprovação, a personalidade alfa agirá dessa forma mesmo com pessoas e situações que nada têm a ver com os pais. E esse é o paradoxo. Há, de fato, uma **associação de figuras autoritárias**.

Essa associação é resultado de um processo em que todos os aspectos do relacionamento de uma pessoa com sua figura autoritária primária (lugar, papel, direitos) se estendem ao seu relacionamento com todas as suas outras figuras autoritárias. Portanto, o relacionamento com a mamãe é automaticamente projetado sobre a boa irmã asmática, o pastor Peabody, o doutor Sabe-tudo, sr./sra. Maravilhoso(a), o chefe, e assim por diante. Em outras palavras, a maneira como a pessoa vê a mamãe (que mais tarde vira a Mamãe) faz com que se transfira para quem quer que seja a figura autoritária a tomar o controle efetivo sobre ela, quer ou não essa figura tenha o direito de ter tal controle (um assunto que veremos daqui a pouco).

Para a pessoa com a atitude operante de "Não posso/mas tenho de", qualquer pessoa que assuma para si o papel de lhe dizer o que fazer será automaticamente elevada ao *status* de figura autoritária. Os conselhos, críticas ou ordens serão aceitos da mesma maneira inquestionável com que eram aceitos os conselhos, críticas ou ordens da figura autoritária primária. Essa é aquela pessoa que não só continua aceitando os conselhos, as críticas e as ordens da Mama, mas que também se vê intimidada pelo parceiro, pelos filhos, supervisores, colegas de trabalho, pelo chefe ou por qualquer pessoa que fale mais alto. Enquanto a análise mais fácil e coloquial da situação/personalidade dessa pessoa seria dizer que ela é um "capacho", o processo real em funcionamento aqui é uma combinação da atitude operante de "Eu não posso/mas tenho de" com a associação de figuras autoritárias em sua visão de mundo.

Essa pessoa, em outras palavras, aceita toda crítica como sendo válida. E o resultado, muitas vezes, pode ser uma paralisia de desenvolvimento pessoal – a pessoa está em depressão constante, sempre desejando ter enfrentado a Mama, o chefe, o parceiro, o vizinho chato ou qualquer outra pessoa com quem tenha tido contato. Essa é a pessoa que gasta uma considerável fortuna em fitas motivacionais e livros de auto-ajuda, vai a seminários de autoconhecimento e tenta seguir sua mais nova personalidade autoritária.

Por quê? Porque mesmo com todo o autoconhecimento que possa adquirir, quando está sozinha, longe dos seminários, longe das reuniões solidárias, sem os livros, fitas e *slogans*, sozinha na cama com a coberta por cima da cabeça, ela não acredita em nada daquilo realmente. Antes, essa pessoa continua vivendo, sempre ouvindo a pequena voz em sua mente lhe dizendo: "Não posso... mas eu preciso fazer... mas não posso... mas eu deveria... mas não posso...".

E a pessoa que não aceita nenhuma crítica? Essa pessoa é simplesmente cheia de si mesma? É assim tão arrogante e confiante que não aceitará autoridade vinda de ninguém? Em geral a resposta é "não exatamente".

Na verdade essa pessoa muitas vezes está demonstrando ainda uma outra variante do modelo padrão de "Eu não posso/mas tenho de". Vamos chamá-la de variante "**Não faço**".

A pessoa que diz "Eu não posso/mas tenho de" é incapaz de diferenciar entre suas necessidades e desejos das necessidades e desejos dos outros, é incapaz de diferenciar entre suas capacidades reais das exigências ou limitações impostas por uma figura autoritária primária. Estendendo essa atitude a todas (ou quase todas) exigências e/ou limitações impostas por outros devidas à associação de figuras autoritárias, essa pessoa passa a vida brigando com as intermináveis exigências e opiniões dos outros a sua volta, constantemente tentando conseguir aprovação. Ou seja, essa pessoa realmente nunca aprendeu a dizer "**não!**". Seu jeito de lidar com as imposições anormais e fora do limite de suas figuras autoritárias é simplesmente se render, sujeitar-se para conseguir aprovação ou para manter a paz, por falta de força de vontade ou confiança para lutar contra. Resumindo, ela não reconhece que, como nos lembra o humorista Garrison Keillor, "quando uma pessoa o faz correr, ela tem mais poder sobre você do que tem quando você fica, luta e perde". E há também o outro lado da moeda: a pessoa que simplesmente diz "Não faço".

Todo pêndulo tem pontos extremos nos dois lados do seu arco. "Eu não posso/mas tenho de" é um extremo desse arco comportamental. É o extremo de sempre dizer "sim", em voz ou em atitude. Na outra ponta está a pessoa que, também incapaz de estabelecer um limite entre exigências válidas e não válidas, entre opiniões vindas de uma voz válida e opiniões intrusivas, presunçosas e de nenhum valor autoritário, respondem rejeitando todas as exigências, todas as opiniões e todas as vozes.

Aqui novamente vemos uma associação de figuras autoritárias, porém com o resultado oposto. Para essa pessoa, "Não faço" torna-se a resposta automática, a defesa contra exigências, opiniões e/ou intrusões contra aquilo para o qual não desenvolveu nenhum mecanismo de resistência. Manifestada com freqüência na adolescência, essa atitude de desafio pode estar ligada constantemente a um relacionamento disfuncional com os principais responsáveis pela criança. Se os pais fazem uso de crítica destrutiva como ferramenta motivacional, se saturam a criança de mensagens negativas sobre o valor e a importância dela, se não são o porto seguro que deveriam ser, a mensagem codifica que a criança simplesmente não pode ou não vai corresponder às expectativas dos pais, ou atingir seus padrões. Enquanto uma criança pode desenvolver uma busca quase compulsiva por aprovação, constantemente se esforçando para ser perfeita, outra pode simplesmente rejeitar tanto o relacionamento com a sua personalidade autoritária como com a autoridade dela. Assim, não importa qual a regra, pedido ou exigência, a criança simplesmente diz "**não!**". Se essa atitude se estende a outras figuras autoritárias, associada no subconsciente emocional da criança com todas as subseqüentes figuras, a criança desenvolve a atitude operante do "Não faço".

Às vezes, diz-se que essa pessoa, sardonicamente, tem um **problema com personalidades autoritárias**. Essa pessoa poderia tornar-se um problema disciplinar na escola, no Clube dos Escoteiros, no exército ou em qualquer outro ambiente. Freqüentemente se torna o lobo solitário que não segue nenhuma moda, nenhuma linha e não lê nenhum *best-seller*, rejeitando-os simplesmente porque são populares. Essa pessoa geralmente não tem sucesso em nenhuma estrutura hierárquica, é uma pessoa que, apesar de poder trabalhar muito bem com outros membros de uma equipe, confronta-se repetidamente com seu líder, apenas porque subconscientemente rejeita qualquer liderança. Essa é a pessoa que propositalmente não vai ao banquete de prêmios anual nem aceita o convite do chefe para o lanche na empresa, é a pessoa que deliberadamente despreza o código de vestimenta da corporação... é a pessoa que simplesmente não joga com as regras que todo mundo aceita em uma sociedade, em dada família ou círculo profissional. Em essência, esses gestos não tão insignificantes são o meio para essa pessoa dizer "**Não vou fazer e você não pode me obrigar**".

Essa é a pessoa que desenvolve continuamente problemas com uma sucessão de supervisores. Em cada caso, o supervisor detecta um claro e inconfundível desafio de sua autoridade vindo dessa pessoa. E qual é o desafio?

É a **atitude operante** que diz "Em vez de atender às suas expectativas e correr o risco de falhar, eu me recuso a sequer tentar. Em vez de tentar conquistar sua aprovação e talvez falhar, eu ignoro completamente a possibilidade de uma ferida no ego, rejeitando até mesmo o conceito de que sua aprovação tem algum valor".

Muitas vezes disfarçado de independência, autonomia ou de uma incrível noção de eu, esse comportamento pode ser tão disfuncional quanto uma devoção escrava a outras pessoas. Pode ser disfuncional se ficar no caminho do sucesso, da felicidade e/ou da paz de espírito. Se o conflito que essa atitude operante continuamente antecipa e propicia leva a uma interminável série de resultados frustrantes – desde empregos e promoções perdidos até relacionamentos perdidos – e por causa disso diminui a felicidade e o contentamento geral da pessoa, então a atitude operante é disfuncional.

Já discutimos os dois extremos, as duas pontas do arco do pêndulo. Como você provavelmente percebeu, o meio do arco representa o equilíbrio entre sempre dizer sim e sempre dizer não. Esse meio-termo representa a resposta saudável e ideal para a questão da existência de figuras autoritárias. E qual é esse meio-termo? Ele consiste de várias facetas:

• o reconhecimento de que as figuras autoritárias que encontramos pela vida não são iguais à figura autoritária primária que tivemos na infância;
• o reconhecimento de que nem todo mundo que alega ter o *status* de figura autoritária tem o direito de ter essa autoridade sobre você;
• o reconhecimento de que uma figura autoritária válida em um segmento da vida não necessariamente é uma figura autoritária válida em (todos os) outros segmentos; e
• o reconhecimento de que sempre dizer sim ou sempre dizer não é a resposta inadequada para as figuras autoritárias.

Sem conhecer o seu passado, não posso lhe dizer se teve uma infância ou criação saudável. Para questão de argumento, digamos que o seu ambiente de infância não foi tão incentivador como poderia ter sido, ou que seus pais ou ensinaram regras misturadas ou não sabiam como fornecer um apoio positivo. Ainda mais, digamos que mesmo que nem sempre diga sim ou não, você freqüentemente se vê em conflito com as exigências mutuamente exclusivas sobre as suas várias linhas de valores; que constantemente sente que está sendo maltratado por outros; que seu chefe faz exigências sobre seu tempo pessoal e que você não sabe como agir; que sua sogra o faz se sentir pequeno e insignificante; que o seu cunhado o faz se sentir um estúpido; que os seus filhos o fazem se sentir culpado; seu pastor o faz se sentir um pecador irrecuperável e, no geral, você se sente como se tivesse nascido em uma sexta-feira 13. O que você faz?

O primeiro passo em todas essas situações é escolher responder em vez de reagir. Lembre-se de que a pessoa ou situação que faz com que você reaja está exercendo mais controle sobre você do que você mesmo, e isso está errado. Na verdade, você deveria controlar a horizontal; você deveria controlar a vertical em sua vida. Então, **o primeiro passo é não reagir, para assumir tal controle.**

Responder, entretanto, exige que se pare e pense. Não é automático. Então, **o segundo passo é colocar as coisas em perspectiva.** Assim, o acidente que bloqueou a passagem pela rodovia pode nos levar a reagir, tendo um ataque, mas, na verdade, essa deve ser uma situação para: 1) perceber que não aconteceu só para nos atrasar; 2) perceber que, se nos atrasamos, talvez devêssemos ter saído mais cedo do que saímos; e 3) responder, usando o tempo em que ficamos presos para fazer outra coisa, desde um agradável devaneio até um rascunho daquele memorando que estávamos planejando. Isso também nos dá a chance de colocar linhas de valores conflitantes em perspectiva. E esse é **o terceiro passo: separar linhas de valores e figuras autoritárias.**

Agora, devemos admitir, se uma dessas linhas de valores conflitantes tem a ver com o chefe, então não é sempre tão fácil. Porque, como percebemos antes, com o chefe, o emprego, o pagamento ou a promoção estão geralmente em jogo. Mas isso não significa que a autoridade que o chefe tem deveria ultrapassar para outras áreas de nossa vida. Quando éramos crianças, a mãe era a figura autoritária principal e dominante. No entanto, o chefe não é a nossa mãe, e também não somos mais crianças.

Assim como diz o ditado "dar a César o que é de César", podemos e devemos dar ao chefe aquilo que lhe é de direito. Dar-lhe mais do que isso é nos colocar em risco. Da mesma forma, por várias razões, queremos manter a paz com sogras intrusivas, com nosso espalhafatoso cunhado, com o pastor, com o vizinho e com o sujeito enfadonho que é o técnico do time do filho. Para cada um deles devemos ter e realmente temos uma linha de valor, porém essa linha de valor deve ser completamente diferente daquela que tínhamos quando crianças, com nossa mãe. Em outras palavras, quando chefe, sogra, cunhado, técnico ou pastor vão além do que lhes é de direito exigir, depende de nós estabelecer os limites.

É útil lembrar que nem todas as figuras em nossas vidas alegam autoridade sobre nós, ou demonstram sua intenção de nos dominar. Muitos tentam exercer controle simplesmente dando opiniões e conselhos indesejados, orientação não solicitada, críticas injustificadas, exigências inescrupulosas. Eles reivindicam o manto da figura autoritária, o exercício do controle efetivo sobre nós. O que fazemos, o que dizemos, o que pensamos, o que sentimos está implícito nas ofertas de opiniões e conselhos dispensáveis, orientação não solicitada, críticas injustificadas e exigências inescrupulosas. Mas depende de nós **aceitar ou rejeitar** essa reivindicação.

Podemos escolher aceitar, no entanto essa escolha deve refletir um raciocínio consciente e não meramente um impulso de "Eu tenho de fazer isso". Da mesma maneira, podemos decidir rejeitar. Aqui também a escolha deve refletir mais do que um impulso de "Não faço".

Digamos que escolhemos rejeitar a reivindicação implícita de controle sobre nossas vidas. Como fazemos tal coisa?

Poderíamos tentar fazer isso reagindo à provocação do momento, explodindo e irritando-se com a pessoa, mas se essa pessoa for o chefe, podemos perder o emprego. Se a pessoa é a sogra ou o cunhado, o resultado pode ser uma separação familiar desnecessária. Se a pessoa é o técnico, poderíamos acabar prejudicando os interesses dos nossos filhos. Se a pessoa for o pastor, podemos em breve nos achar em busca de uma nova igreja. Nenhum desses resultados é agradável nem exacerbado pelo fato de que, ao reagir, geralmente nos colocamos em uma posição ruim e perdemos em lógica o que tentamos compensar em volume, veneno e sarcasmo. Entretanto, ao escolher responder, damos a volta toda, e podemos escolher a hora, o lugar, o tom e as palavras para a resposta. Ao escolher responder, damo-nos a oportunidade de decidir, racionalmente, se realmente vale a pena brigar. Ao escolher responder, reivindicamos para nós mesmos a liberdade de ação e decisão que os outros nos negariam e nos tirariam, com suas exigências, limitações e intrusões. **Ao escolher responder, podemos controlar a horizontal e também a vertical.**

Ainda há mais. Ao longo dos dois últimos capítulos, discutimos as frustrações com coisas que não podemos controlar. Também falamos do controle que outras pessoas tentam exercer sobre nós. Isso deixa uma parte importante da equação a ser vista: as coisas que podemos controlar. Isso é muito importante. Por quê?

A primeira razão é um eco da oração: "Pai, dai-me a força para aceitar as coisas que não posso mudar, a coragem para mudar as coisas que posso mudar e a sabedoria para saber a diferença". Como seres humanos, o fato é que gastamos muita energia mental, emocional e mesmo energia física tentando exercer controle sobre coisas que estão simplesmente além de nosso controle, em outras palavras, **tentando mudar coisas que não podemos mudar**. Esse é um conceito que deveríamos examinar.

A segunda razão é que constantemente perdemos a chance ou falhamos ao **aproveitar a oportunidade para exercer o controle que temos**. Em outras palavras, muitas vezes nos falta a coragem (ou visão, ou vontade, ou simples ousadia) para mudar as coisas que podemos mudar.

Finalmente, a confusão entre essas duas é, por si só, uma causa comum de frustração e dor, de ego ferido. A sabedoria (ou o discernimento necessário) para saber a diferença não existe, ou está impedida de operar. Isso resulta em conseqüências negativas para nós e para aqueles à nossa volta.

Vou começar estabelecendo minhas premissas.

Há apenas quatro coisas que controlamos:

• o que fazemos;
• o que não fazemos;
• como agimos;
• como reagimos ou respondemos.

O que isso significa? Para começar, significa que há muita coisa na vida que você não controla. Ainda mais, e isso é muito importante, há coisas que não podemos controlar.

O clima é um exemplo. Não podemos controlá-lo e fazê-lo cooperar com nossos planos. Por isso, ficar com raiva porque o piquenique, o passeio com a família ou as férias foram arruinados pela chuva é perda de tempo e energia.

– Bem, não consigo evitar – você diz. – Simplesmente me irrita!

A minha resposta é:

– Ah sim, consegue, se assim escolher.

O que significa ficar bravo, com raiva ou irritado? Significa que, com freqüência, você está reagindo. A quê? É isso o que precisa ser examinado. Deixe-me explicar. Anteriormente, apresentei um esquema que ilustrava o conceito de F.E.P.R. ou Falsa Evidência (ou Emoção) que Parece Real. Uma falsa evidência/emoção que parece real é diferente do medo – que é uma reação instintiva de proteção, de fuga do perigo. Se no trabalho você sai do banheiro e descobre que o lugar está sob o controle de um bando de revolucionários malucos portando armas automáticas, o gelo que sente no estômago quando eles atiram para o alto é medo verdadeiro. Se há uma avalanche no *resort* em que está hospedado, se um tubarão é avistado na praia na qual está nadando, ou se há um incêndio no restaurante em que está comendo, seu estômago gela e seu cérebro grita: "Tire-me daqui!".

Isso é o medo verdadeiro e está interiorizado no seu cérebro para mantê-lo fora de perigo físico mortal; é o instinto de lutar que citamos anteriormente. No entanto, há vezes em que seu melhor instinto de adivinhação lhe avisa que existe perigo à frente, mesmo que você não veja o mecanismo de perigo. Por exemplo, se não nos conhecêssemos e, numa quinta-feira, eu entrasse no banco em que você está, enfiasse minha mão no bolso do casaco e dissesse "Passa a grana!", o que você faria? Provavelmente, "passaria a grana". Afinal, você foi condicionado pelo ambiente e pela cultura a pensar de certa forma. O "passa a grana" é um estímulo que você reconhece, um evento ativo, como dissemos antes, e há uma conseqüência, volta aos bons e aos maus, aos policiais e aos ladrões, aos caubóis e aos índios. Então, você reage. Mesmo que seja só a minha mão no meu bolso e que você nem possa ver o mecanismo de perigo (a arma, que, aliás, não tenho!), seu corpo responde ao condicionamento do seu cérebro e você "passa a grana".

Aqui está um outro exemplo. Eu sou de Nova York e fui condicionado, por bem ou por mal, a pensar de certa maneira. Se estou andando na rua, por volta das 23 horas, e eu ouço um estampido alto ou qualquer outro barulho estranho, minha resposta condicionada é deitar no chão ou correr o mais rápido possível. Não penso que pode ser um gato pulando em uma lata de lixo procurando por comida; não penso que talvez o gato tenha derrubado a tampa da lata. Tudo o que sei é que preciso sair dali.

O que vemos nesse exemplo? Vemos um evento ativo, um estímulo. Vemos uma interpretação do evento condicionada, uma reação. O que não vimos, como eu mesmo admiti enquanto punha o máximo de distância possível entre mim e o assassino da machadinha, o *serial killer*, a gangue de bicicleta (ou o gato) que fez o barulho, foi um **processo de raciocínio**. Ah há!

Então, será que a diferença entre o medo e a F.E.P.R. está no fato de o primeiro não ser produto de um processo de raciocínio e o segundo ser produto desse raciocínio? Como mencionado antes, um problema comum é a falsa emoção parecendo ser real.

O que isso significa? Resumindo, significa ver o bicho-papão onde não há nenhum. A criança que tem medo do escuro porque "existem monstros lá" é um ótimo exemplo. Sabemos que não há monstros no armário, debaixo da cama ou atrás da cortina, mas a criança não aceita esse fato. Ela acredita que os monstros estão lá (você só não consegue vê-los) e está reagindo a uma emoção ao apresentar sintomas que vão de dificuldades respiratórias a cama molhada. Então, qual a analogia?

Bem, ficar zangando com um insulto quando o insulto não foi intencional é um exemplo. Zangar-se porque o destino provocou aquele acidente no seu caminho e impediu que você fosse àquela grande reunião é outro. Já discutimos isso antes. Mais importante aqui é ver o bicho-papão na forma de um desafio quando não há desafio nenhum.

Aqui estão alguns exemplos:

• eu sei que ele ou ela é irresponsável/egoísta/rígido(a), mas eu vou mudar isso nele ou nela;
• eu sei que minha mãe é resmungona, mas se eu lutar contra isso tempo o bastante, ela reconhecerá o seu erro e me dará espaço;
• eu sei que a vida com uma esposa que cuida de crianças compromissadas com o balé, *softball*, Clube dos Escoteiros e o Clube da Alegria é agitada; porém, se eu conseguir que todos trabalhem de acordo com o cronograma que montei, não sentirei a pressão;
• eu sei que não sou o funcionário mais importante da companhia, mas se eu conseguir chamar a atenção do chefe e fazer meu trabalho excepcionalmente bem e ter todos os meus clipes de papel perfeitamente alinhados com o quarto azimute do sol, não só serei poupado do corte de funcionários como conseguirei aquela promoção para a França;
• eu sei que ele ou ela não está interessado(a) em mim, não me leva a sério e está, de fato, atraído(a) por outra pessoa, mas se eu trabalhar duro o bastante, eu posso fazer com que ele ou ela me ame.

Em essência, o que listamos aqui são desafios impossíveis. Eles representam uma série de confissões que não podemos mudar, mas que tentamos de qualquer maneira. E qual o resultado quando enfrentamos fracassos de novo e de novo nessas buscas? Mais do que provavelmente, um ego ferido manifestado como rejeição, mágoa, frustração, humilhação, raiva ou alguma outra emoção negativa.

O que vemos em tais exemplos é uma série de condições, não muito diferentes do clima, que devem ser aceitas ou rejeitadas, em seus próprios termos, porque de acordo com toda probabilidade não mudaremos as pessoas irresponsáveis, egoístas e rígidas em nossas vidas. Cada um é o que é. Resmungos, bajulações, súplicas, berros, gritos ou choros não vão mudá-los. Ou talvez ele ou ela demonstre alguma pequena mudança, que provavelmente não vai durar. E depois? Voltamos a resmungos, bajulações, súplicas, berros, gritos e choros. E o ciclo recomeça.

A chave é reconhecer que o desafio que pensamos enfrentar, mudar alguém, por exemplo, não existe realmente. Não só não é um desafio, como não é nem mesmo uma escolha lógica. Podemos escolher ver uma situação como um desafio, assim como podemos escolher que existe mesmo um bicho-papão embaixo da cama. Mas, para começar, se o bicho-papão não está lá, como vamos nos livrar dele? Similarmente, se o desafio não existia como um plano viável, em primeiro lugar, como podemos ter sucesso?

É claro, existe uma diferença importante entre o clima e os exemplos que listamos anteriormente. A diferença é o fato de que, embora não se possa se esconder imediatamente da chuva, pode-se fugir de muitas situações ou, ao menos, remover determinada situação da sua vida.

Lembre-se: há quatro coisas que você controla, inquestionavelmente:

- o que faz;
- o que não faz;

- como age;
- como reage ou responde.

Não controlamos e não deveríamos tentar controlar o que os outros fazem ou como agem. Quando esquecemos disso, estamos esquecendo da terceira parte daquela velha oração, a parte sobre a sabedoria para descobrir a diferença entre o que podemos e o que não podemos mudar.

Lembre-se da discussão sobre o conceito de controle. Sabemos como ficamos ressentidos quando outros tentam exercer controle injustificado ou influência sobre nós. Não seria sábio reconhecer as limitações da nossa influência sobre os outros?

Seu pai pode ter passado a maior parte dos anos tentando dominar suas ações e suas atitudes. Você lutou com ele até os 43 anos. Mas seu pai continua argumentando e dando sua opinião sobre tudo. Ele também bebe muito, o que transforma todas as reuniões familiares em um concurso de gritos quando ele sobe na cadeira e começa aborrecer todo mundo, aos berros. Você pode mudá-lo? A resposta é "**não!**" Quais as suas opções? Três me vêm à mente:

1) Você pode aceitar suas grosserias e continuar indo às festas de família pelo bem geral, e aproveitar a companhia de todo o clã, mesmo que seu pai continue a aborrecê-lo.

2) Você pode lidar com suas ações, recusando-se antecipadamente a permitir que ele o arraste para uma de suas discussões, pedindo a todos que simplesmente o ignorem quando ele começar a fazer discurso e baderna. Assim, isolado, ele será privado daquilo de que mais precisa, ou seja, uma platéia. Talvez ele vá embora. Talvez ele caia no sono. Talvez ele fique entediado e faça cara feia. Porém você lidou com a situação; exerceu controle ao dizer "Não vou mais fazer o jogo dele".

3) Você pode recusar-se a ir a qualquer reunião em que ele estará presente. Ao tomar essa decisão, vai se retirar da situação. Vai controlar o que vai fazer e o que não vai fazer.

Alguma dessas escolhas são fáceis? Não. Mas o sofrimento do tumulto emocional de ficar frustrado pela sua inabilidade em fazê-lo mudar também não é. No entanto, é incontestável que se concentrar naquilo que você pode controlar irá, no final das contas, fazer com que se sinta melhor do que se concentrar naquilo que você não pode controlar.

CAPÍTULO 9
Dando uma gelada

Se você se lembra do seriado de televisão *M*A*S*H*, pode ser que se recorde de um episódio em que chega uma nova e jovem enfermeira. Radar, o Peter Pan definitivo, fica imediatamente apaixonado por ela. Mas em vez de tentar conhecê-la melhor, Radar propositadamente a evita depois de seus primeiros dias de trabalho. Quando Hawkeye percebe esse comportamento incongruente, pergunta a Radar por que ele está evitando a jovem por quem ele está tão obviamente atraído.

– Ah – Radar começa com uma indiferença fingida.
– Eu estou dando uma gelada nela.

Esse episódio serve para ilustrar uma coisa que muitos de nós fazemos com freqüência, algo que chamamos de *projeção*. O que é projeção e como ela funciona?

Projeção é simplesmente o processo pelo qual projetamos ou atribuímos a outra pessoa sentimentos e atitudes que, na verdade, são nossas. É esse processo que diz ao rapaz que a moça pela qual está apaixonado não só não irá levá-lo a sério, mas também irá rir dele e até ridicularizá-lo se ele a convidar para sair. O rapaz tem alguma base para poder prever essas coisas? Talvez ele não seja atraente nem popular. Talvez ela tenha a fama de ser bela, mas fria e insensível. Essas coisas podem ser verdade e, nesse caso, ele pode estar certo em repensar seu desejo de convidá-la para sair.

Mas ele quer convidá-la para sair; talvez ele tenha a intenção fazê-lo. No entanto, a certeza de que ela irá recusar o convite atrapalha sua vida. De fato, ele está tão convencido de que ela o rejeitará, que até já sabe as razões que serão dadas, o jeito e tom com que ela o fará, e (na cabeça dele) já sabe até as conseqüências sociais que virão. Note que a garota ainda não teve a oportunidade de dizer nada.

O que acontece aqui? Pode ser que o rapaz tenha recebido dicas sutis (ou não tão sutis) da maneira como ela o vê e, portanto, como provavelmente responderia a um convite seu. Pode ser também que seus amigos tenham lhe falado dos sentimentos dela. Em um caso como esse, que estudaremos daqui a pouco, o rapaz está em conflito com o que ele sabe ser verdade e com o que ele gostaria que fosse a verdade. Soa familiar?

Mas se esse não for o caso, se o rapaz não tiver nenhuma evidência concreta de que será rejeitado, de onde vem a crença de que ele será rejeitado? A resposta é: vem dele mesmo.

Pois a verdade é que não é a garota que o está rejeitando; ela ainda não teve a chance. Antes, é sua auto-imagem negativa ou malformada, são suas próprias inseguranças que o estão rejeitando. Você deve se lembrar de que auto-imagens negativas, formadas por mensagens negativas que recebemos quando crianças, tomam parte também no dia-a-dia quando adultos. É o "Não posso" do modelo "Eu tenho de/mas não posso" que discutimos antes. É o oposto da atitude operante do "Sim, eu posso" de que falamos. Aqui, o rapaz está dizendo "Eu tenho de (eu quero)/mas não posso".

A mente é uma coisa complicada. Ela irá com freqüência nos dizer que não podemos fazer algo, não podemos realizar, conseguir, alcançar, vencer, ser digno de

Dando uma gelada

algo ou fazer parte de alguma coisa. Porém a mente não faz questão de nos dizer o que são essas mensagens que nos atrapalham. Ela precisa de um bode expiatório conveniente, alguém ou alguma coisa para culpar, para nos parar. Precisa de uma desculpa para a falta de força de vontade, de coragem ou de fé que está nos trazendo. Então, a mente se ocupa com projeções.

Embora seja a mente desse rapaz que lhe diga que ele não é bom o bastante para a garota, ela fala à porção consciente dele que é a garota que pensa dessa forma. A garota, assim, torna-se a força de rejeição; ela torna-se a vilã, a causa de sua dor. E ela, muito provavelmente, torna-se o objeto de seu contra-ataque, ativo ou passivo.

Vamos voltar ao Radar. Seu comentário de que ele estava **dando uma gelada** nela é crucial. Em verdade, é o próprio Radar que se sente indigno. Ele prevê uma rejeição (por meio de projeção) e contra-ataca, tratando a enfermeira grosseiramente, ignorando-a antes que ela tenha chance de ignorá-lo, magoando-a antes que ela tenha a chance de magoá-lo.

Outro exemplo é ainda mais esclarecedor. Eu tenho uma paciente, uma mulher de cerca de 35 anos, que tem alguns problemas com a mãe. Em muitos pontos, ela está certa. Mas, em muitos outros, está errada. Em uma das sessões, ela chegou cheia de raiva e chateada com um incidente durante o qual ela e a mãe discutiram. Perguntei o que havia acontecido. Ela desatou a falar sobre a mãe. Por mais de quinze minutos, não consegui dizer nada. Finalmente, ela terminou e me perguntou o que eu achava.

– Bem – eu disse –, parece que você está culpando a sua mãe por um bocado de coisas ruins.

- Ah, claro – ela disse. – Você é como minha irmã e os outros. Acha que estou sendo irracional e egoísta. Ela continuou nisso por vários minutos. Mas o interessante não foi o que ela disse ou o que eu disse depois disso. É a projeção que ela fez que interessa.

A verdade é que era ela quem, no fundo, concordava com a irmã. Era ela quem suspeitava que estava sendo egoísta e irracional. Talvez tenha sido ela mesma que achou que estava esperando demais da mãe, naquele caso em particular.

No entanto, por várias razões, ela não conseguia admitir isso. As emoções tinham de sair de algum jeito. E então um bode expiatório foi encontrado; nesse caso, eu. Eu me tornei o vilão. Tornei-me a causa de sua dor imediata, e me tornei o foco de seu contra-ataque. Projeção.

Projeção ocasionalmente funciona com sentimentos positivos também. Egomaníacos insuportáveis terão absoluta certeza de que o mundo os verá da mesma forma que eles se vêem, pessoas de valor inestimável. Essas pessoas assumem com regularidade que temos a mesma opinião que eles têm de si mesmos, que faremos tudo o que eles pedirem simplesmente porque são eles que estão pedindo e que faremos qualquer sacrifício, assumiremos qualquer responsabilidade e que iremos longe para fazê-los felizes. Felizmente, essas pessoas nos causam geralmente pouco incômodo e, embora possam nos aborrecer, raramente contra-atacam porque estão freqüentemente por demais abstraídas para perceber que não queremos, necessariamente, fazer o que elas nos pedem, que não as temos em tão alta estima quanto pensam.

Mas a pessoa que se empenha em projeções negativas pode ser um problema, porque por meio desse tipo de projeção, somos tidos como responsáveis por sentimentos que não são nossos. Sentimo-nos culpados por coisas que não pensamos, não fizemos, não dissemos nem pretendíamos; e nos tornamos objeto de um possível contra-ataque. O que é um contra-ataque?

O contra-ataque é o último passo em um processo que chamo de *reforço de pensamento*. Esse processo começa com uma causa, um estímulo ou um evento que desencadeia um pensamento. Vamos dizer, por exemplo, que a causa é uma resposta pouco entusiástica vinda de um parceiro ou parceira, em relação a uma sugestão nossa. O pensamento que segue é:
– Sou desconsiderado e não amado.

O efeito desse pensamento é um sentimento; nesse caso, talvez um sentimento de privação e/ou rejeição. O resultado do sentimento é a frustração. Afinal, há uma descontinuidade entre o que queremos e/ou esperamos e o que compreendemos.

Essa frustração precisa ser liberada. A liberação acontece em dois passos.

No **primeiro passo**, projetamos em nosso parceiro a crença de que somos indignos de seu amor e que nossos esforços, quaisquer que sejam, não têm muito valor e, portanto, raramente garantem apreciação. Isso explica ao nosso eu consciente por que pensamos que somos desconsiderados e não amados. Interpretando essa explicação como algo injusto, ficamos com raiva. O **segundo passo** é a liberação em si: atacamos!

Esse ataque pode ser direto ou indireto. Um ataque direto pode envolver um comentário sarcástico, malcriado ou mordaz. O ataque indireto, como o comportamento rude de Radar para com a jovem enfermeira, poderia ser sutilmente eficiente na habilidade de magoar. Talvez nos afastemos; talvez fiquemos de mau humor. Talvez simplesmente saiamos de casa e deixemos que o parceiro fique se perguntando o que fez de errado dessa vez.

Meu terapeuta está me deixando maluco!

Por que fazemos isso? Podemos fazer isso com a esperança de uma confirmação, com a esperança de que nosso parceiro irá perceber seu erro imediatamente e irá declarar amor eterno, devoção e apreciação. Mas também o fazemos porque sabemos que o outro vai atacar. Sabemos que o ataque – quer seja direto, barulhento e aberto ou indireto, furtivo e sorrateiro – será interpretado exatamente como é. Assim nos preparamos para nos defender da reação que antecipamos. No caso de Radar, ele é rude com a enfermeira na fila da comida: projeção e ataque. Ele antecipa a reação dela e prepara-se. Ele senta em um canto sozinho. Então, fazendo exatamente o que ele esperava que ela fizesse, ela se defende, sentando em outra mesa, ignorando-o. Magoado pelo descaso dela, ele reage, evitando qualquer lugar onde ele pudesse vê-la: contra-ataque!

No processo, por meio de projeção e ataque, ele a obrigou a atacar também. Quando ela ataca, entretanto, ele prova para si mesmo que sua idéia inicial estava certa. Assim pode reforçar seu pensamento.

Eu vejo você em um bar. Eu o chamo, mas você está ocupado e não responde. Eu passo a achar que você não gosta de mim. Isso me frustra. Eu procuro libertação (a) dizendo a mim mesmo que você é um engomadinho que acha que eu sou um idiota que não vale o seu tempo e (b) dizendo algo grosseiro a seu respeito para que ouça. Você, ao me ouvir, ataca dizendo algo cortante como se não se importasse. Eu contra-ataco dizendo algo ainda pior e vou embora, com a firme convicção de que você realmente é um engomadinho que acha que eu sou um idiota – o que, nesse ponto, pode passar a ser verdade.

A projeção negativa age como um passo no reforço de pensamento ao criar circunstâncias artificiais pelas quais

Meu terapeuta está me deixando maluco!

os sentimentos mais obscuros, medos e dúvidas são concretizados pelas reações que provocamos nos outros. Na verdade, a projeção negativa é uma desculpa, um disfarce para que não tenhamos de enfrentar e afastar esses sentimentos, medos e dúvidas. Voltemos à minha paciente por um momento. A projeção negativa lhe deu a chance de ficar com raiva de mim, evitar enfrentar suas próprias dúvidas e saber se estava sendo justa com a mãe. No caso do rapaz querendo convidar a garota para sair, a projeção negativa deu-lhe uma desculpa para não convidá-la para sair, para não arriscar. Também serviu de disfarce para suas inseguranças e dúvidas.

Quando nos empenhamos em projeções negativas, não só estamos provocando confrontos desnecessários com a pessoa sobre a qual estamos projetando nossos sentimentos negativos, mas também estamos dando um passo para trás. Não estamos enfrentando o desafio ou a situação, e não estamos examinando as dúvidas, a real causa de muitos dos sentimentos negativos que projetamos, com a luz do pensamento racional. Na verdade, por meio dessas simulações, estamos provando que os demônios, os medos, as dúvidas e inseguranças estão nos controlando mais do que gostaríamos de admitir.

O que é melhor? Viver aos tropeços, deixando que esses medos, essas dúvidas e inseguranças continuem a ter o melhor de nós? Ou enfrentá-los, solucionando-os e superando-os? Estou certo de que você vê o benefício óbvio da segunda opção.

Antes de encerrarmos este capítulo e continuarmos, quero voltar àqueles casos nos quais sentir vibrações negativas não é projeção, mas, antes, um sistema de aviso nos dizendo para dar o fora de onde quer que estejamos e deixar de lado o que quer que estejamos pensando em fazer.

Dando uma gelada

Já falamos sobre desafios e sobre nossa habilidade em aceitá-los e lidar com eles. Discutimos atitudes operantes positivas e a diferença entre as coisas que podemos e as que não podemos controlar. Mas há outra faceta em tudo isso: a questão de morder mais do que podemos mastigar.

Por um momento, voltaremos ao rapaz e ao encontro que ele deseja ter com a garota. Dentro de expectativas normais, ele provavelmente deveria ir em frente. Ela pode dizer "não", mas também pode dizer "sim". E quanto àquelas pequenas vozes que ele fica ouvindo, dizendo que ele seria louco só de convidá-la?

Projeção, talvez? Ele poderia estar projetando nela todos os medos, dúvidas e inseguranças que tem sobre seu próprio valor. Mas aquela voz também poderia ser seu próprio senso de preservação berrando para que ele se proteja antes que seja tarde.

Vamos dizer que o rapaz é baixinho, corpulento e considerado, de modo geral, pouco atraente pela maioria das pessoas. Ele tem interesse em coisas como OVNIs e O Arquivo X, e trabalha como assistente de gerente em uma confeitaria local nas horas em que não está na loja de quadrinhos da vizinhança discutindo sobre os méritos do novo uniforme do Super-Homem *versus* o uniforme tradicional.

Ela, por outro lado, é uma vivaz ex-presidente do Conselho Estudantil, filha do banqueiro mais proeminente da cidade, teve sua festa de debutante no mais famoso clube local, é regularmente escoltada por jovens morenos em carros caros, fala três línguas e está freqüentando uma universidade famosa.

Nesse caso, tirando a obsessão dele por ela, existem algumas boas razões para ele acreditar que ela vai de fato recusá-lo se ele a convidar para ir a uma corrida de tratores com ele. Então, se ele começa a hesitar, não é projeção; pode ser bom senso.

Eu cito esse exemplo hiperbólico para explicar o seguinte: existem casos em que é a prudência, não a projeção, que nos faz parar ou pensar que as chances são menores do que gostaríamos que fossem. Responder a um anúncio nos classificados para uma vaga de lobista em Washington quando o indivíduo não tem nenhuma experiência em Washington provavelmente não vai proporcionar o resultado desejado. Assim, o pensamento "Eu nunca vou conseguir esse emprego" na hora de pôr o currículo no correio não é derrotista nem projeção de suas dúvidas na firma contratante. Antes, é uma avaliação realista de suas chances.

É importante reconhecer isso. Freud disse uma vez: "**Às vezes um charuto é só um charuto**".

É sábio não aumentar as coisas. Às vezes, você pode estar projetando; às vezes, pode apenas estar sendo prudente ou sensível a vibrações muito reais ou sinais que alguém está lhe dando. O importante é estar ciente da possibilidade de projeção e, quando se flagrar projetando, inibir o impulso. Agora, se estiver simplesmente sendo prudente ou sensível àquelas vibrações muito reais, às vezes negativas, e se descobrir que estava certo, congratule-se pelo seu discernimento e siga em frente.

Vamos entrar em um assunto que você, sem dúvida, irá achar fascinante: você. Vou lhe fazer algumas perguntas sobre o que pensa, por que pensa daquela forma e o que fez parte na fabricação desse pacote que você chama de "Você". Fornecerei uma série de perguntas, você fornecerá as respostas e juntos tentaremos descobrir o que tudo significa. Será divertido e informativo. E eu posso garantir que será interessante.

CAPÍTULO 10
Quem... Quem é você?

Agora é hora de tocar na superfície do eu, da entidade, e do animal social que é você.

Primeiro, vamos recapitular. Discutimos fantasias, crenças e hipóteses. Discutimos linhas de valores; discutimos conflitos, projeção e o paradigma do "Eu tenho de/mas não posso". Discutimos os "sinais", avisos, controle e o relacionamento com as pessoas à nossa volta. Mas há um elemento faltando nessa discussão: esse elemento é você.

Poucos realmente se conhecem. Não apenas não nos vemos da maneira como os outros nos vêem, como também ficamos tão presos ao dia-a-dia de nossas vidas que a pessoa que somos torna-se um pouco mais do que uma casca carregando o nosso eu por aí.

Coloquemos de maneira diferente; imagine que você está pensando em algo extremamente importante. Que a preocupação está sugando todas as suas energias, e você só consegue pensar nisso. Além do mais, você tem de enfrentar mais um dia, durante o qual encontra várias outras pessoas. Mas como o seu ser está preocupado, sua pessoa, a entidade que todos vêem e com a qual interagem parece estar ligada no piloto automático. Sem querer, você pode parecer grosseiro, distraído, distante ou muitas outras coisas. Essa é a verdade sobre o tipo de garota que todo mundo chama de "corrimão" e ninguém leva a sério. Na verdade, pode ser apenas que ela seja extremamente insegura. Seu ser está cheio de dúvidas tremendas; sua personalidade é apenas uma máscara. Essa é a separação entre a **pessoa** e o **eu**.

Então, quando eu pergunto "Quem é você?", você deve separar sua pessoa do eu. Pense na pessoa como a sua parte exterior; o eu é a parte que está no seu interior – a casca e a gema, como são.

A parte externa, a pessoa, é aquilo que todos vêem, com que interagem, que odeiam ou de que gostam. Também, muitas vezes, o exterior, a pessoa, é nosso foco principal. É a nossa pessoa que se preocupa se há ou não um pedaço de salada presa entre os dentes, se o cabelo está penteado direito, se o hálito está fresco, se as roupas estão na moda, ou se o carro é bacana, se dançamos com graça, se nosso *sex appeal* é eficiente. Por exemplo, é a nossa pessoa que vai à maioria dos primeiros encontros, enquanto o eu fica sentado em casa, como a vovó, com a luz da varanda acesa, esperando para saber como foi.

Vou dar um exemplo pessoal. Quando comecei a pós-graduação, o primeiro dia de aula foi muito ensolarado e quente. Eu me vesti e saí para a aula por volta do meio-dia. Vesti o que eu imaginava ser apropriado: um par de botas, recentemente engraxadas, calças verdes semelhantes a jeans e uma camiseta branco-sujo, quase amarela. Bem, o que posso dizer? Eram os anos de 1970 e eu achava que estava bem bacana.

Depois que eu andei os quase dois quilômetros e meio do apartamento até o campus, eu estava transpirando. Então, ao entrar no prédio, desabotoei uns botões da camisa. Depois, com os livros debaixo do braço, entrei na sala de aula e esqueci o assunto. Havia uma mulher na sala que eu acabei conhecendo mais tarde. Ficamos amigos e um dia ela admitiu algo interessante:

– Sabe, antes de o conhecer, eu não o suportava.
– Por quê? – perguntei surpreso.
– Porque você parecia tão cheio de si, tão arrogante.
– Cheio de mim? Arrogante? Eu? Por quê? – perguntei.
– Bem, em primeiro lugar, havia aquelas botas...
– Mas eu *sempre* uso botas...
– E aquelas calças. Se elas fossem mais apertadas no seu traseiro, elas provavelmente rasgariam. E havia, é claro, a sua camisa, desabotoada até o umbigo.
– Eu estava com *calor* – justifiquei-me depressa.
– Bem, você entrou na sala como se fosse dono do lugar – continuou ela, obviamente esquentando a conversa.
– *Eu*?

Eu e essa mulher éramos apenas amigos e nunca tivemos nenhum relacionamento amoroso; se tivéssemos, eu não acho que conseguiríamos superar aquela conversa. Com o tempo, percebi que naquele dia ela reagiu à minha pessoa, especificamente à minha pessoa nova-iorquina. Ela era da Carolina do Sul. Tínhamos diferenças culturais. No fim, ela acabou valorizando e até gostando do meu eu, por isso disse que eu não era nada parecido com a pessoa que havia entrado na sala naquele dia.

A diferença entre a pessoa e o eu é importante por uma série de razões. Uma das mais simples é a de que o eu e a pessoa são amplamente separados e de origens diferentes. Nossa pessoa é em grande parte, embora não exclusivamente, criada por nós, enquanto o eu tem raízes que vão até antes do pensamento consciente.

Primeiro, vamos nos focar na pessoa dessa equação.

Quando eu pergunto quem é a sua pessoa, talvez seja melhor que você pergunte a outras pessoas, àquelas que estão à sua volta todos os dias. Por quê? Porque há muito dessa pessoa entrelaçado com personalidade, e é com a personalidade que a maioria das pessoas interage. O que outras pessoas diriam sobre você? Elas podem dizer que você é engraçado, atencioso. Podem dizer que é egocêntrico, taciturno, um bom esportista ou um mau perdedor. Podem dizer que é preguiçoso ou trabalhador. Podem dizer que é folgado, enérgico, emocionalmente distante ou que só pensa com o coração. Podem dizer que é um horror trabalhar com você ou que você é uma pessoa maravilhosa.

Notem que só listamos quatorze características ou adjetivos. Pode ser que você reconheça alguns deles em você, outros não. Mas faça a si mesmo essa pergunta: você usaria alguma dessas descrições para se descrever (deixando de lado, por ora, aqueles adjetivos vistosos que você pôs no seu currículo)?

Se estivesse em um primeiro encontro e a outra pessoa pedisse que lhe falasse um pouco de si próprio, você começaria dizendo "Bem, sou uma pessoa maravilhosa"?

Existem coisas diferentes, todas são parte da maquiagem que os outros vêem em nós e que vemos em nós mesmos. Você se vê como alguém tentando ser engraçado, preguiçoso ou enérgico? Não, claro que não. Do seu ponto de vista, você só está sendo você. Então, aqui vemos a primeira faceta dessa dicotomia, a diferença entre o **eu interior** e a **pessoa exterior**.

A segunda faceta a ser explorada é o papel de autocriação em nossa pessoa.

Você dança? Você dança bem? Bem, se dança, deve ter havido um momento em que decidiu que, para você, era importante aprender a dançar. Você não nasceu sabendo, embora ter nascido com uma noção de ritmo provavelmente ajude nesse caso. O importante é que aprendeu a dançar. Se você esquia, toca oboé, tricota, constrói móveis, cozinha, assa, faz projetos de melhoria da sua casa, usa tudo o que está na moda, se sua maquiagem sempre parece ter sido feita por um profissional, ou se é um gênio da informática, você aprendeu todas essas coisas. Houve uma decisão consciente em algum momento no seu passado que o induziu a dominar todas essas práticas, que fez com que fossem parte da pessoa que todos vêem.

Vamos nos ater à noção de moda por um momento. Existem pessoas que se vestem muito bem. Existem pessoas que se vestem muito mal, e um número grande fica num meio-termo. Agora, se desconsiderarmos as óbvias diferenças financeiras que permitem que uma pessoa use a última moda de Paris enquanto outras compram no Wal-Mart, ainda vemos pessoas, com quem temos contato todos os dias, que se vestem de acordo com uma dessas categorias que listamos anteriormente. Então, o que distingue um grupo do outro?

Uma diferença clara é que aqueles que se vestem bem querem vestir-se bem e fazem algo a respeito, seja diminuir outras despesas para poder pagar por um estilo melhor, seja simplesmente ler revistas de moda e fazer compras com freqüência para renovar o guarda-roupa. O importante é que estão fazendo algo conscientemente.

Aqueles que estão em um meio-termo geralmente só querem parecer decentes e só se esforçam para parecer apresentáveis. Aqueles que se vestem mal, por outro lado, simplesmente não se importam.

O que isso nos diz? Bom, para aqueles que gastam e se esforçam para parecer com as pessoas dos anúncios de moda, imagem é uma parte consciente de sua pessoa. Certamente é algo visível que os outros irão perceber. Também é algo claramente de aparências e uma parte autoconstruída de sua pessoa exterior.

Da mesma forma, a mulher que se torna uma feminista ou cristã fervorosa e cujos comentários e observações, ao que parece, são instruídos por essa perspectiva, aprendeu os fundamentos dessa visão. Assim como, em um contraponto grosseiro, o cara que conta as piadas mais racistas, que faz os comentários mais rudes sobre mulheres e fala constantemente sobre sua vida sexual (real ou on-line), aprendeu esses comportamentos e os adotou por alguma razão. Talvez ele ache que seus comentários o façam parecer um grande homem, um homem "de verdade" ou algum outro tipo de ser superior. Talvez ele pense que esse tipo de comportamento fará com que ele seja bem aceito pela liga de boliche ou na fila do almoço. Mas, de qualquer maneira, ele pensa que esse comportamento lhe proporciona alguma coisa. Talvez ele queira atenção. Talvez seja outra pessoa. O importante é que ele se sente bem com essas atitudes e as mantém conscientemente por uma razão. Novamente, sua pessoa, grosseira e desagradável como é, é uma construção consciente.

Então, para voltar à questão de quem você é, se nos concentrarmos na pessoa e usarmos esse novo conhecimento, podemos elaborar uma lista bem parecida com aquela que já fizemos: as pessoas podem dizer que você é engraçado, que é atencioso. Podem dizer que é egocêntrico, taciturno, um bom esportista ou um mau perdedor. Podem dizer que é preguiçoso ou trabalhador. Podem dizer que é folgado, enérgico e emocionalmente distante ou que só pensa com o coração. Podem dizer que é um horror trabalhar com você ou que é uma pessoa maravilhosa.

Mas e quanto ao seu **eu**? O que é isso? De onde vem e o que instrui sua lógica interna?

Uma dica para isso pode ser encontrada nas contradições muito comuns que observamos entre a pessoa e o eu daqueles à nossa volta. Vemos o homem ou a mulher cuja pessoa é confiante, galanteadora ou até bombástica, porém que está cheia de dúvidas e inseguranças e é dada à depressão e a surtos autodepreciativos. Vemos a pessoa que tem a visão de seu eu como bondosa e generosa enquanto todos à sua volta o acham espinhoso, mimado, irracional e volátil. Vemos a mulher, cuja pessoa todo mundo enxerga como virtuosa, generosa, honesta, séria, talvez até um pouco puritana, enquanto ela se considera alguém de caráter moral baixo, talvez se veja como péssima mãe ou esposa.

De onde se originam essas contradições?

Como já estabelecemos, a pessoa é amplamente, senão exclusivamente, uma construção consciente. De muitas maneiras, conscientemente decidimos como queremos que os outros nos vejam e tomamos providências para criar aquele visual, estilo, atitude ou tipo. Nossa pessoa pode mudar, e freqüentemente muda, com o tempo, com a experiência, com a maturidade e a mudança de perspectiva. Por isso, o cara galanteador que constantemente se envergonha e envergonha a sua esposa pode tornar-se, com o tempo, um marido e pai exemplar. O chefe mesquinho pode tornar-se uma pessoa direita, e o viciado em substâncias químicas pode dar uma virada em sua vida. O homem desajeitado pode tornar-se um industrial, e a mocinha festeira pode tornar-se uma mãe e parceira leal. A pessoa pode mudar e muda constantemente, e isso é o resultado de uma decisão consciente. Mas, e quanto ao eu?

Já falamos da influência dos pais sobre o desenvolvimento emocional de uma criança. Já discutimos como mensagens negativas podem resultar em uma auto-imagem fraca ou malformada, em falta de confiança e em outros problemas emocionais ou comportamentais. Levemos isso um passo adiante.

No início deste capítulo, nos perguntamos "Quem é você?". Estabelecemos que existe uma diferença entre a pessoa que o mundo exterior vê e o eu que quase ninguém vê. Também estabelecemos que, não importa quem é sua pessoa, você teve trabalho para criar essa imagem exterior, provavelmente desde que era adolescente. Mas, e quanto ao seu eu? De onde ele veio?

Se aceitarmos que muitas das características (a ansiedade e as inseguranças ou a atitude do "Sim, eu posso" ou o modelo do "Eu tenho de/mas não posso/mas eu devo/mas eu não quero" com o qual lutamos, ou a noção de competência que nos ajuda a encarar e superar obstáculos) do eu vêm de nossas experiências mais antigas, então devemos voltar a elas para responder à pergunta "Quem somos nós?".

Existem duas fontes primárias do eu. A primeira está profundamente ligada ao DNA. Esse código genético determinou se você seria inteligente ou não, habilidoso com suas mãos, com línguas, habilidoso com coisas mecânicas ou conceitos abstratos. Determinou também se você teria jeito para as artes ou talento para a música. Determinou se apreciaria comidas com tempero forte ou se sabores mais leves seriam a sua preferência. Em parte, pode ter determinado suas atitudes em relação ao sexo e à sexualidade, a sua atração por um sexo, pelo oposto ou por ambos, e se você fica à vontade com expressões físicas de afeição. Mas, de certa maneira, todo esse código genético foi a matéria-prima do seu eu. É como se um fabricante de argila tivesse a habilidade de produzir vários tipos de argila. Alguns tipos podem ser mais maleáveis que outros; alguns se adaptam à pigmentação mais do que outros. Alguns podem endurecer rapidamente e outros podem precisar de um forno para realmente secar e endurecer. Mesmo assim, no final das contas, ainda é tudo argila. É uma massa sem forma e inútil; sua característica é ser amarelada e desusada.

Entra o oleiro. Ele pode ser habilidoso ou não. Pode tender a fazer modelos comoventes ou econômicos e práticos. Ele pode escolher um tipo de argila por suas propriedades ou simplesmente usar o que estiver disponível, nunca explorando as particularidades que mesmo os materiais em volta podem oferecer. De qualquer maneira, é o oleiro que dá aparência e forma à argila.

Assim acontece conosco. Nosso DNA nos forneceu a argila do eu básico, suas características, força ou maleabilidade. Mas as experiências mais antigas; a influência de nossos pais e outros responsáveis; nosso relacionamento com irmãos, amigos e o círculo social imediato de nossas famílias; o lugar de nossa família na vizinhança, a paróquia ou a congregação; tudo contribuiu como a outra fonte do eu. Assim como o oleiro dá a forma à argila, essas influências ajudaram a nos modelar.

E assim como o oleiro não tem controle sobre como o objeto que ele criou a partir da argila vai ser usado pelo consumidor que o comprou, aqueles que nos influenciaram no começo da vida têm pouca influência sobre o uso que faremos desse eu, a pessoa que o eu nos faz criar. O pai pode fazer de tudo para ensinar ao seu filho a diferença entre certo e errado, a noção de responsabilidade e o valor de uma boa ética de trabalho. A mãe pode fazer tudo o que puder e ainda encontrar a filha perdida em drogas ou participando de filmes pornográficos.

Da mesma forma, um pai pode ser uma influência terrível e ter um filho que prospera, tem sucesso e vai além das limitações impostas pelas atitudes daquele pai.

No final das contas, somos muito como o consumidor que compra o objeto que o oleiro fez: não tivemos absolutamente nenhuma influência sobre a maquiagem da argila; e tivemos pouca, se alguma, influência sobre a forma que a argila tomou nas mãos do oleiro. Mas uma vez que ela é nossa, **a responsabilidade pelo que fazemos com ela é nossa**. Então, obviamente, não tivemos controle sobre nossa maquiagem genética. A influência, por sua vez, sobre a influência que nossos pais, família e quadro social tiveram em nossas vidas era igualmente mínima, se realmente existiu. Porém quando dependemos só de nós mesmos, quando começamos a construir nossa pessoa, depende de nós fazer o melhor daquilo que nos foi dado.

Quem... Quem é você?

QUAL A SUA FORMA?

CAPÍTULO 11
Se eu fosse um homem rico

Se eu fosse um homem rico, rico de verdade, eu provavelmente seria muitas coisas — e provavelmente não seria o pai do meu filho. Mas eu sou o pai dele, e aquelas experiências, as influências da casa onde nasci, deram-me, junto com o DNA entrelaçado profundamente em cada célula do meu corpo, as características do meu eu.

Acontece o mesmo com você.

Agora, eu sei quem eu sou e como as influências e o ambiente dos meus primeiros anos ajudaram a me tornar essa pessoa maravilhosa, caridosa, compassiva, inteligente, sexy, agradável e incrível que eu sou hoje.

Mas e quanto a você?

Logo no começo deste livro, eu disse que teríamos, pelo menos em parte, um processo interativo. Nas páginas seguintes, apresentarei um tipo de questionário. Gostaria que você respondesse às perguntas. Vá em frente e escreva no livro de novo.

Não tenha pressa de responder, e responda da melhor forma que puder. Algumas delas requerem uma resposta simples, uma palavra. Outras podem pedir que pense um pouco. De qualquer maneira, estarei esperando quando terminar, algumas páginas adiante.

Meu terapeuta está me deixando maluco!

Questionário: Passado

Sobrenome: _____

Idade: _____

Origem étnica: _____

Endereço: _____

Você cresceu num ambiente urbano, suburbano ou rural?

_____

Era uma comunidade rica, de classe média, trabalhadora ou pobre?

_____

Era uma comunidade de proximidade entre as pessoas ou de anonimato?

_____

Olhando para trás, você diria que era uma comunidade de valores liberais ou conservadores? (Não necessariamente no campo político.)

_____

Seus pais estavam vivos quando você estava crescendo?

_____

Se a resposta for sim, como era o relacionamento entre os seus pais, como marido e mulher?

_____
_____

(Se seus pais eram divorciados, viúvos e/ou casaram novamente, modifique a pergunta e responda sobre sua mãe e padrasto, ou pai e madrasta.)

Quais eram as atitudes dos seus pais (padrasto/madrasta) em relação a demonstrações públicas de afeto?

_____
_____
_____

Como seus pais (padrasto/madrasta) se comunicavam? Eles eram abertos? Eles eram realmente comunicativos? Eles brigavam na sua frente? Até que ponto, com que freqüência e por quais razões?

_____
_____
_____
_____
_____
_____
_____
_____
_____

Seus pais faziam as pazes rapidamente depois de uma briga ou discussão?

_____

Qual era a profissão do seu pai? Ele dava ordens ou as cumpria?

_____

Qual o horário em que seu pai trabalhava diariamente?

_____

Quantas horas seu pai trabalhava?

_____

Por quantos dias da semana seu pai trabalhava?

_____

Qual era a profissão da sua mãe?

_____

Qual o horário em que sua mãe trabalhava diariamente?

_____

Quantas horas sua mãe trabalhava?

_____

Por quantos dias da semana sua mãe trabalhava?

_____

O que você aprendeu sobre como tratar uma mulher, com seu pai, pela maneira com que ele tratava sua mãe ou madrasta?

_____
_____
_____
_____
_____
_____
_____
_____

Como era o seu relacionamento com seu pai? Como era o equilíbrio entre os elogios e com críticas que ele lhe fazia?

_____
_____
_____
_____
_____
_____
_____
_____

O que você aprendeu sobre como tratar um homem, com sua mãe, pela maneira com que ela tratava seu pai ou padrasto?

_____
_____
_____
_____
_____
_____
_____
_____

Como era o seu relacionamento com sua mãe? Como era o equilíbrio entre os elogios e as críticas que ela lhe fazia?

_____
_____
_____
_____
_____
_____
_____
_____

Você tinha irmãos?

_____

Quantos?

_____

Quantos eram mais velhos do que você, quantos eram mais novos?

_____

Como era o seu relacionamento com eles?

_____
_____
_____
_____
_____
_____
_____
_____

Como são esses relacionamentos hoje?

_____
_____
_____
_____
_____
_____
_____
_____

Como era o relacionamento entre eles?

_____
_____
_____
_____
_____
_____
_____

Como são esses relacionamentos hoje?

_____
_____
_____
_____
_____
_____
_____

Vida acadêmica era um valor forte na sua família quando você estava crescendo?

_____
_____

Era mais do que simplesmente se comportar na escola?

_____
_____

Qual era a religião da sua família?

_____

Religião era um valor forte na sua família ou dava-se importância apenas a freqüentar os cultos?

_____
_____

Sua família viajava unida?

_____

Você participou de atividades em família?

_____
_____

De que tipo?

_____

Sua família se reunia para pelo menos uma refeição por dia?

_____

Se você é uma mulher, como, quando e com quem você aprendeu sobre menstruação?

_____
_____
_____
_____
_____
_____
_____
_____

Como, quando e com quem você aprendeu sobre sexo?

_____
_____
_____
_____
_____
_____
_____
_____
_____

Além da mecânica da reprodução, como, quando e com quem você aprendeu sobre sexualidade?

_____
_____
_____
_____
_____
_____
_____
_____

Quais as mensagens ou impressões, se houve alguma, que você recebeu dos seus pais sobre sexo e sexualidade?

_____
_____
_____
_____
_____
_____
_____
_____

Seus pais se comprometiam com organizações e atividades da comunidade ou participavam delas?

_____
_____
_____
_____

Quando crianças, você ou os seus irmãos participaram de atividades da comunidade?

_____
_____
_____
_____

O que você lembra dos seus anos de ginásio? Quais as suas impressões sobre aquela fase da sua vida?

_____
_____
_____
_____
_____
_____
_____
_____

O que você lembra dos seus anos de colegial? Quais suas impressões sobre aquela fase da sua vida?

___

Você teve algum relacionamento romântico significativo durante o colegial?

___

Quantos?

___

Eram relacionamentos saudáveis?

___

E quanto à ética de trabalho? Quando você conseguiu seu primeiro emprego de meio período?

___

Que tipo de emprego era?

_____
_____

Seus pais foram a favor ou contra a idéia de você trabalhar?

_____
_____

Você praticava esportes no colegial?

_____
_____

Você participava de outras atividades escolares?

_____
_____

Você diria que era popular no colegial?

_____
_____

Com os garotos?

_____
_____

Com as garotas?

_____
_____

Quando você se formou no colegial?

_____
_____

Sua família esperava que você fosse para a faculdade depois do colegial?

_____

Você cursou faculdade? Se sim, liste as que você cursou.

_____
_____
_____
_____
_____

No caso de você não ter cursado faculdade, o que você fez após o término do colegial?

_____
_____
_____
_____
_____

No caso de você ter cursado faculdade, em que você se formou?

_____
_____

Quais foram suas experiências mais importantes nesse período (além das festas)?

_____
_____
_____
_____
_____
_____
_____

Você teve algum relacionamento amoroso importante durante esse período?

_____

Quantos relacionamentos?

_____

Foram relacionamentos saudáveis?

_____
_____
_____

Você executou atividades extracurriculares durante a faculdade?

_____
_____
_____
_____

Quais foram suas maiores conquistas durante esses anos?

_____
_____
_____
_____

Agora, perguntas sobre o seu presente

Como você está vivendo hoje? (Você está casado, divorciado, solteiro, casou duas vezes, é viúvo, está morando com alguém?)

_____
_____

Você tem filhos ou filhos adotivos?

_____
_____

Eles moram com você?

_____
_____

Você concluiu seus estudos?

_____
_____

Como é a sua história?

_____
_____
_____
_____
_____
_____
_____
_____
_____
_____

    Agora que você respondeu a essas perguntas, precisamos dar uma olhada nas condições evolucionárias, não revolucionárias, do seu passado que o condicionaram a pensar de certas maneiras sobre você mesmo. Exemplos podem incluir baixa auto-estima com origem na infância porque recebeu mais críticas negativas do que elogios. Seus pais podem ter se separado ou se divorciado cedo e você tem problemas com abandono ou não confia no sexo oposto porque um dos seus pais teve um caso extraconjugal. Ter vindo de uma família com problemas de vício, em que álcool, drogas (prescritas ou não), jogo, compulsão alimentar, etc. eram presentes pode ter causado em você uma personalidade com vícios hoje. Crescer como filho único pode ter resultado em problemas com a diferenciação entre ser centrado e egoísta. Finalmente, você pode ter crescido em um ambiente familiar normal, mas as escolhas passadas podem ainda estar lhe causando sentimentos de culpa, consciente ou inconscientemente. A chave é procurar padrões nos seus anos de desenvolvimento.

Lembre-se da fórmula: "O que nos ensinam nós praticamos, e o que praticamos nós nos tornamos".

Que padrões você está começando a ver?

_____
_____
_____
_____
_____
_____
_____
_____

EU ACHO QUE ELES CHAMAM ISSO DE "EXCESSO DE BAGAGEM".

CAPÍTULO 12
50 maneiras de abandonar seu amante

Se Paul Simon estiver certo e existirem mesmo cinqüenta maneiras de abandonar seu amante, então devem existir também pelo menos cinqüenta maneiras de fazer outras mudanças significativas em sua vida – embora nem todas sejam as maneiras certas, ou melhores, de lidar com o problema. Dinamite, por exemplo, pode livrar você dos ratos em seu sótão, mas pode ser que você perca o sótão também. Então, a chave é encontrar as maneiras certas de lidar com determinado problema sem criar problemas ainda maiores no caminho.

Peguemos como exemplo problemas com colegas de trabalho ou supervisores; pedir demissão pode resolver seu problema. Mas a solução pode não parecer ser tão boa assim, uma vez que você se vê na fila dos desempregados, e tem contas a pagar. Da mesma maneira, exigir um divórcio em resposta às bagunças do seu parceiro é exagero.

Vamos conduzir isso sistematicamente. É possível categorizar suas opções. Você pode:

• desistir e aprender a conviver com as coisas do jeito que elas são;
• culpar o resto do mundo pelas suas aflições;
• continuar fazendo tudo do jeito que sempre fez na esperança de que o mundo mude; ou
• mudar a maneira como você tem feito as coisas.

A primeira opção significa que vai ter de sofrer em silêncio pelo resto de seus dias. Então, se essa é a sua escolha, considere-se indicado para a santidade e saiba que não esperamos mais reclamações de você. A segunda opção não vai melhorar nada e provavelmente não vai lhe trazer mais harmonia do que você já está conseguindo. A terceira lembra um comentário de Bill Cosby: a melhor coisa de bater sua cabeça contra a parede é o fato de que é muito gostoso quando você pára.

Isso nos deixa apenas com a quarta opção, que é o assunto deste capítulo: **mudando seus conceitos, você muda o seu comportamento**.

Precisamos pensar em um *resultado planejado*, a realização de uma meta, e certas recompensas. Mas esse resultado deve encaixar-se em alguns parâmetros. Precisa ser realista, algo que podemos obter de maneira racional.

Então, dizer que eu quero concorrer à Presidência dos Estados Unidos provavelmente não é realista. Eu não tenho o nome da família de George W. Bush, o reconhecimento do nome de John Glenn, a estatura política de Bill Bradley ou o dinheiro de Steve Forbes para comprar minha entrada no jogo. Nesse caso, não é muito provável que eu obtenha um resultado planejado.

Se eu lhe dissesse que estou planejando ganhar na loteria, sua resposta seria a mesma. A loteria é pura sorte, nada que eu fizer, além de comprar os bilhetes de loteria, vai aumentar minhas chances. Eu não tenho nenhum controle e nenhum potencial para controlar o resultado, então, por definição, não pode ser o que chamamos de resultado planejado.

Mas existem resultados que são realistas e sobre os quais temos algum grau de controle. Um novo emprego em nossa área ou um relacionamento melhor com chefe, pais, filhos ou parceiros são metas boas e realistas sobre as quais temos algum grau de controle.

Assim como não há nada de definitivo na vida, além da morte e dos impostos, também não há certeza de que atingiremos as metas. Existem outras variantes, incluindo a personalidade dos outros. Então, eu espero não receber cartas dos meus leitores dizendo: "Mark, eu tentei facilitar meu ambiente e melhorar o relacionamento com minha sogra, mas não funcionou. Ela ainda é uma idiota e ainda me enche o saco!"

Aqui está um exemplo que eu chamo (modestamente) de O Incrível Ainda Não Tão Famoso Truque de Cartas sem Cartas do dr. Mark. Na minha mão eu tenho um pedaço de papel. No papel está escrito o nome de uma carta de um baralho comum. Agora, em um baralho, existem duas cores: preto e vermelho. Concorda? [É agora que você diz "sim".] Muito bem, escolha uma cor e me diga que cor escolheu. Ah, você escolheu a cor preta, então isso nos deixa com o vermelho. No vermelho, há dois naipes, copas e ouros. Concorda? [Você diz "sim" aqui também.] Muito bem, escolha um naipe e me diga qual é. Hmmm, vejo que você escolheu ouros. Muito bem. Agora, com ouros, temos cartas com figuras e com números. Você concorda? [Você diz "sim" outra vez.] Escolha entre figuras e números. Então, escolheu números. Isso nos deixa com as figuras. Nas figuras temos pares. Temos o Valete e a Dama e temos o Rei e o Ás. Concorda? Muito bem. Escolha um par e me diga qual é. Interessante, você escolheu o Rei e o Ás. Tudo bem. Agora, entre o Rei e o Ás, escolha um. Opa! Você escolheu o Ás. Muito bem, então isso nos deixa com o Rei. Agora, olhe o pedaço de papel e me diga o que está escrito.

Ficou espantado? É o Rei de ouros. E que carta eu disse que nos sobrou? Ah-há! O Rei de ouros.

Como eu fiz isso? Bem, eu tinha uma idéia bem configurada de qual seria o resultado. Eu já havia escrito Rei de ouros, certo? Bem, esse truque de carta ilustra a natureza do planejamento da meta. Eu sabia onde eu queria terminar, no Rei de ouros. Então, eu trabalhei para facilitar meu ambiente.

Como? Bem, depois que eu disse que havia duas cores no baralho, eu perguntei se concordava. Então, a primeira coisa que aprendemos é que chegamos a um **consenso**. Então, eu pedi que escolhesse entre o preto e o vermelho, as duas cores no baralho. Você escolheu preto, mas preto não era o que me interessava. Lembre-se de que eu queria o Rei de ouros – uma carta vermelha. Então, eu comecei estabelecendo que, embora você tenha escolhido preto, meu resultado planejado era uma carta vermelha; contudo, tínhamos um consenso inicial nos termos do exercício; concordamos que havia duas cores.

Você concordou comigo que havia duas possibilidades, preto e vermelho. Você escolheu preto, um resultado inicial que não era do meu interesse. Então, minha meta se tornou facilitar meu ambiente.

Existe um processo chamado *decisão por omissão*. Eu fiz com que você concordasse que, escolhendo preto, deixava-nos com o vermelho sobrando. Em outras palavras, eu descartei sua seleção, preto, e mudei o foco da discussão para o vermelho. Eu disse: "No vermelho, temos copas e ouros". A conversa continuou com vermelho como ponto de nossa atenção e, daquele ponto em diante, já estávamos no meu jogo.

Quando eu disse "Em vermelho temos copas e ouros. Você concorda?", eu estava trabalhando por um consenso novamente, fazendo com que concordasse para que eu pudesse fazê-lo concordar com o que eu queria.

Eu pedi que escolhesse entre copas e ouros. Você escolheu ouro e eu não disse nada; eu simplesmente descartei copas. A lição aqui é que eu usei o **silêncio** como uma maneira de facilitar meu ambiente. Depois eu disse: "No ouro, temos cartas com figuras e com números. Você concorda?". Você não tinha argumento contra aquilo, então chegamos a um consenso, pela terceira vez.

Eu disse "Escolha figuras ou números". Você escolheu números. Mas, novamente, não deu a resposta que me interessava; então eu descartei os números, usando o processo chamado decisão por omissão. Agora eu o tinha concentrado nas figuras.

Eu disse: "Nas figuras temos pares. Temos o Valete e a Dama e temos o Rei e o Ás. Concorda?". Mais uma vez você concordou, essa sendo a quarta vez em que chegamos a um consenso. Eu lhe pedi que escolhesse um par e você escolheu Rei e Ás, então eu descartei Valete e Dama e não disse nada (novamente usando o silêncio).

Depois falei: "Agora, entre o Rei e o Ás, escolha um". E você escolheu o Ás – definitivamente não era o que me interessava. Mais uma vez usando o método de decisão por omissão, eu descartei a sua seleção, e isso, meu amigo, levou-nos exatamente aonde eu queria. Ficamos com o Rei de ouros.

Isso ilustra uma questão. Para saber onde quer terminar, precisa definir qual o seu resultado planejado. Qual o seu objetivo? Qual sua meta? Que produto final você quer? Meu resultado – nesse caso o Rei de ouros – foi identificado e estabelecido antes de começarmos o exercício.

A outra consideração é como facilitar seu ambiente para que consiga o que quer. A resposta, como nosso truque de cartas ilustra, é arrumar as coisas de maneira que facilite a busca do seu resultado planejado.

Meu terapeuta está me deixando maluco!

TRUQUE DE CARTAS SEM CARTA

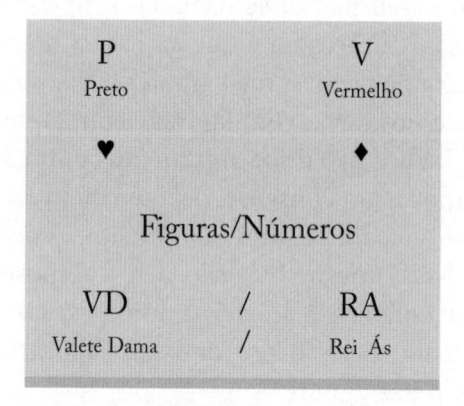

P	V
Preto	Vermelho
♥	♦
Figuras/Números	
VD /	RA
Valete Dama /	Rei Ás

- Conheça seu resultado planejado
- Facilite o seu ambiente
- Chegue a um consenso
- Use decisão por omissão
- Use silêncio

P.P.F.
PARE – PENSE – FACILITE

Se você quer melhorar seu relacionamento com chefe, filhos, parceiro ou sogra, precisa pensar na meta primeiro, considerá-la e ponderá-la. Tenha certeza de que é razoável, alcançável e que é o que realmente quer. Então, tendo identificado a meta, formule um plano para atingir seu resultado. Resumindo: **Pare, Pense** e **Facilite**. Use esse *slogan* conforme projetamos nosso caminho.

Se mudar sua vida fosse assim tão fácil, viver seria fácil, terapeutas teriam bem menos pacientes e este livro seria bem mais breve. Porém a triste verdade é que, embora pudemos notar que a maioria das pessoas consegue pensar, também deveríamos notar que poucas pessoas o fazem, especialmente em situações frustrantes e tensas.

Se olhamos para o questionário no Capítulo 11 e aprendemos como fomos condicionados a pensar, aqui no Capítulo 12 peço que descarte o passado. Não há futuro em viver no passado. Então, primeiro aprendemos como foi nosso passado (a fase educacional) e agora, na fase do ensaio, eu peço que defina o que quer e determine se é realista. Freud chamava isso de princípio do prazer e dor, e, como você deve saber, nem todo mundo escolhe o prazer em vez da dor.

Então, antes de prosseguirmos com a criação de um novo e melhorado você, daremos uma olhada em algumas das coisas que podem estar no caminho para atingir os resultados bem configurados de que você gostaria e que merece atingir.

Acabamos de discutir o Truque de Cartas sem Carta, uma maneira de ilustrar como você pode facilitar seu ambiente para conseguir seu resultado planejado. Agora, vamos discutir outra metodologia que freqüentemente empregamos e que não é tão efetiva. Eu a chamo de **lerdeza**.

Se o Truque de Cartas sem Carta foi designado para ilustrar pelo menos um jeito de facilitar seu ambiente, a lerdeza é uma ilustração igualmente estilosa de como falhar. Na verdade, ao seguir essa metodologia, você vai aprender como maravilhar seus amigos, combinar seus erros anteriores e fazer da sua vida um completo desastre. E a melhor parte é que é fácil. Tudo o que precisa fazer é ignorar completamente o *slogan* que mencionamos. Em outras palavras, **não pare, não pense** e **não facilite**.

Como você faz isso? Fácil. **É só agir antes de pensar.**

Deixe-me dar alguns exemplos. Há um tempo, eu ia ter uma reunião importante. As preparações estavam consumindo todos os meus pensamentos. No meio da reunião, informaram-me de que havia um telefonema para mim. Um pouco envergonhado, eu atendi. Era minha esposa. Parece que, na pressa de me aprontar para a reunião, eu deixei a casa aberta e muitas coisas fora do lugar. Quando minha esposa chegou em casa, ela imediatamente suspeitou de roubo e reagiu de acordo: estava com medo e um pouco brava também. Assim que descobriu que não havíamos sido roubados, no entanto, ela se perguntou se eu não tinha sido responsável pela condição em que se encontrava a casa. Então, ela me ligou.

Agora, eu preciso ser honesto. Uma porta destrancada não era a coisa mais importante na minha cabeça naquele momento. Eu estava concentrado na reunião. Assim que peguei o telefone ela começou a gritar comigo. Meu resultado planejado para o dia era a conclusão da reunião. O telefonema da minha mulher era uma lombada inesperada na estrada. A questão era como eu podia continuar com a busca do meu resultado planejado em face a sua ligação enraivecida? Obviamente, eu precisava melhorar a situação com ela antes de voltar para a reunião.

Quando alguém está gritando comigo, minha reação instintiva (bonitinho, não? Eu disse reação e não resposta; já ouvimos isso antes) é gritar de volta. Então, lá estava eu, acabando de sair da reunião, e minha esposa estava gritando comigo. O que eu queria fazer? Eu queria gritar mais alto, chamá-la de dois nomes feios, e ser pelo menos três vezes mais malcriado que ela. Afinal, não é assim que se ganha em uma discussão? Ah, meu condicionamento passado me disse: "Quem fala mais alto vence". Estamos falando em lerdeza!

Note que eu disse que minha reação instintiva nessas situações é gritar. Por definição, então, gritar não seria uma resposta pensada. Lembre-se: pare, pense e facilite. Gritar de volta, subir a pressão e perder a compostura e o raciocínio não iriam me ajudar a conseguir meu resultado planejado. Em outras palavras, gritar não pára gritos.

Quantas vezes você já viu uma criança chorar e fazer cena em uma loja ou em outro lugar público? Quantas vezes nessas situações você viu o pai ou mãe perder a paciência, bater na criança e dizer: "Pare de chorar antes que eu lhe dê um motivo de verdade para isso!"? Também já ocorreu a você que causar dor (bater na criança) é em si só um motivo para ela chorar e que não vai fazê-la parar? Bem, então, se bater em uma criança que está chorando não vai fazê-la parar de chorar, por que gritar com a pessoa que está gritando com você a faria parar de gritar? O senso comum não sugeriria que pode haver um jeito melhor de lidar com a situação?

Bem, sim. Mas lembre-se: se vamos empregar as regras da lerdeza, então devemos gritar, bater o pé, ameaçar, vociferar, berrar, arrastar e agir como idiota diante de quem está gritando e talvez sendo abusivamente irado. Em outras palavras, não pare, não pense e, principalmente, não facilite.

Reconhecer que toda moeda tem dois lados, ou toda história os tem, é talvez uma das melhores ferramentas à sua disposição se quiser seu resultado planejado. Ou seja, a escolha é sua: o Truque de Cartas sem Cartas ou a lerdeza. Qual faz mais sentido?

É claro que há sempre aquele pequeno problema quanto a ser gostoso explodir de vez em quando. Como o sr. Spock de *Jornada das Estrelas* diria, também é **ilógico**. Se a meta em qualquer situação é o resultado planejado, jogar tudo para o alto não vai trazer a cooperação que queremos. É mais provável que faça com que a outra pessoa, chefe ou esposa, cave mais fundo. A criança que chora raramente pára quando apanha; então, por que um adulto zangado ou frustrado ficaria menos zangado ou frustrado se respondemos com raiva e frustração também?

O Truque de Cartas sem Carta ilustra várias maneiras de chegar aonde se quer ir. Se eu tivesse jogado todas as cartas para o alto e declarado que você é um idiota na primeira vez que selecionou uma carta que eu não queria, onde estaríamos agora? Ou, mais importante, onde eu estaria? Eu certamente não teria sido capaz de facilitar meu ambiente e o teria feito escolher o Rei de ouros, não é mesmo?

CAPÍTULO 13
Conte-me o que você realmente quer

Quando as coisas não estão indo como queria, você tem apenas algumas escolhas. Vamos **recapitular** o que pode ser feito:

- desistir e aprender a conviver com as coisas do jeito que elas são;
- culpar o resto do mundo pelas suas aflições;
- continuar fazendo tudo do jeito que sempre fez na esperança de que o mundo mude; ou
- mudar a maneira como você tem feito as coisas.

Já que você está lendo este livro, é a quarta escolha que deve fazer mais sentido. Você decidiu que está disposto a explorar novas e diferentes maneiras de fazer as coisas. O que você quer mudar depende de você. Pode ser algo na sua vida pessoal ou algo no trabalho. Vamos começar com o lado profissional por um momento. Deixe-me começar introduzindo o conceito de *contradição*. Se você está na área vendas e tem medo de ligar para os clientes, essa é uma contradição entre sua meta (melhorar as vendas) e as condições com as quais quer atingir aquela meta. Para ter sucesso, você vai precisar **remover a contradição**. Nesse caso, a contradição primária é o **medo** de ligar para os clientes. A **segunda contradição** resulta de uma tendência humana de **evitar o desagradável** (mesmo que o desagradável seja necessário) encontrando outras coisas para fazer, em outras palavras, encontrando uma **distração**. Nesse caso, ambas as contradições – o medo e a distração – estão no caminho da meta. Como você os remove?

Ataquemos as distrações primeiro. Houve um caso, há vários anos, em que um jovem respondeu pelo telefone a um anúncio para trabalhar. Quando o jovem foi para a entrevista, disseram-lhe que o trabalho era para telefonar para pessoas. Ele concordou e aceitou o emprego. No fim de sua primeira semana, no entanto, ele havia feito poucas ligações. Em vez de ficar ligando, ele arrumou, rearrumou e arrumou de novo os lápis, blocos de notas, canetas, clipes de papel e elásticos em sua mesa. Ele havia feito intermináveis anotações e começava cada dia passando a limpo as anotações do dia anterior. Finalmente, sendo questionado por seu supervisor, ele confessou ter medo de ligar para as pessoas. O jovem foi demitido.

Para evitar esse tipo de solução drástica para um problema bem comum, ele precisava remover tudo da mesa, exceto o telefone. O papel, planos de almoço ou outras tarefas dentro da sua linha de visão o estavam afastando de suas metas.

A próxima coisa que ele precisava fazer era começar a fazer as ligações. Claro, as primeiras provavelmente não iriam bem. Mas isso é um problema de técnica. E sua técnica não poderia ser melhorada até que ele superasse o medo e o desconforto associados às ligações. O medo e o desconforto precisavam ser resolvidos primeiro.

Vamos usar outro exemplo. A maioria das pessoas não gosta de injeção. Para muitos a primeira memória em relação ao médico era o medo de tomar injeção. Mesmo os adultos, que não podem mais gritar, berrar ou se esconder embaixo da mesa do médico, normalmente não gostam de injeções; eles simplesmente escondem melhor o medo do que as crianças.

Mesmo assim, sabemos que milhares de pessoas precisam se aplicar injeções de insulina ou de outros medicamentos. Essas pessoas gostam da experiência, particularmente no começo? Provavelmente não. Mas elas o fazem assim mesmo porque precisam. Suas vidas, literalmente, dependem disso. Com o tempo, a experiência, embora não se torne agradável, perde muito do desconforto mental, senão todo, ao qual a injeção está associada.

Você se lembra da primeira vez que tentou saltar do trampolim mais alto da piscina do clube? Lembra-se de como parecia alto? Você se lembra da sua primeira dança, de como parecia que todo mundo, menos você, sabia como fazer? Ficar em casa e evitar o baile ou ficar no canto a noite inteira não ajudaram a resolver o problema.

Esse conceito, quer seja sobre fazer ligações de vendas, mergulhar de trampolins, ou conversar com estranhos em uma conferência, é essencialmente o mesmo: **faça o que teme até que você não tenha mais medo.**

Então, para a pessoa que tem medo de fazer ligações de venda, a contradição inicial entre meta e condição, o medo de fazer ligações, deve ser superada porque é o único jeito de ela ganhar dinheiro. Como um segundo passo, as distrações precisam ser removidas. Todos os detalhes, todos os documentos e lápis apontados são secundários a enfrentar pessoas para fazer dinheiro. Esse deve ser o foco. Lembre-se: como já dissemos antes, a realização de um resultado planejado é a meta.

Um amigo meu é consultor político. Quando ele trabalha em uma nova campanha ou ensina os outros a administrar campanhas políticas de sucesso, ele enfatiza três conceitos centrais que eu acho que se aplicam aqui. São eles o *alvo*, a *estratégia* e a *tática*. Ele define o *alvo* como ganhar 50% dos votos mais um no total. A *estratégia* é ganhar votos de certos grupos ou áreas específicos. A *tática* pode ser mandar propaganda pelo correio, TV ou rádio, ou outras ferramentas que ele use para ganhar aqueles votos. Do mesmo modo, podemos pensar nos resultados planejados como o alvo. A seguir, precisamos criar as estratégias para chegar ao resultado. Finalmente, precisamos identificar táticas de sucesso para fazer essas estratégias funcionarem.

Esses são os primeiros três passos para se conseguir um resultado planejado. No caso que estivemos discutindo, o alvo é o aumento de vendas. A ligação de vendas de sucesso é uma estratégia óbvia para atingir aquela meta. Táticas adicionais para o vendedor, como aumentar seus conhecimentos dos produtos e da clientela, seguirão a superação dos obstáculos iniciais.

Vejamos outro exemplo. Imagine que você quer e realmente acredita que merece uma promoção. Você chegou à conclusão de que seu atual supervisor não será de grande ajuda porque ele não tem promoções para oferecer, porque tem ressentimentos de você e não quer vê-lo se dar bem, porque ele está contente com sua posição atual e acha que todo mundo tem de estar igualmente contente com suas posições, ou por quaisquer razões que possam existir.

A meta ou o alvo é realista, teoricamente atingível e pelo menos parcialmente dentro de suas capacidades de realização. **Primeiro passo completo.**

O segundo passo, a estratégia, requer uma análise das condições atuais. Se você seguir a metodologia da lerdeza, você pode irromper na sala do sr. Stuffenbottom, exigir uma posição e ameaçar se demitir se não for promovido. O Truque de Cartas sem Carta, no entanto, sugere que você **pense** primeiro nas condições que podem e nas que não podem favorecer seu resultado.

Entre essas condições em favor do cumprimento da meta estão os fatos de que você faz o seu trabalho muito bem. Você também tem várias idéias, as quais acredita que irão melhorar as chances gerais de sucesso da companhia. As condições que não o favorecem, no entanto, incluem o fato de que ninguém além do seu supervisor parece saber que você está fazendo seu trabalho muito bem. Na verdade, eles parecem não saber que você existe. Então, uma estratégia pode ser deixar que essas pessoas saibam quem você é. **Segundo passo pelo menos parcialmente completo.**

Agora, o terceiro passo: tática. Como fazer com que eles o notem se torna a questão. Você provavelmente conseguiria muita atenção se saísse correndo nu pela recepção ou chegasse para trabalhar com uma banana enfiada em cada orelha, mas esse, provavelmente, não é o tipo de atenção que quer. Pode ser, entretanto, que por uma série de razões, você evitou aproveitar as oportunidades que existem de entrar em contato com os superiores do seu supervisor. Existem muitas oportunidades para fazer esse contato: as recreações da empresa, eventos ou programas de treinamento. Eu soube que uma mulher, ao ouvir que estavam promovendo um café da manhã de caridade em benefício de uma tropa de escoteiros, decidiu ir até lá porque sabia que seu chefe também estaria presente. Ele realmente estava lá e ela teve a oportunidade de falar com ele em uma situação sem pressões e em um ambiente neutro, podendo causar uma impressão favorável.

Mas isso nos leva, ou talvez nos traga de volta, para como vemos a nós mesmos. Quando descrevemos seu "belo" encontro, discutimos a diferença entre compor-

Meu terapeuta está me deixando maluco!

tamento formal e informal (releia o Capítulo 3, no caso de ter esquecido), dissemos que demora um pouco para a pessoa escondida atrás da pessoa "educada" aparecer. Nessa mesma linha, discutimos também os conceitos de eu e de pessoa. Presente em ambas as discussões estava a noção de que existe uma divisão dentro da maioria de nós, uma separação entre quem realmente somos e quem queremos que as pessoas pensem que somos. Clark Kent e Super-Homem, Bruce Wayne e Batman. Duas versões de uma mesma pessoa. Vamos chamar isso de *dualidade*.

Correndo o risco de sujar as águas ainda mais, vou dizer que existe ainda outra dualidade que deveríamos examinar, talvez até uma dualidade dentro da dualidade.

Se aceitamos os conceitos de eu e pessoa, devemos reconhecer que em algum lugar, incrustada em um desses lados, está a auto-imagem. O problema é que, se acreditamos que a auto-imagem está no eu, então provavelmente teremos de aceitar que a pessoa pode ser um impostor. Reciprocamente, se associamos a auto-imagem com a pessoa que projetamos para o mundo exterior, isso pode significar que não pensamos grandes coisas do que realmente somos. Por que isso é importante? Eu acho que é o básico para se projetar um resultado planejado.

Falamos anteriormente do conceito de contradição, uma disparidade entre o que estamos tentando conseguir e em que condições estamos tentando fazer isso. Assim como dizemos aos nossos filhos que não podem fazer, com sucesso, a lição de casa, estudar ou aprender alguma coisa sentados à frente da televisão, também temos de dar um boa olhada nas contradições que não só estão no nosso caminho como também podem estar no caminho daqueles resultados planejados em primeiro lugar.

Conte-me o que você realmente quer

ESPELHO, ESPELHO MEU...

Definimos uma versão realista de um resultado planejado como alcançável e algo sobre o qual temos algum grau de controle. Você não concorda que um resultado planejado é também algo que nos deixa feliz? E além de nos deixar feliz, eu sugeriria que ele deve ser verdadeiramente bem planejado; o resultado deve ser algo bom, benéfico, que no final das contas vai se virar e nos dar uma mordida quando conseguirmos alcançá-lo. Talvez alguns exemplos não muito felizes possam ilustrar isso. Eu tinha um amigo casado com uma jovem muito "gente boa", embora não muito divertida, há cerca de oito anos. Ele estava satisfeito o bastante, mas estava convencido de que estava entediado. Apareceu, então, uma bela ruiva de 21 anos. Ela era divertida. Tinha amigos e festas; eles saíam para dançar, faziam programas juntos. Provavelmente também ajudava o fato de que a jovem ruiva lhe massageava o ego de maneira que sua mulher não fazia mais (se algum dia fez). Assim, meu amigo decidiu que seu resultado planejado imediato seria estabelecer um relacionamento com a jovem ruiva.

Vou lhe poupar dos detalhes, mas o resultado verdadeiro foi um divórcio doloroso e complicado, depois do qual a jovem ruiva fugiu com outra pessoa. Nesse caso, planejado não é o termo que eu usaria para descrever o resultado que meu amigo conseguiu de fato.

Similarmente, eu conhecia uma mulher que decidiu que certa promoção era seu resultado planejado. Ela designou um alvo, estratégia e táticas. Nada ficaria em seu caminho e nada ficou. Ela atingiu sua meta. No entanto, a meta, a promoção, significava levar a família para o outro lado do país, um ambiente completamente estranho. Para isso, ela teve de tirar os filhos da escola onde estavam indo muito bem, o marido precisou desistir do emprego em que trabalhou por mais de quinze anos e trocaram uma casa grande, que havia sido seu lar, por uma casa muito cara e não tão boa. Ela também precisou se comprometer a viajar por quinze dias ou mais por mês e a trabalhar até tarde e nos fim de semana, sobrando pouco tempo para passar com a família. Mais uma vez, o resultado não foi tão diferente daquele conseguido pelo meu amigo que correu atrás da ruiva. De muitas maneiras, eles ficaram ainda mais tristes.

Ainda, em ambos os casos, eles realmente pensaram que os resultados que buscavam eram resultados planejados. A questão é: **eram mesmo?**

Em ambos os casos, a realização imediata das metas – a ruiva e a promoção, respectivamente – levaram a uma sensação de felicidade. Ainda assim, a felicidade foi fugaz e os reais resultados deixaram todos os envolvidos decididamente pouco felizes. Então novamente temos de nos perguntar se os resultados desejados foram realmente planejados e, se não foram, por que não?

Vou sugerir (e por conseqüência resgatar vários pontos incompletos ao mesmo tempo) que, nesses casos e em muitos outros, o erro está em confundir a fonte de **atração** das metas em primeiro lugar.

Estabelecemos que todos incorporamos dualidade entre o eu e a pessoa. Também reconhecemos que nossa autoimagem está em uma, em outra, ou talvez nas duas partes de quem somos. Mas essas duas partes de quem somos não são iguais. Mencionamos o Super-Homem; uma outra figura familiar é Clark Kent – mas eles não são a mesma pessoa. O Super-Homem é poderoso, confiante, forte e corajoso. Clark, por outro lado, não é nenhuma dessas coisas. Clark está interessado em Lois Lane. O Super-Homem também. Ela está interessada pelo Super-Homem, mas não em Clark. Clark está sempre tentando ganhar seu afeto, mas sempre falha. O Super-Homem rejeita sua atenção porque quer que ela o ame pelo que ele realmente é, o Não-Super-Clark. Que confusão!

Em nosso relacionamento com o mundo, fazemos todas essas coisas que Super-Homem/Clark faz. Mostramos ao mundo a pessoa confiante e aceitamos seus elogios, enquanto secretamente desejamos que o mundo aceite e ame nosso eu agradável e simples. Isso, por si só, causa estresse na vida diária. Mas esse estresse pode aumentar, muitas vezes de maneira desastrosa, quando tentamos definir o resultado planejado e perdemos de vista qual parte de nosso ser, o eu ou a pessoa, queremos agradar. Nesses dois casos que mencionei, meu amigo com a ruiva e a mulher querendo a promoção, era a pessoa que estava sendo agradada, enquanto o seu eu simplesmente estava sendo arrastado junto. E assim se planta a semente do desastre.

Como discernimos entre algo atraente ao nosso eu e algo atraente à nossa pessoa?

Você pode notar que eu não me referi aos resultados como resultados mal planejados meramente porque eles apelam para o ego apenas, mesmo que, de certa forma, eu possa ver como alguém pode se sentir tentado a usar esse termo, especialmente nos dois exemplos anteriores. Claramente, a ruiva apelava para o ego do meu amigo, assim como as vantagens da promoção que a mulher queria apelavam para seu ego. Mas eu acho essa análise muito simplória. Eu acredito que ambos os lados de nosso ser, o eu e a pessoa, têm um ego.

Confuso?

Vamos devagar. A meta geral é facilitar nosso ambiente para que possamos alcançar os resultados planejados. Mas facilitar o ambiente para conseguir um resultado que não é um resultado planejado não é só uma grande perda de tempo, como também pode ser perigoso e nos causar mais mal que bem. Para saber a diferença, temos de ter como base um eu planejado. Esse eu planejado é o resultado de um processo que parte imediatamente da auto-imagem, sendo o produto de uma auto-avaliação – produto de duas fontes distintas.

SERÁ QUE ELE SE IMPORTA COM MÁSCARAS DE DORMIR E MOLETOM?
SERÁ QUE ELA VAI GOSTAR DO MEU EU DE FIM DE SEMANA?

CAPÍTULO 14
De volta ao básico

Muito bem, então agora você realmente está confuso. Eu não o culpo. Mas não é tão difícil assim de entender. Vamos lembrar que, como dissemos, facilitar seu ambiente é a meta, e queremos ter certeza de que você vai fazê-lo pelas razões e nas situações certas. Do contrário, o resultado vai ser mais frustração e estresse.

Um passo inicial é se decidir quanto a um resultado planejado. Mas não podemos parar aqui. Precisamos ter certeza de que o resultado é mesmo planejado. Como fazemos isso? Examinando a fonte de atração do resultado. Temos de **voltar ao básico**, àquilo que fez de você o que você é.

A premissa básica com a qual vamos trabalhar é a de que estamos todos presos entre imagens conflitantes do que deveríamos ser.

Vamos voltar ao meu amigo e à ruiva por um momento. Ele provavelmente aprendeu com sua família, professores e igreja que deveria ser um marido fiel. Mas Hollywood, a revista *Playboy* e nossa cultura em geral o convenceram de que ele deveria ter uma jovem bonita e divertida nos braços se ele quisesse ser um homem de verdade. Da mesma maneira, ele deve ter sentido que deveria ser fiel à sua esposa e também sentiu que tinha direito a uma ruiva jovem e bonita (não é de se admirar que ele tenha ficado tão confuso!).

Devemos nos perguntar de onde esses ensinamentos conflituosos vêm. Vamos voltar e tentar achar a resposta.

Já discutimos como a sua pessoa e o seu eu são os produtos de sua maquiagem genética e influências exteriores. Lembra-se de quando preencheu aquele questionário? Aquele exercício foi criado para ajudá-lo a identificar algumas de suas influências externas. Quais podem ter sido algumas dessas influências? Seus pais, certamente, foram influências exteriores primárias. Assim como seus irmãos, se você tem algum. Sua família, em geral, namorados ou namoradas, e seus pais, seus professores e suas circunstâncias gerais foram parte de suas influências exteriores.

Em algum lugar do caminho, no entanto, nem todas as mensagens que lhe foram bombardeadas por essas influências se assentavam sobre a mesma base. O filtro da sua personalidade genética deixou que algumas mensagens fossem além, para um nível mais profundo, enquanto outras permaneciam, ainda ali, mas a um passo de seu ser. Esse foi o começo da diferenciação entre seu eu e sua pessoa.

Conforme esse processo se desenvolveu, portanto, algumas noções, conceitos, gostos e desgostos ficaram mais incrustados. Você descobriu que, embora goste de sorvete, como a maioria das pessoas, prefere sorvete de creme ao sorvete de chocolate. Percebeu que embora possa ouvir rock com seus amigos, você gostava mais de música country ou popular. Descobriu que tinha preferências distintas quanto a comida, maquiagem e entretenimento.

Mas, ao mesmo tempo, estava ansioso para se tornar popular, para se encaixar, para ter um romance notório ou dois. Você começou a ver o mundo além do seu ambiente da infância. Você começa a ver as possibilidades que estão lá fora.

Conforme isso acontecia, você, de alguma forma, conseguia sobreviver à adolescência e aos primeiros anos da vida adulta. Comumente ouvimos falar de jovens precisando se encontrar. O que eles estão enfrentando, e eu e você já enfrentamos por graus variados de sucesso e fracasso, é a separação inicial e a síntese posterior da auto-imagem gerada interiormente e a auto-imagem gerada pelo ambiente.

A auto-imagem gerada interiormente vem daquelas influências que atravessaram o filtro da personalidade genética e se enraizaram no ser. A auto-imagem gerada pelo ambiente forma o resto do que entendemos ser **as regras do jogo** para ter sucesso na sociedade em que nascemos. Agora, isso é importante, porque, como dissemos antes, a cultura e a sociedade ditam as regras e o nosso entendimento dela. Os americanos, por exemplo, são criados para estimar a individualidade. Os japoneses, em contraste, pregam muito mais a obediência. Assim, a criança americana que não sente vontade de se destacar pode pensar que é um fracasso, enquanto a garotinha japonesa que gosta de fazer as coisas do seu jeito pode crescer pensando que é uma vergonha para sua família.

As crianças, como já dissemos, nascem como um bloco de papel em branco sobre o qual é gravada o que popularmente chamamos de personalidade. Inicialmente, crianças não têm nenhum conceito de eu. Isso muda com os anos ao longo dos quais a criança é bombardeada por influências ambientais exteriores, filtra algumas e toma outras como dela. E ainda a criança deve aprender como se encaixar na sociedade. Ela deve aprender o que é esperado dela e como atuar. Para essa informação, ela se apóia naquelas influências de ambiente que estiveram com ela o tempo todo. Mesmo assim, há ainda, com muita freqüência, um conflito entre as influências que ela tomou como suas e as outras.

Assim, conforme a auto-imagem é formada, ela é, desde o começo, moldada por duas fontes distintas: os valores e mensagens que passaram pelo filtro de personalidade genética e aqueles valores e mensagens que ainda são bombardeados pelo seu ambiente.

A criança em fase de crescimento as separa, mede e pesa umas contra as outras. Isso é auto-avaliação, a análise básica de "Quem sou eu?". Mas também dá margem ao "Quem eu devo ser?".

A resposta é medida mais uma vez. O resultado é a auto-imagem, uma síntese... e freqüentemente um conflito interno.

Como estabelecemos anteriormente, definir resultados planejados é quase impossível a menos que o eu planejado seja a base da decisão. Por quê? Porque o perigo iminente está confundindo aquelas influências geradas pelo ambiente com as geradas no centro de nosso ser. A inabilidade em diferenciar entre essas duas fontes de atração muito reais e impulsos pode levar a resultados mal planejados, que buscamos como se fossem realmente resultados planejados. Os resultados podem ser desastrosos.

No próximo capítulo vamos discutir alguns conceitos finais para juntar os fios da discussão. São eles: *o padrão de configuração, individuação, cédulas de aprovação* e *rituais de passagem definitivos*. Daí vamos nos voltar aos conceitos do Líder em Você, e se esses conceitos o levarão aonde quer chegar.

De volta ao básico

CAPÍTULO 15
Eu já lhe disse...

Existem vários conceitos adicionais que precisamos discutir. Cada um desses conceitos representa um passo diferente na formação de sua pessoa e seu eu. Por que alguns de nós vão atrás de resultados mal planejados, usam a lerdeza, combinam figuras autoritárias, e ficam presos ao "Eu tenho de/mas não posso" que só leva à frustração? Vamos examinar algumas das escolhas que fizemos, conscientemente ou não, que levaram a padrões de condescendência ou rejeição a normas, metas e regras que encontramos na vida. E vamos chamar isso de *padrão de configuração*.

As partes ou facetas desse padrão são a *individuação*, a *aprovação* e os *rituais de passagem definitivos* que estamos prestes a discutir.

Começaremos com o padrão de configuração. Lembre-se do exemplo do oleiro que molda algo lindo a partir de um pedaço de argila. Imagine, mais uma vez, que começamos como um pedaço de argila. Existem diferentes tipos de argila e cada tipo possui propriedades específicas. Oleiros experientes sabem a diferença, mesmo que você e eu só vejamos um monte de lama.

Da mesma maneira, numa sala cheia de bebês, provavelmente todos parecem iguais para um observador. Alguns bebês podem ser mais bonitinhos que outros, mas se não temos chance de interagir com eles e os observamos através de um vidro, como em uma maternidade, não podemos diferenciar uns dos outros.

Não sabemos, por exemplo, qual deles herdou os genes para talento em música ou qual vai querer desenhar assim que puder segurar um lápis. Não sabemos qual será um atleta ou qual se inclinará para política, matemática, negócios ou psicoterapia. Não sabemos qual deles herdou uma natureza independente e qual é naturalmente passivo. Não sabemos qual criança tem os genes que proporcionam o câncer, a obesidade ou outra herança genética. Cada uma dessas crianças, assim como a argila do oleiro, tem características distintas, quer as enxerguemos ou não.

Alguns anos depois, notamos que uns estão mais bem vestidos que outros. Alguns estão dando sinais alarmantes de futura obesidade. Outros parecem desnutridos. Observamos que uma menina é gaga. Três das crianças parecem ter um vocabulário impressionante para suas idades, enquanto várias já estão usando a linguagem das ruas, cheia de gírias.

Ainda não conhecemos essas crianças, porém a partir dessas observações somos capazes de fazer algumas suposições sobre os caminhos pelos quais essas crianças estão indo. Podemos supor que algumas nasceram de pais que estavam dispostos a fornecer lares afetivos e bons e que tinham condições disso. Outras não. Podemos ver que essa ou aquela vem de um lar mais abastado. Em outras palavras, já estamos vendo, mesmo tão cedo, os padrões de configuração, o moldar dessas crianças refletido nos adultos que serão um dia.

Assim aconteceu com cada um de nós. As casas, famílias, comunidades e situações sociais nas quais nascemos começaram a nos moldar quase imediatamente. E desde o começo de nossas vidas, uma diferenciação imposta entre os aspectos gerais desse padrão de configuração irá finalmente moldar a base de nosso eu e de nossa pessoa.

Para a criança, muito disso é um processo inconsciente. A garotinha sabe que gosta mais de determinado alimento do que de outro, talvez goste mais de uma cor que de outra ou de calças em vez de saias, ou prefira os chamados brinquedos de menino. Mas até aproximadamente os oito anos, essas preferências não são particularmente interpretadas por ela como sendo o começo de uma personalidade distinta. Por quê? Porque nos primeiros anos da vida temos pouco uso para fazer de uma personalidade distinta.

Isso não quer dizer que crianças crescendo com irmãos, especialmente gêmeos, não precisem se diferenciar deles. Mas para uma criança pequena, essa diferença se expressa em termos de quem ela não é, em oposição a quem ela é.

Em outras palavras, uma criança, especialmente a caçula da família, pode não querer seguir os passos de seu irmão ou irmã mais velhos. Essa criança pode brigar para ter as coisas do jeito dela em qualquer situação. Isso é diferente de verdadeiramente ter uma noção de eu.

– Vamos ter macarrão para o jantar – você pode dizer a uma criança.

– Mas eu não quero macarrão – ela pode responder.

– Muito bem – você diz –, então, o que você quer?

Aqui a lógica da criança muitas vezes acaba. Ela pode dizer o nome de um doce ou sobremesa ou algo que é impossível de se fazer. Ou ela pode simplesmente dizer que quer qualquer coisa, menos macarrão.

A questão é que a declaração de individualidade da criança é meramente uma pretensão de não ser a mãe, não ser o pai, não ser o irmão ou a irmã, todos que não têm problema algum com o macarrão para o jantar. Talvez devêssemos chamar isso de proto-individuação, uma prévia do que vai vir mais tarde. Entretanto, quando uma criança chega à sexta série, a individuação já começou. O que é **individuação?** Há uma quebra dos padrões e vínculos que amplamente definiam a vida, em seu começo. Como todo pai de uma criança no ginásio sabe, essa é a fase em que a criança começa a defender o fato de que gosta de certo estilo de roupas, de música e de diversão. É o momento em que ela começa a ver que seus amigos são importantes, em que começa a desenvolver interesses por esportes ou outros hobbies.

Para entender esse processo, precisamos voltar para a massa disforme de argila. Já dissemos que uma criança recém-nascida não só não tem noção do eu como também não tem noção de desejo. Ela tem uma noção de querer, em termos de comida, conforto e amor. Ela não entende o querer em nenhum nível intelectual, mas sabe quando está molhada, com fome, com frio, desconfortável ou com dor. Ela sabe que quer estar perto da mamãe, ou brincar com o papai. Ela sabe que quer ser amada.

Mas esse querer, esse impulso instintivo com que todos nascemos, não é o mesmo que desejo, que é um processo mais cognitivo.

Desejo é mais complicado de entender. A coisa desejada freqüentemente não preenche uma necessidade imediata nem está fisicamente presente no momento, e o prazer que representa pode ser antecipado. Em outras palavras, a habilidade de desejar é formada conforme o indivíduo cresce, aprende e vivencia. O impulso de querer, por outro lado, é inato e tem vários focos específicos. Como já mencionamos, um deles é o amor de seus pais.

Mas como a criança mede o amor? Claramente, é medido pelo menos parcialmente pela afeição física que os pais demonstram para a criança. Esta quer colo, abraço, beijos e quer sentir-se segura. Além disso, a criança quer ouvir que é amada.

Conforme a criança chega à idade de 3, 4 e 5 anos, ela começa a procurar algo mais. Ela quer ouvir que é um bom garoto; ela quer ouvir que fez algo muito bem. Essas crianças estão procurando amor? Sim e não.

De maneira inconsciente, a criança foi além de perguntar simplesmente "Você me ama?" e está agora perguntando "Você gosta de mim?". A criança já aprendeu que o amor de seus pais vai continuar ali. De fato, a crença da criança é que o amor de seus pais vai existir sempre. Então, enquanto a criança ainda quer ouvir que ela é amada de vez em quando, outra necessidade entra na história, o desejo de aprovação.

A necessidade inata de amor da criança não se dissipou. Mesmo nesse estágio da vida, o amor se tornou uma das crenças da criança. Em outras palavras, não é algo que ela sente que precisa confirmar todos os dias. Mas a aprovação de um pai é uma história completamente diferente.

Considere a freqüência com que uma criança de 2 anos, ao ser disciplinada, chora. Por que ela chora? Claramente, a criança está experimentando algum nível de frustração por não conseguir as coisas do seu jeito. Mas, além disso, a criança provavelmente teme que a bronca, o falar em voz alta, o castigo ou as palmadas dos pais signifiquem que ela perdeu o amor deles. O que os pais fazem?

Voltemos à questão de se é a pessoa ou o eu quem com mais freqüência procura aprovação dos outros. Acho que um forte argumento pode ser feito sobre o fato de que é a pessoa, em vez do eu, que se gratifica mais ou procura aprovação dos outros. Por contraste – e para ilustrar essa questão – vamos dar uma olhada na faceta de nosso ser que se beneficia de manter os pais como fonte de aprovação ou de se auto-afirmar.

Já tomamos por fato que, situações disfuncionais à parte, seus pais sempre irão amá-lo. Mais ainda, os pais têm a habilidade furtiva, equiparada apenas pela habilidade de esposas e bons amigos, de conseguir ver além da sua pessoa, o seu eu. Na verdade, essa habilidade pode ser a única razão pela qual os pais (junto com esposas e bons amigos) o amam em primeiro lugar. Então, uma vez que você passou da fase dos 3 e 4 anos, em que precisa da aprovação dos seus pais para se afirmar, o que essa aprovação lhe proporciona que você já não tem?

Quando criança, é importante perceber que a mamãe e o papai não só amam como também gostam de você. Mas quando adulto, sendo inseguro em seu amor, o gostar dos pais é simplesmente como a cobertura de um bolo. É uma conexão extra que na verdade é ofuscada em comparação com o amor que você já recebe deles. E já que é com o seu eu que os seus pais geralmente interagem ("Você pode ser uma fria presidenta de empresa para todo mundo, mas para mim você sempre será minha garotinha"), a aprovação por parte deles não pareceria dar muita importância para a pessoa que você é exteriormente.

Se a aprovação dos pais fala primariamente ao eu e a auto-afirmação também, e quanto à aprovação dos outros? Por que adotamos outros – colegas, chefes ou sociedade em geral – como fonte de aprovação? Porque a aprovação dos outros refere-se em grande parte (senão exclusivamente) à nossa pessoa.

A pessoa é a casca dentro da qual vive o eu. Ela interage com a maioria das pessoas com quem mantemos contato. Estranhos dão sua aprovação para a pessoa, não para o eu.

Eu já lhe disse...

EI, MAMÃE E PAPAI, OLHEM PARA MIM!

Quando o sr. Stuffenbottom fica bravo com você, que é assistente gerencial dele, não é com o seu eu que ele está bravo; ele não está dizendo que você é uma pessoa horrível e que não tem valor nenhum como ser humano. Ele está dizendo que (no momento) ele pensa que você não tem valor como assistente gerencial. Do mesmo modo, quando o velho Stuffenbottom aplaude sua performance, elogia-o no jornal da empresa e o recompensa com uma nova caixa de clipes de papel, ele não está aplaudindo o seu eu. Você poderia ser a Madre Teresa ou Lucrécia Bórgia que Stuffenbottom não saberia nem se importaria. Tudo o que ele sabe é que você é um ótimo assistente e que fez um belo trabalho no último projeto. Então, que parte do seu ser, o eu ou a pessoa, está se deleitando com a aprovação ou, contrariamente, desejando tê-la?

As garotas do ginásio se importavam mais se você lia para a sua avó que tinha problemas visuais ou se você compartilhava do mesmo gosto musical que elas? Os garotos com quem você saía se importavam mais se você ajudava seu pai a pintar a sala ou se você conseguia o carro para sexta-feira à noite? Seus colegas de trabalho se importam mais se você terminou a sua parte do projeto ou se você se voluntariou para levar sopa aos pobres? Os caras da escola de minigolfe se importam mais com a conta em que você investia ou com o fato de você ter ensinado aos escoteiros um novo nó?

Cada um desses exemplos aponta para o desejo de encontrar aprovação dos outros e enfatiza uma observação importante. Conforme entramos em um estágio de individuação, parecemos precisar de novas fontes de aprovação.

Idealmente, deveríamos nos apoiar em uma mistura de fontes de aprovação que precisamos e desejamos. Sim, a aprovação de outros é importante. É certamente importante em nossa vida profissional e pode ser importante na vida pessoal do mesmo modo. Mas também devemos perceber que, já que a aprovação dos outros é direcionada à pessoa, nosso eu pode e vai sofrer se os outros se tornarem a fonte primária de aprovação e afirmação.

Existe uma diferença entre um resultado planejado e seu primo mutante: o resultado mal planejado. Lembre-se de que diferenciamos os dois com base nos benefícios do resultado – o resultado foi bom para nós, ou só parecia ser bom no início? Pense um pouco no exemplo do meu amigo e sua amante ruiva. Ela foi um resultado planejado? O divórcio complicado, doloroso e humilhante que se seguiu também foi um resultado bem planejado? O eu do meu amigo foi **elevado** com tudo isso? Ou **sua pessoa** foi meramente gratificada com os olhares invejosos de seus amigos no bar quando ele desfilou com a ruiva nos braços?

Não teria ele sido mais feliz se tivesse sido capaz de se apoiar em aprovação de si mesmo, uma noção que poderia ter avaliado melhor o que ele tinha, o que ele poderia perder ou como ele poderia contar à sua esposa que ele estava infeliz? Em vez disso, ele escolheu atender a uma necessidade de seu eu, por meio de sua pessoa.

Então, vemos que mesmo nos estágios inicias da individuação, plantamos as sementes do conflito e da frustração futuros. Sim, a individuação nos afasta física e emocionalmente da fonte primária de aprovação na qual confiamos quando crianças. E isso é como tem de ser. Atravessar a vida ainda preso ao cordão umbilical não leva à realização nenhuma nem ao uso completo de seu potencial. Mas permitir que você se torne completamente dirigido por outros, medir seu valor pela aprovação dos outros, é permitir o processo essencial de formação de uma virada drástica errada. Não somente arriscamos perder a afeição daqueles

Meu terapeuta está me deixando maluco!

que nos são importantes, mas também arriscamos nos direcionar de tal forma para a gratificação da pessoa que o eu sofre no longo prazo.

Eu já lhe disse...

Exercício

(CRIANÇA) EU
TIPOS DE APROVAÇÃO

_____
_____
_____

(CRIANÇA) PESSOA
TIPOS DE APROVAÇÃO

_____
_____
_____

(ADULTO) EU
TIPOS DE APROVAÇÃO

_____
_____
_____

(ADULTO) PESSOA
TIPOS DE APROVAÇÃO

_____
_____
_____

CAPÍTULO 16
Dias de glória

Já discutimos o fato de que, conforme passamos de crianças a adultos, trocamos nossas fontes de aprovação. Em outras palavras, deixamos de ser crianças que se apóiam na aprovação dos pais para ter um senso de afirmação, para pré-adolescentes, adolescentes e, finalmente, adultos que têm a capacidade de substituir de forma consciente a aprovação que procuravam nos pais pela aprovação de outros, cuja opinião sabemos ser importante. Mas essa aprovação é sinalizada da mesma maneira através dos tempos? Existe, ou deveria existir, uma diferenciação na forma que a aprovação é feita?

Existe uma diferença entre a maneira que a aprovação é dada e a maneira que a procuramos. Chamo isso de *cédula de aprovação*.

Todos estamos familiarizados com as principais moedas do mundo: o dólar, a libra, o euro e assim por diante. Cada uma tem um valor intrínseco em sua localização específica. Tirando os mercados negros russos, você precisa das libras para comprar alguma coisa na Inglaterra, ienes para comprar no Japão, e dólares para comprar nos Estados Unidos.

Então, também no mercado de aprovação, existem moedas específicas para o estágio na vida. Os níveis de maturidade e a idade cronológica ditam essas moedas. Isso é importante porque precisamos reconhecer que existem maneiras diferentes pelas quais descobrimos se temos a aprovação que buscamos, as diferenças determinadas por relacionamentos ou pelos cenários em que estamos procurando essa aprovação.

O pai que quer demonstrar sua aprovação por algo que seu filho de 5 anos fez vai provavelmente abraçá-lo e dizer "Bom menino", e talvez elogiá-lo por seu amadurecimento. Isso é o bastante para a criança, que sai sorrindo, satisfeita, sabendo que tem a aprovação de seus pais, e com uma sensação de afirmação fortalecida.

Mas, conforme envelhecemos, esses sinais de aprovação não são mais suficientes para as necessidades interiores. Na verdade, se esses tipos de aprovação são tudo o que recebemos, sentimo-nos usados em muitas situações. Quando você finalmente conquista aquele cliente difícil, em negociações complicadas, e consegue fazer a disputada venda, como espera que o velho Stuffenbottom reaja? Você quer que ele passe a mão na sua cabeça e diga "Bom menino"? Você quer um abraço? Não! Você quer algo mais tangível: um aumento, uma promoção e uma sala maior. Mais importante, se não receber nenhuma dessas coisas, se sentirá usado, não importando o quão efusivo Stuffenbottom foi em sua aprovação.

Discutimos uma situação semelhante a essa em uma seção anterior. Notamos, então, que sua antecipação poderia ter sido uma hipótese falha. Mas imaginemos que Stuffenbottom anunciou que o executivo que efetuasse a venda teria boas notícias quanto ao futuro profissional. Então, dessa vez, a antecipação da recompensa não está sendo alimentada meramente por uma crença. Está sendo alimentada pelo que todo mundo interpreta como uma promessa.

Assim, como você define o bom futuro profissional que Stuffenbottom mencionou? Dada a aprovação no mundo moderno de negócios, você iria naturalmente presumir que um aumento, uma promoção, uma vaga de estacionamento executiva ou uma nova sala poderiam ser representações apropriadas da satisfação de Stuffenbottom. A meia hora extra de televisão com a qual seu pai o premiou quando você tinha 7 anos não vai ser suficiente nessa situação. Então, se Stuffenbottom simplesmente o recompensa com um "Bom menino!", você se sente traído.

Vamos tomar um exemplo real. Eu conheci uma mulher que era filha única e foco único dos elogios apaixonados e efusivos dos pais. Ela era a favorita dos professores, era uma aluna excepcional. Na faculdade, ela não só estava sempre na lista dos preferidos pelo reitor, como também se formou com vários méritos, com muita pompa e particularidades como a primeira da sala.

Por causa de suas notas excelentes e de alguns contatos de sorte, ela foi uma das primeiras da classe a conseguir um emprego depois da formatura. Enquanto seus colegas ainda estavam ocupados mandando currículos, ela já havia começado a trabalhar no laboratório de bioquímica de um renomado hospital em Nova York.

Em pouco tempo, no entanto, ela estava infeliz. Em menos de um ano, desistiu do emprego e voltou para a universidade. Em dois anos, ela estava com o mestrado pronto e estava novamente trabalhando em um laboratório, em algum lugar de Boston. Quatro meses depois, ela saiu do emprego e foi para Yale fazer um doutorado.

Bem, você pode dizer, não há nada de errado em querer uma carreira mais completa. Talvez ela estivesse se preparando para cargos melhores do que os que ela teve anteriormente. Contudo o estranho é que ela não estava feliz em Yale também. Parte do problema era devida ao fato de que, enquanto ela ainda morava em repúblicas, seus ex-colegas construíam ótimas carreiras, que lhes proporcionavam comprar de BMW a viagens caras. Mas havia mais em jogo. Pelo menos parte do problema era que essa jovem, apesar de toda sua inteligência, não havia de nenhuma forma percebido que, conforme ela crescia, suas cédulas de aprovação mudavam.

Pense nisso. Ao longo de seus anos de formação, essa jovem foi o objeto único de aprovação de seus velhos pais e de seus igualmente velhos amigos. Durante o ginásio, o colegial, e até durante a faculdade, ela recebeu constante reforço do seu senso de valor, tanto pela paparicação dos pais como pelos "Ohs" e "Ahs" dos amigos deles, em razão do reconhecimento que recebia dos professores e dos vários certificados que ganhou na escola ou faculdade. Então, de repente, ela se viu no mundo real do trabalho. De repente, não havia mais "Ohs" nem "Ahs". Seus trabalhos não recebiam mais estrelas douradas como premiação, nem mesmo existiam mais reuniões em que ela recebia certificados por ter as melhores notas da sala. Nada mais de lista do reitor.

Para seus supervisores, ela era mais uma brilhante e jovem formada que tinha de começar de baixo para chegar ao topo. Ninguém mais lhe passava a mão na cabeça ou lhe dizia como ela era brilhante. E ninguém mais a paparicava e a gabava para os outros.

Infeliz, ela voltou para a faculdade em que a interação com os professores lhe garantia uma medida de gratificação. Mas ao voltar para o mundo do trabalho, ela sentia-se infeliz de novo. Em Yale ela não era a mais inteligente ou brilhante. Novamente ninguém a paparicava. E, novamente, ela estava infeliz.

Parte de seu problema é que ela ainda não havia se desligado da cédula de aprovação com a qual se acostumou desde pequena. Ela não percebeu que, conforme crescia, **as cédulas de aprovação mudavam.** Então, esperar dos seus supervisores o mesmo tipo de reconhecimento que tinha dos pais criou uma jovem frustrada e em conflito.

Você se lembra daquele filme do Tom Hanks, *Quero Ser Grande?* Nesse filme, Hanks fazia o papel de um garoto que de repente acorda adulto. Ele entra no escritório de uma fábrica de brinquedos e impressiona todos com seu conhecimento a respeito dos tipos de brinquedos dos quais as crianças realmente gostam. Os chefes o recompensam com um emprego e uma sala bem grande. Mas ele não está interessado na sala grande; ele só quer brincar.

Para mim, essa sempre foi a ilustração básica das diferentes cédulas de aprovação que temos nos vários estágios e situações de nossas vidas. O personagem de Hanks não vê valor nas recompensas que seus chefes na companhia de brinquedos lhe propiciaram; ele ainda estava procurando o tipo de recompensa que ele valorizava como criança.

Conforme crescemos e nos desenvolvemos, conforme os relacionamentos em que nos encontramos crescem e se desenvolvem, as cédulas de aprovação mudam. Para muitos de nós, essa não é uma transição fácil, mental ou emocionalmente. Embora concordemos que, superficialmente, o conceito é evidente, nos encontramos presos entre desenvolver relacionamentos pessoais e profissionais e o desejo não concretizado das cédulas de aprovação que não são mais completamente apropriadas ao momento.

Vamos recapitular para entender melhor por que isso é importante. Estabelecemos que "quem você é" é grandemente um produto dos padrões de configuração que experimentou enquanto crescia. O padrão-chefe, entre todos esses padrões, é o processo da individuação. Você começou a definir a sua personalidade distinta. Escolheu novas fon-

Meu terapeuta está me deixando maluco!

tes de aprovação. E é recompensado com uma mudança de cédulas de aprovação. Embora seus pais, muito provavelmente, jamais disseram que você era "o máximo", essa declaração, em contrapartida, era o tipo de comentário – uma cédula de aprovação – que você procurava em seus amigos no colégio. Da mesma forma, embora seu treinador de futebol do colegial possa ter dado um tapinha no seu traseiro como maneira de parabenizá-lo por um gol fantástico, você provavelmente não iria gostar muito se Stuffenbottom fizesse o mesmo.

Apesar de uma amiga no colegial ou faculdade ter comentado sobre a inveja que sentia em relação ao seu sucesso com os garotos, não seria apropriado para seu supervisor fazer um comentário semelhante sobre sua sorte com os homens.

– Tudo bem, Mark – você pode estar dizendo –, eu entendo que não seria apropriado se Stuffenbottom me desse um tapa no traseiro como meio de aprovação. Mas, por outro lado, eu não quero que ele faça isso. **Aonde você quer chegar?**

Aqui: apesar de todos nós reconhecermos que Stuffenbottom deveria manter as mãos paradas – e que esse exemplo é meio bobo –, existem muitas situações na vida nas quais a insatisfação vem do fato de procurarmos uma aprovação que não é apropriada para o estágio em que estamos, ou uma aprovação que não mais se aplica à situação.

O chefe, por exemplo, provavelmente não vai comemorar toda vez que você fizer alguma coisa certa. Sua mãe, seus professores, seu treinador podem ter tido essa atitude – mas é meio improvável que um chefe o faça.

Na música *Glory Days*, de Bruce Springsteen, o assunto é um grupo de pessoas que anseia pelos dias de glória do colegial, pelos heroísmos no futebol e por ser a

Meu terapeuta está me deixando maluco!

garota mais bonita da sala. Acho que todos nós conhecemos uma ou duas pessoas que poderiam ser personagens daquela música. Se essas pessoas estão presas ao colegial, à faculdade, à década de 1960, aos seus 20 e poucos anos ou a qualquer outra época de suas vidas, elas realmente parecem sentir falta da glória daquele período – e das cédulas de aprovação de então.

A mulher que sente falta dos seus dias de rainha da formatura e de suas recompensas, mas que de alguma forma ignora o amor que seus filhos lhe demonstram, e o homem que continuamente revive os dias de glória do futebol da escola, mas que ignora a confiança que o chefe lhe deposita, designando-o para tarefas cada vez mais importantes, são dois exemplos de pessoas ansiando pela cédula de aprovação errada.

Pense em quantas vezes ouvimos pessoas que conhecemos reclamando que a química de seus casamentos acabou? Quantas vezes ouvimos um homem reclamar que antes do casamento, sua vida sexual era fantástica, mas que depois do casamento, parece que sua esposa perdeu o interesse? Quantas vezes ouvimos mulheres reclamando de como seus maridos costumavam ser atenciosos, mas agora nem lembram a data do aniversário de casamento? A química realmente acabou? Ou é a afeição sendo demonstrada de maneiras diferentes? A aprovação do esposo ou da esposa realmente se foi, ou a cédula de aprovação mudou?

A mulher de um marido reclamão pode dizer que é verdade que ela não mais o espera na porta de casa com uma taça de champanhe, com uma música ambiente, velas aromáticas acesas no quarto e vestida com poucas roupas, mas também é verdade que ela é mãe de três crianças em tempo integral, que tem um emprego, que esteve ao lado dele durante as fases boas e ruins (incluindo os quinze meses em que ele ficou desempregado) e que faz o melhor que pode para ter certeza de que sua casa é a mais confortável de todas.

E, de maneira similar, o marido que não se lembra dos aniversários pode alegar que ele tenta ajudar a esposa na cozinha com pelo menos três refeições por semana, que ele não somente coloca as cuecas no balde, como também lava a roupa nos fins de semana, que se voluntariou como líder das Bandeirantes, que nunca a traiu em vinte anos de casamento e que nunca se esquece de abaixar o assento da privada. Essas ações são necessidades de aprovação válidas. Elas podem não ser as flores mandadas sem motivo especial nem as deliciosas tardes que os dois passavam juntos no quarto. Mas são válidas e deveriam ser apreciadas.

Finalmente, deveríamos notar que, ao ansiar por tempos passados, colocamos nele um brilho que na verdade não existia. Vamos pensar na jovem em Yale, por exemplo. Ela pode realmente sentir falta da paparicação dos pais, mas se esquece do quanto eram superprotetores – tanto que ela quase saiu de casa. A mulher que reclama que o marido não manda mais flores pode estar esquecendo o fato de que muitos daqueles buquês eram, na verdade, pedidos de desculpas por alguma besteira que ele havia feito. E o homem que reclama da falta de química de sua esposa pode, da mesma forma, estar esquecendo da garota frustrante que ela era antes de amadurecer, transformando-se na companheira inabalável que é hoje.

Eu me lembro de um episódio de *A zona além da imaginação* em que um homem, sufocado pelas pressões da vida, tornou-se obcecado pela vizinhança e jogos e namoradas que tinha em sua juventude. Infinitamente recontando partidas de futebol e coisas do tipo, ele ficou cada vez mais longe da realidade. Ele ficava perguntando, "**Por que as coisas não podem voltar a ser como eram?**".

Finalmente, na verdadeira "Zona além da imaginação", ele se tornou um menino de novo, brincando nas ruas. E o que ele descobriu foi que a vizinhança não era tão boa como ele lembrava; era suja e perigosa. Ele descobriu que os jogos de que se lembrava nunca foram divertidos porque ele era sempre excluído. E aprendeu que aqueles que ele recordava serem seus amigos eram na verdade valentões que só o deixavam se aproximar quando ele tinha dinheiro.

Em poucas palavras, ele aprendeu que o passado nem sempre é tão cor-de-rosa e que as cédulas de aprovação de que ele pensava sentir falta não mais podiam fazê-lo feliz. Na verdade, elas podem nunca tê-lo feito feliz.

É claro que, quando você apareceu no jornal local aos 10 anos, foi divertido. Todos, desde o leiteiro até o barbeiro, comentaram. A cédula de aprovação era apropriada para aquela época, para o cenário e para sua idade; você ficou todo orgulhoso porque toda a vizinhança o viu. Entretanto, isso não necessariamente quer dizer que você tem um artigo no jornal nos dias de hoje, que todo mundo vai ler, lembrar de mencionar, ou ligar para você para parabenizá-lo.

Isso significa que ninguém se importa? Provavelmente não. Significa que, para as cédulas de aprovação apropriadas hoje, o artigo em si seria suficiente; entretanto, muitas vezes saímos procurando por outros que nos dêem aprovação.

Seu chefe não é a sua mãe. Seus colegas de trabalho não são os amigos com quem você passava cada momento da infância; a vida deles apenas tangencia a sua no trabalho. Seus colegas, portanto, provavelmente não vão fazer festa porque você saiu em um pedaço de papel.

Isso é ruim? Não. **É mudança.**

Veja dessa forma. Assim como a individuação nos ajudou a nos desprender dos nossos pais e a nos estabelecer como pessoas, assim como as novas fontes de aprovação e as cédulas de aprovação evoluindo nos levaram dos nossos pais aos nossos amigos, dos amigos para o amor e, finalmente, para carreiras, famílias e responsabilidades, também esse processo tirou alguma coisa do outro lado. Tirou as crianças de nossos pais. Eles piscaram e de repente já éramos adultos.

Não podemos fazer as coisas serem como eram antes mais do que nossos pais podem fazer para ter sua filhinha ou seu filhinho de volta. Não podemos esperar que as afirmações do passado, que as cédulas de aprovação em nossas vidas fiquem inalteradas pelo tempo.

Vivemos; evoluímos; mudamos. O que importa é como lidamos com as mudanças.

CAPÍTULO 17
Siga para o Oeste, jovem

Em vários capítulos anteriores, discutimos alguns dos processos, das forças – se você preferir – que ajudaram a moldá-lo. Discutimos individuação, fontes e cédulas de aprovação. Discutimos as influências que seu ambiente teve sobre você e a maneira como o filtro da sua personalidade programada o ajudou a diferenciar entre os conceitos que apelavam ao seu eu e aqueles que a sua pessoa precisava para ter sucesso na sociedade. Mas é a soma desses processos que fez de você a pessoa que é? Eles representam tudo o que você pode ser?

Eu acredito que a resposta seja: "**Não, provavelmente não**".

Em algum lugar do caminho, como tem sido através de toda história da cultura humana, existem certos **ritos de passagem, momentos definitivos** que separam quem você poderia ter sido antes da ocorrência de quem você pode ser depois dela. Para avaliar essas demarcações, é preciso entender primeiro que algumas são simbólicas, outras, físicas, e algumas são visíveis, outras, particulares. Alguns desses ritos de passagem causam impacto na vida pessoal e profissional. Mas cada um é um marco milionário; melhor ou pior, cada um pode, de seu próprio modo, ajudar a definir quem você é.

A maioria dessas linhas básicas de demarcação está entre a infância e a vida adulta. Essa delineação é básica para cada cultura humana e tem sido a cada era. Muitas tribos nativas americanas, por exemplo, exigiam provações pelas quais um jovem tinha de passar antes de ser aceito como adulto, caçar e lutar. Algumas dessas provações eram testes de força; outras, testes de coragem, resistência ou habilidade. Mas também havia testes de **caráter**. Em algumas tribos, adotar um novo nome simbolizava o novo adulto que o jovem se tornava depois de passar por esses testes.

Em outras culturas, apenas uma cerimônia simbólica marcava a passagem da infância para a vida adulta. Várias tribos africanas usavam circuncisão para marcar essa passagem. No judaísmo, o Bar Mitzvah e o Bat Mitzvah marcam essa passagem para o garoto ou a garota, respectivamente, do *status* de criança para o de alguém que atingiu a maturidade legal, tornado-se, portanto, obrigada a observar todos os mandamentos e a participar da vida religiosa da comunidade como um adulto. A Igreja Católica Romana marca esse passo com a Crisma, reconhecimento de que a criança atingiu a vida adulta e já entende os conceitos de pecado e livre-arbítrio.

Essas passagens simbólicas são importantes para todas as culturas porque denotam a aceitação dos deveres e dos privilégios. E se ficção científica servir de lição, até o sr. Spock teve de passar por um rito de passagem Vulcano.

Mas essas antigas formas de simbolismo têm suas contrapartes modernas. Algumas passagens estão envolvidas com a lei, como a exigência de que os jovens dos Estados Unidos alistem-se ao completar 18 anos. Entrar no colegial, particularmente na cultura americana, é um marco importante. Ter uma carteira de habilitação, ter idade o bastante para votar, entrar na faculdade ou para o exército (e talvez mudar-se de casa pela primeira vez) e atingir a idade para poder beber são todas manifestações de maturidade.

Um marco de natureza mais pessoal (e universal) é a puberdade, com as mudanças físicas e emocionais e as diferenças de perspectiva que ela traz. Mas não devemos acreditar que uma vez que uma pessoa atingiu esses marcos, cruzou essas pontes, seus ritos de passagem estão completos. Há muito mais ritos por vir, que são cada vez mais difíceis de ser reconhecidos como tais.

No primeiro capítulo deste livro falamos que assim como era meio bobo o Mágico de Oz dar uma medalha ao Leão Covarde e mandar que ele fosse corajoso, é também igualmente bobo que um padre, ministro ou rabino una um casal e ordene que eles comecem a agir como casados. Da mesma maneira, é também um tanto bobo para qualquer um (incluindo nós mesmos) esperar que de repente nos tornemos maduros, adultos, simplesmente porque passamos por um marco simbólico social ou legal da maioridade. Há mais na maturidade do que isso, especialmente porque tantos desses marcos são puramente simbólicos. Veja dessa forma: um bobo imaturo vai repentinamente se tornar maduro e responsável só porque já é velho o bastante para dirigir ou comprar cerveja? A jovem que se tornou sexualmente ativa e talvez até já tome anticoncepcional tem maturidade suficiente para reconhecer um aproveitador e se afastar dele? Infelizmente, para ambos os casos, a resposta é não.

Mesmo quando reconhecemos o fato de que uma carteira de motorista, um atestado de reservista ou uma receita para anticoncepcional não são garantias de maturidade, também devemos reconhecer que a nossa sociedade moderna tornou mais difícil atingir a real maturidade.

A Horace Greely é dado o crédito popularmente de ter dado o seguinte conselho "**Siga para o oeste, jovem**" (embora ele tenha pegado a frase emprestada de um editor de Indiana chamado John Soule). Mas sobre o que Greely estava falando e por que isso é importante para a nossa discussão? Greely não estava dando informações sobre onde ficava o Wal-Mart mais próximo, com certeza. Ele se referia ao conceito de que o Oeste americano de seu tempo oferecia oportunidades quase ilimitadas para um jovem se libertar de sua origem, sua linhagem e classe e fazer algo de si, provar a si mesmo. Era sobre um ritual de passagem que Greely estava falando; e não era só o Oeste que fazia isso possível. Era também a época.

Ninguém pediu para ver o diploma de engenharia de Thomas Edison antes de ele pensar em suas muitas invenções. Ninguém exigiu um certificado de Whitcomb Judson antes de ele inventar o zíper. Quando Cecil Booth inventou o aspirador de pó, ninguém pediu seu currículo antes de decidir usar sua invenção durante as preparações da cerimônia de coroação do rei da Inglaterra. Esses são apenas alguns exemplos de algo que era bem possível, mas hoje é cada vez mais difícil de acontecer. Hoje, você precisa de um diploma. Hoje, você precisa de um currículo. Hoje – parece –, se precisa de muito mais recursos do que George de Mestral precisou para inventar o velcro.

Hoje, não há mais dragões para matar e existem poucas fronteiras em que uma pessoa, homem ou mulher, possa simplesmente aparecer e, usando talento divino e trabalho duro, fazer o tipo de marco que uma vez foi possível de ser feito sozinho. Sim, para indivíduos extremamente talentosos e sortudos (como Bill Gates), a velha fórmula ainda pode funcionar. Mas a maioria de nós não é tão talentosa e sortuda assim. Então, como provamos a nós mesmos? Como atingimos a sensação de realização que uma vez veio ao completarmos uma tarefa, prova ou desafio? Como definimos e enfrentamos com sucesso os ritos de passagem em nossas vidas?

Para responder a essas perguntas, pode ser útil revisitar algo que mencionamos anteriormente. Em sociedades tradicionais, notamos que o rito de passagem pode ter sido simbolizado por um ato ou uma cerimônia, mas, além disso, freqüentemente se envolvia uma realização ou mudança concreta entre o antes e o depois. Talvez parte do problema que enfrentamos é que os ritos de passagem modernos que cumprimos ou identificamos não pedem quase nenhuma ação ou realização e, mais, não marcam muitas diferenças substanciais entre o antes e o depois. Por exemplo, notamos que, particularmente na cultura americana, o colegial é considerado um rito de passagem. Mas o que, além de sobreviver até a faculdade, o estudante realizou para completar essa passagem? De alguma forma, uma formatura não se compara à permissão para caçar. Mais ainda, além de ter aulas em um prédio novo, o que é realmente diferente na experiência do estudante antes do colegial? Ele ainda tem de assistir às aulas, fazer provas, lição de casa e cumprir regras.

No início de muitas sociedades, incluindo o passado rural americano, casar e ter filhos era tudo o que se fazia preciso para que uma pessoa se tornasse adulta. O mesmo pode ser dito hoje? Há apenas algumas gerações, muitos de nossos avós e bisavós se casavam e tinham seus primeiros filhos ainda na adolescência. Nós faríamos o mesmo ou iríamos querer que nossos filhos o fizessem hoje? Obviamente, não. Por quê? Bem, iniciar uma vida sexual, ter um bebê ou mesmo se casar não é mais tudo o que alguém precisa para ser verdadeiramente considerado adulto na sociedade. O mundo de hoje requer educação, treinamento, experiência e uma carreira. Conscientemente, marcamos passagens, sim, conseguindo carteiras de habilitação, comprando o primeiro carro, podendo beber legalmente, tirando um diploma, conseguindo o primeiro emprego de verdade (aqueles anos passados fritando hambúrgueres no McDonald's não contam como um emprego de verdade), alugando o primeiro apartamento e comprando um carro maior e o resto das coisas. Em algum lugar do caminho podemos até ter nos casado. Chegamos lá.

Então, por que ainda não nos sentimos realizados? Por que ainda não nos sentimos adultos? Como podemos passar por todos esses processos de individuação, por todas as mudanças de fonte de aprovação, padrões e cédulas de aprovação, pela diferenciação entre eu e pessoa e ainda não sermos – ou ao menos nos sentirmos – **completos**?

Acredito que existam duas respostas possíveis. A primeira é que como pessoas, adultos, temos uma necessidade inata de medir nosso progresso pela vida. Esse progresso pede algum critério, algum padrão de medida. Para crianças, aniversários cumprem esse propósito; a cada ano, com suas realizações, a criança sente seu progresso em direção à meta de crescer. Mas, quando adultos, com critérios e cédulas de aprovação diferentes, aniversários não mais indicam progresso rumo a um topo aonde esperamos chegar; no máximo, representam marcos a caminho de um vale de onde não podemos escapar. De qualquer forma, não são as medidas que procuramos. Como pré-adolescentes, podemos ver as mudanças da puberdade ou os novos privilégios como tais medidas. Como adolescentes e jovens temos medidas análogas nas quais confiamos. Porém quando a sociedade nos declara adultos, geralmente perto de acabar a faculdade, tais medidas não são mais suficientes. Então, procuramos outras.

Se somos como a maioria das pessoas na cultura de consumo americana, começamos a medir o progresso – e, por extensão, nosso mérito e valor como pessoa – pelo emprego que temos, pelo dinheiro que ganhamos e pelas coisas que compramos. Mas é aí que as coisas podem ficar confusas. Quem cresceu mais, progrediu mais: o pai e marido maravilhoso que está desempregado há cinco anos ou o sujeito com um portfólio de 1 milhão de dólares para acompanhar seus três divórcios e as crianças que raramente vê ou conhece? Quem tem sucesso: o médico com uma prática fantástica em cirurgia plástica e pacientes ricos ou o pediatra que mal vive de atender pessoas sem nenhuma fonte de serviço médico?

Talvez não exista exemplo mais completo de progresso mal julgado do que o de uma paciente que tive alguns anos atrás. Decidindo desistir de um casamento problemático, embora provavelmente pudesse ser salvo, ela embarcou em um caso desastroso e depois pediu o divórcio. Em aconselhamento, perguntei como ela via suas decisões. Sua resposta foi que ambas foram rito de passagem. Foi estranho, mas talvez significativo, que ela tenha respondido dessa maneira. Por um lado, pode-se perguntar o que foi essa passagem, ela marcou do que para o quê, o que mudou? Mas por outro lado, pode-se também discernir sem muita dificuldade a base cultural de sua resposta. Entre muitos americanos divorciados, tais eventos são considerados praticamente universais e quase uma norma; portanto, são praticamente esperados como ela os chamou: ritos de passagem. Na televisão, no cinema e na vida real, o divorciado é tão lugar-comum que deixa de ser notável. Ainda, apesar de tudo, estava claro que, embora essa mulher tenha vivido o que ela chamava de ritos de passagem que de certa forma a marcavam como uma mulher moderna, a experiência não a deixou feliz ou realizada de nenhuma forma. Ao contrário, ela estava infeliz.

Agora, não estou dizendo que todos os ritos de passagem são, devem ser ou deveriam ser experiências agradáveis. A morte de um pai ou um companheiro, por exemplo, não é agradável. Mas tais mortes também são parte natural da vida, uma condição de nossa existência. De maneira semelhante, outros ritos de passagem, como ser demitido de um emprego ou ter a empresa ou fábrica para a qual trabalhou por quinze anos fechada, não são experiências agradáveis. No entanto são experiências cada dia mais comuns. Infelizmente, quase pode-se dizer que perder um emprego é um rito de passagem americano. Mas, além disso, coisas boas podem vir de tais experiências, se soubermos lidar com elas e se elas abrirem nossos olhos para lições que teríamos perdido se a situação não houvesse mudado. Também deve ser acrescentado que uma morte na família ou a falência de local de trabalho são coisas que estão além de nosso controle.

No final das contas, digo que parte da razão pela qual não nos sentimos realizados na vida pessoal ou profissional é que já superamos os ritos de passagem que um dia foram suficientes para marcar nosso progresso pela vida, **mas não encontramos novos ritos para nos dar uma sensação de realização com sua passagem.** Além disso, existe o fato de que muitos, talvez a maioria, não reconhece o valor daquilo que têm, o mérito daquilo que conquista ou o quão longe chegaram como pessoas.

Já posso ouvi-lo dizer:
– Ah, não. Agora o Hillman vai chegar com algum papo zen, do tipo "Paz interior vale mais que ouro, meu filho". Bem, Hillman, paz interior não paga o aluguel.

Tudo bem, você está certo; paz interior não paga o aluguel. Mas, já que tem de pagar o aluguel de qualquer jeito, infeliz ou não, ter algum tipo de paz interior não lhe faria mal. Na verdade, pode até fazê-lo se sentir melhor com relação ao aluguel, para começar. Vamos olhar para isso de outra forma.

Você já percebeu como uma pessoa que não tem filhos reage ao barulho e confusão geral causada pelos filhos dos outros? Já percebeu como ela se encolhe ou estremece com cada batida, grito ou estampido causado pelas crianças dos outros, especialmente quando os pais das crianças parecem não notar? O que temos aqui são duas perspectivas muito diferentes sobre o barulho das crianças. Por um lado, a pessoa sem filhos provavelmente está acostumada a uma vida muito calma. Em casa, tudo é silencioso, especialmente se a pessoa for solteira. Ela pode ouvir a música que quiser sem interrupções, pode assistir aos programas de televisão que escolher da mesma maneira. Ela pode se sentar e ler um bom livro, preparar e comer o jantar, praticar ioga ou se aconchegar a alguém intimamente em frente à lareira, tudo na calma e serenidade de uma casa sem crianças. Qualquer coisa que perturbe essa atmosfera de tranqüilidade, mesmo que temporariamente, é notada e muitas vezes ressentida.

Quem tem filhos, por outro lado, não tem nenhuma atmosfera de tranqüilidade. Não existem refeições tranqüilas, leitura, música ou televisão ininterruptas. E quanto a uma noite aconchegante com alguém na frente da lareira...

Para quem tem filho, pandemônio é geralmente a regra, junto com a confusão, o estrondo, o tumulto e o caos. Então, como essa pessoa sobrevive?

Bem, em primeiro lugar, ela aprende a viver com o barulho. É como se abaixassem o volume. Enquanto a pessoa não acostumada à confusão vê isso como uma distração, quem tem filho se adapta, aprendendo a se concentrar apesar dela. Em outras palavras, a confusão, o estrondo, o tumulto e o caos simplesmente se tornam parte do pano de fundo e não têm nenhuma importância.

Mas isso quer dizer, necessariamente, que pais não têm tranqüilidade, não têm paz? E por conseqüência quer dizer que a pessoa sem filhos, com toda serenidade de seu lar perfeito e sem crianças, tem mais tranqüilidade ou paz? Obviamente, a resposta é **não**. Em vez disso, para o pai ocupado e cansado, a tranqüilidade ou paz vem de outras fontes. O magnata solteiro e o pai estão vendo e medindo sua paz seguindo critérios diferentes, utilizando *cédulas de gratificação* diferentes.

O que é uma cédula de gratificação? É, simplesmente, qualquer coisa que nos dê prazer.

Agora há pouco discutimos sobre cédulas de aprovação. Percebemos que conforme crescemos, as recompensas que buscamos na vida — e as coisas que nos dão a sensação de recompensa — mudam. Um aluno do primeiro ano, por exemplo, pode ficar realmente contente se a boa Irmã Asmática desenhar uma carinha feliz na prova, significando que ele fez um bom trabalho; mas um adulto ficaria mortificado, enraivecido, humilhado se o sr. Stuffenbottom fizesse não mais do que isso para recompensá-lo pelo seu ótimo trabalho na aquisição de um grande contrato. O adulto, em contraste com a criança, quer um aumento, uma promoção ou o direito de usar o banheiro executivo. Uma carinha feliz simplesmente não funciona.

Se entendemos que as cédulas de aprovação em nossa vida mudam, então também deveríamos reconhecer que as cédulas de gratificação mudam e devem mudar.

Voltemos ao contraste entre o magnata sem filho e o pai. O magnata provavelmente não veria nada além de desordem nos rabiscos coloridos do Johnny, pendurados na geladeira. O pai, no entanto, vê progresso, realização e certo orgulho nos mesmos rabiscos confusos; o pai os vê como uma fonte de gratificação.

Por que isso é importante? Para responder, vamos voltar às questões que fizemos agora há pouco. Por que – perguntamos – tantos adultos supostamente normais e racionais ainda não se sentem completos, ainda não se sentem realizados, como se de alguma forma ainda não tivessem crescido ou, pior, como se algo estivesse faltando? Como podemos passar pelos processos de individuação, pelas mudanças das fontes, padrões e cédulas de aprovação, pela diferenciação entre o eu e a pessoa e ainda não ser – ou pelo menos não se sentir – completo? Por que tantas pessoas ainda sentem que algo está faltando, mesmo que não possam definir precisamente o que é?

Eu disse que pelo menos uma parte da resposta é que vários de negligenciamos o processo pelo qual as cédulas de aprovação mudam – ou devem mudar – à medida que crescemos e amadurecemos. Citando a famosa música de Bruce Springsteen, notamos como tantas pessoas anseiam pelos "Dias de Glória" do passado que jamais podem voltar. Por que nos sentimos dessa forma? Em grande parte, eu disse que era porque essas pessoas não entendem que as cédulas de aprovação que acrescentavam a glória àqueles dias há muito passados não mais são apropriadas para suas vidas atuais. Por isso, sentindo a falta das cédulas de aprovação familiares, elas sentem que quase toda ou toda a validação que elas apreciavam se foi.

Da mesma maneira, aqueles que não superam as cédulas de gratificação de seus dias mais jovens e mais livres vão, sem dúvida, descobrir que, conforme as circunstâncias mudam, a gratificação que recebem diminui.

Vamos usar de exemplo a clássica cédula de gratificação de um homem chauvinista que é uma fila de conquistas amorosas. Agora, por mais ultrapassado que isso seja na cultura atual, o fato é que a grande maioria dos jovens vê tal fila de conquistas como cédulas de gratificação e cédulas de aprovação perante seus rivais. Em outras palavras, além da gratificação sexual que eles podem obter de seus vários envolvimentos, o próprio fato desses múltiplos envolvimentos é uma fonte de gratificação. Eles usam o fato de tirar proveito de um número de "troféus" que acumulavam como meio de obter a aprovação de seus rivais, exibindo ou se gabando de sua última conquista. Para eles não existe valor e estabilidade em um relacionamento longo e leal. Eles estão muito ocupados para isso.

Mas esse é o jogo de um jovem. Então, o que acontece quando Garanhão, tendo tido um bom número de conquistas para seu crédito duvidoso através dos anos, chega aos 40 e até pode estar casado? Ele encontra satisfação na vida que tem ou ele continua dando em cima de toda mulher que conhece? Ele reconhece suas responsabilidades ou ele flerta só para ver o que acontece, colocando sua casa, família, reputação, paz de espírito, e talvez até a sua carreira, em jogo? Ele envelhece graciosamente ou faz papel de tolo ao tentar atrair jovens com a metade de sua idade?

O termo "crise de meia-idade" lhe parece familiar?

Além desse exemplo, não precisamos procurar muito para encontrar situações menos óbvias em que essa dinâmica acontece.

E quanto à mulher que prontamente desiste de seu emprego para ter um bebê e então se encontra frustrada com a vida doméstica que tomou o lugar de seus almoços de negócio e da agenda cheia? E quanto ao casal que, decidindo construir uma família, acaba ressentindo o fato de que suas viagens de férias a sós foram substituídas por viagens para a Disney World com vários filhos dependurados? E quanto ao casal que acolhe um de seus pais, viúvo e muito velho, prejudicando a privacidade que tinham? E quanto à pessoa que se aposenta para descobrir que a vida sem um trabalho perdeu o significado?

Nem todo mundo vivencia problemas como esses. Existem várias pessoas que fazem essas transições com sucesso e encontram satisfação em tais circunstâncias. Em outras palavras, elas reconhecem e aceitam as novas cédulas de gratificação em suas vidas e não sofrem pelas outras que deixaram para trás.

Eu tenho um amigo que viveu uma vida solteira e de sucesso até os 37 anos. Sua casa era impecavelmente mobiliada; seu sofá custou $5.000. Seus livros, CDs e álbuns estavam todos em perfeita ordem nas estantes; ele tinha um armário para roupas casuais e outro armário para roupas de sair. Ele tinha uma gaveta para meias claras e outra para as escuras. Sua cozinha tinha um belo papel de parede, as cadeiras em volta da mesa de jantar eram incrivelmente brancas, sua geladeira era organizada e limpa, e cada prato parecia ser novo. Seu carro novíssimo era lavado a cada dois dias e por dentro era tão imaculado como no dia em que foi comprado.

Então, ele se casou.

Hoje, vários anos, três crianças, três gatos e um cachorro depois, seu sofá foi depredado pelos gatos e seus livros estão em um depósito desde que seu escritório transformou-se em um berçário. Suas roupas estão todas amarrotadas em um único armário; suas meias, socadas em uma gaveta amontoadas com suas cuecas. Seus CDs e álbuns estão fora de ordem. Há marcas de caneta no papel de parede, suas cadeiras na sala de jantar têm várias manchas de iogurte e molho de tomate, sua geladeira está coberta com bilhetes da escola e desenhos, metade dos pratos estão lascados e seu carro foi trocado por uma van.

Mas eu nunca o vi tão feliz antes.

Foi uma transição fácil? Não, não foi. Mas de certa maneira, em algum lugar no caminho, ele descobriu que papel de parede não era assim tão importante, que o prazer, a gratificação que ganhou ao ver sua filhinha usando um garfo e uma colher valiam algumas manchas nas cadeiras da sala de jantar. Ele descobriu que um longo fim de semana em um acampamento com seus filhos e os escoteiros valia a perda de um longo fim de semana em Montreal com sua esposa. Ele viu valor em ter o sofá, embora esfarrapado, com as suas crianças e talvez alguns de seus amiguinhos enquanto assistiam a um filme.

O meu amigo é um santo? Ele é um gênio? Não, ele não é nenhum dos dois (na verdade, às vezes ele pode ser um idiota). Entretanto, ele é um afortunado por ter feito a transição com sucesso em ambas as cédulas de aprovação e gratificação.

Agora, tendo dito, eu repito: **não é fácil.** Descobrir que você e sua esposa não podem mais escapar para um fim de semana na Flórida tão facilmente porque não tem ninguém para cuidar das crianças, descobrir que o dinheiro que você costumava gastar em roupas, jóias ou em um restaurante chique precisa ser usado de outra forma, descobrir que sua privacidade foi invadida, que sua vida social e sexual foram reduzidas ao acaso não é fácil.

Ajustar-se a uma aposentadoria não é fácil. Fazer a transição de um empregado corporativo com um escritório no

47º andar para um consultor de meio período com um escritório no porão não é fácil.

Envelhecer, cabelos brancos, pele caindo, olhar no espelho e achar-se parecido com seu pai ou sua mãe não é fácil. Nenhuma dessas situações, no entanto, é facilitada com o sofrimento pelo que já passou, por sentir falta do que nunca vai voltar, por ressentir com o presente.

E então, embora seja verdade que paz interior nunca vá pagar o aluguel, ela pode fazer com que pagá-lo não pareça um sacrifício tão grande.

CAPÍTULO 18
Eu e Bobby McGee

Liberdade é só outra palavra para não ter nada a perder...
E assim vai a velha música de Kris Kristofferson, e ela traz uma pérola de sabedoria. Muitos de nós gostaríamos de ser livres. Mas o que ser livre realmente significa? O que a liberdade acarreta?

Para muitos, senão para a maioria, ser livre significa estar em completo controle, não ter de prestar contas a ninguém, responder a ninguém; ser livre significa fazer as próprias escolhas e, talvez, os próprios erros. Muitas vezes, ser livre significa poder fazer o que queremos, quando queremos.

Contudo essa liberdade de que tanto sentimos falta, que queremos, é realmente possível? Ou é, na realidade, simplesmente outra maneira de ver o **não ter nada a perder**?

Para responder a essa pergunta, quero voltar ao conceito de controle que discutimos antes. Você vai lembrar que, ao discutir essa idéia, mencionamos autocontrole e falamos do conceito do controle que temos sobre nossas vidas diárias. Discutimos como o controle funciona, a diferença entre o que podemos controlar e o que não podemos reconhecendo os dois, e o desenvolvimento de uma estratégia para exercer o controle que temos.

Estudamos o Truque de Cartas sem Carta e discutimos a noção de facilitar o ambiente. Falamos sobre controle efetivo e o definimos como a capacidade de fazer alguém fazer algo que queremos que ele faça... ou, mais ainda, a habilidade de fazer alguém fazer algo que não queira fazer, ou normalmente não faria. Discutimos as três maneiras com as quais funciona o controle efetivo: pela agressão, pelo conflito neurótico ou pelo estabelecimento de uma noção de competência. Discutimos sobre as linhas de valores paralelas e como elas podem nos levar a uma sensação de conflito. Discutimos manipulação e como ela é freqüentemente aplicada em nós.

Agora, eu gostaria de dar mais uma olhada na questão do controle e sugerir que, se você quiser refrescar as idéias que já discutimos em relação ao controle, dê uma olhadinha no Capítulo 7. Especificamente, aqui quero ver a questão do controle através do prisma de um conceito que acabamos de discutir, a noção de ritos de passagem e como eles são marcos milionários em nossa vida ou são interpretados como tais.

O que é um marco milionário? É um marco em uma estrada ou ferrovia que deixa os viajantes saberem quanto já andaram em sua jornada e quanto ainda falta para chegar ao seu destino. Em outras palavras, um marco milionário marca o progresso.

Quando discutimos ritos de passagem, estávamos falando essencialmente da mesma coisa. Esses ritos eram especificamente planejados (no caso de uma religião antiga ou testes culturais de maturidade) ou são interpretados hoje (como em uma formatura de colegial, atingir a maioridade, iniciar a vida sexual ou comprar um apartamento) como marcos de progresso da infância à vida adulta. Entretanto, diferente da jornada que se pode fazer andando, em um carro, um trem ou um avião, a jornada para a vida adulta não tem um fim ou destino específico.

Chegar à vida adulta, para começar, pode ser definido de muitas maneiras: física, social, econômica, cronológica, emocional, legal ou culturalmente. Somente uma dessas características não o torna adulto. Além disso, existe uma diferença entre ser considerado adulto e crescer, e realmente amadurecer. Com o benefício da sabedoria que vem da experiência, muitos de nós podemos apontar ocasiões em que, mesmo sendo considerados adultos pela maioria das medidas populares, ainda tínhamos de crescer mais, o que levaria ainda alguns anos.

Além disso, devemos reconhecer que não existe um momento de entrada na vida adulta. Você não passa por um portão, cruza uma fronteira ou carimba seu passaporte ao chegar lá. É uma **condição**, não um lugar ou momento.

Infelizmente, a mensagem perde-se na maioria de nós enquanto viajamos da infância, passando pela pré-adolescência, pela adolescência, por 20 e poucos, 30 e poucos anos, e além. Tendo vivido um certo número de anos, pensamos que já somos crescidos. Pensamos ter atingido um patamar além da mera idade. Sentimos que, de certa maneira, deveríamos estar no controle de nossa vida da forma que nunca estivemos antes.

E, geralmente, acabamos desapontados.

A pergunta que temos de nos fazer, mais uma vez, é: por quê?

Já nos fizemos essas perguntas antes, talvez de um jeito um pouquinho diferente:

- por que ainda não nos sentimos realizados?
- por que ainda sentimos que somos controlados por outros?
- por que ainda nos sentimos como se não controlássemos nossa própria vida?

Já disse que pelo menos uma resposta para a primeira pergunta é o fato de que muitos de nós não reconhecemos a mudança de cédulas de aprovação e de gratificação. Assim como se reconhece que os padrões de relações interpessoais, socialização, estrutura familiar e cultura que temos quando crianças ficam por toda a vida, deveria se reconhecer da mesma forma que as cédulas de aprovação e de gratificação para as quais aprendemos a responder quando somos jovens também ficam conosco por anos e anos. Até que aprendemos, quando adultos (não importando como esse *status* seja definido), que devemos responder às novas cédulas de aprovação e gratificação, para não sermos fadados a vivenciar a crise, frustração ou ferida no ego conhecida como **irrealização**.

Voltemos à segunda e à terceira perguntas que fizemos. Onde está a liberdade que esperávamos ter quando passássemos para a vida adulta? Por que ainda nos sentimos como se não controlássemos a própria vida, como se fôssemos controlados por outros?

A resposta, embora desagradável, é que muitos de nós nos sentimos assim porque em grande parte não controlamos nossas vidas e somos controlados por outros.

Agora, antes que você proteste jogando este livro para longe, veja dessa forma: se tem um emprego, o chefe, suas responsabilidades profissionais e até mesmo a cultura corporativa do seu empregador controlam sua vida em grande parte. A menos que você peça demissão, você não pode tirar uma folga a não ser que esteja de férias. Você normalmente não pode se vestir como gosta, mas, sim, como sua situação profissional dita. Sentado à mesa, trabalhando no balcão, ou no posto de venda, você não pode tirar um cochilo no meio de uma tarde chuvosa e melancólica. Você provavelmente precisa trabalhar por mais horas do que gostaria, em dias em que pode não querer trabalhar e fazer coisas além do que você considera prazeroso ou gratificante. Você precisa obedecer à hierarquia do local de trabalho, às regras de não fumar em qualquer lugar, aos horários de intervalo de trinta a sessenta minutos, e às regras de conduta. Ou seja, se você aceita o emprego, também precisa aceitar o controle explícito que o trabalho tem sobre uma grande parte de sua existência.

Se é casado, você fica semelhantemente confinado. Não pode sair com aquela pessoa atraente do escritório; não pode simplesmente desaparecer nos fins de semana. Você não pode decidir pintar as paredes da sua casa de preto sem consultar seu parceiro, e provavelmente não pode anunciar que não vai mais perder tempo passando feriados com a família da sua esposa. Em outras palavras, se aceitar a segurança do trabalho e os confortos do casamento, você também precisa aceitar que deu o controle ainda sobre outro grande segmento de sua vida para outra pessoa.

Se você tem filhos, então sabe quão pouco controle você tem sobre sua vida. O bem-estar e as necessidades da criança têm de vir primeiro. Dessa forma, o carro esporte de dois assentos precisa dar lugar a uma van familiar. As férias para o resort Hedonism II são substituídas por férias na Disney World. O dinheiro que era gasto em ternos agora vai para mensalidades escolares, aulas de dança, para o tênis novo da sua filha, para o skate novo do seu filho e, com toda certeza, para muitos, muitos presentes de Natal. A varanda dos seus sonhos fica só no sonho, enquanto o dinheiro vai para o dentista. E a lista continua... tudo significa uma perda do controle que você tem sobre sua vida, já que é necessário fazer acomodações constantes para as necessidades das crianças. Suas necessidades vêm em segundo lugar e seus desejos, em terceiro... se é que eles vêm.

Isso sem falar do controle que as leis, normas sociais e a necessidade de aceitação que temos exercem sobre nós.

Todos esses exemplos apontam para o fato de que quando aceitamos algo – um emprego, o salário e a segurança que o acompanham, um esposo ou um parceiro, ou um filho –, também desistimos de algo. De certo modo, desistimos de uma medida de controle sobre a vida e a escolha diárias. De outro modo, desistimos da **liberdade**. Para ficar mais claro, pense em sua vida como se fosse um armário vazio. Agora, você pode se deleitar com todo aquele espaço, mas não pode usar esse espaço vazio naquele seu encontro no sábado à noite. Para estar preparado para essas ocasiões, você precisará de roupas. Mas onde essas roupas vão ficar? Oras, no armário, naturalmente.

No entanto, no momento em que pendura um terno ou vestido no armário, você desistiu de algo, ou seja, um pouco do espaço no qual estava se deleitando. Em outras palavras, e pegando emprestada uma analogia da física, o valor do armário vazio era potencial; só tornou-se ativo quando você começou a guardar as roupas ali. Com o tempo, conforme você compra mais roupas, o espaço disponível no armário vai diminuindo, até que ele fique cheio. Agora você não tem mais espaço sobrando, mas tem um armário cheio de roupas. A questão é: o que tem maior valor para você: espaço sobrando ou roupas?

Assim acontece conosco. No estado puro da natureza, a vida é como um armário vazio. É livre de dificuldades, deveres, responsabilidades, obrigações e do controle dos outros. Estamos, nesse estado, livres. Porém a cada relacionamento, seja profissional, na forma de um emprego, ou pessoal de um tipo ou de outro (casamento, filhos, amigos etc.), um pouco do espaço naquele armário é ocupado. Com o tempo, a vida se enche de dificuldades, deveres, responsabilidades, obrigações, e pelo menos um pouco do controle sobre ela é tomado por outros. A questão novamente é o que tem mais valor para nós: a vida livre de dificuldades ou a vida complicada por exigências dos outros e nossas por deveres e obrigações para com eles?

Às vezes não enxergamos dessa forma. Depois de perceber tardiamente que perdemos o controle ou a liberdade que pensamos que aproveitaríamos na vida, nós nos frustramos; isso, de jeito nenhum, é o que esperávamos. Talvez não seja a situação que esteja errada, e sim a expectativa que de alguma forma foi mal fundada. Talvez devêssemos começar reconhecendo que, quando crianças, pais, professores e outras autoridades exercem provavelmente mais de 95% de controle sobre nós, e que, quando adultos, outros ainda controlam 80% ou mais de nossa vida, de um jeito ou de outro. Em outras palavras, nada realmente mudou, mesmo que pensemos que mudou – ou deveria ter mudado –, quando nos tornamos adultos.

Ser adulto – não importa como esse *status* é definido – não nos dá necessariamente controle completo sobre a vida. E mais, nunca foi assim. A menos que escolhamos viver como um eremita, estamos fadados a fazer inumeráveis concessões para o mundo que nos rodeia. Lamentar, reclamar ou se ressentir da falta de controle, portanto, é, como diria o sr. Spock, **ilógico**. É um desperdício de energia emocional e psicológica que não somente consome força, mas também tende a nos cegar quanto ao fato de que há coisas que podemos controlar. O truque é fazer as melhores escolhas em relação a como vivemos, respondemos e interagimos com os outros em casa e no trabalho.

No entanto, existe uma maneira de recuperar aquela liberdade. Poderíamos desistir do emprego e abandonar parceiros e filhos. Poderíamos, como o eremita, viver sozinhos na floresta, virar as costas para a companhia humana (para não mencionar o encanamento!), recusar-nos a pagar impostos e arriscar.

Assim, longe das dificuldades humanas, seríamos realmente livres, mas essa liberdade também seria o **não ter nada a perder** sobre o qual Kristofferson canta.

A solução, eu sugiro, é não se ressentir da falta de liberdade, mas antes, reconhecer as novas cédulas de aprovação e gratificação inerentes a essas circunstâncias, relacionamentos e responsabilidades.

Para resumir, eu penso que grande parte da desconexão que sentimos entre a maneira que as coisas são e a maneira que sentimos que elas seriam ou deveriam ser vem de três erros básicos que cometemos quando adultos:

- falhamos em levar em conta as mudanças das cédulas de aprovação e gratificação operando conforme o tempo passa. Sentimos falta de *status*, realizações e talvez dos prazeres de liberdades que poderíamos ter desfrutado (ou tínhamos esperanças de desfrutar), e também falhamos em ver o valor do que temos e de onde estamos;
- confundimos os ritos de passagem, os marcos, o *status* e os direitos que pensamos vir com eles, com progresso verdadeiro. Em outras palavras, como o Leão Covarde, procuramos por referências externas – no caso dele, uma medalha de coragem; no nosso caso, talvez a formatura, um apartamento, um emprego de verdade, um casamen-

to e o nascimento do primeiro filho –, procuramos pela confirmação que esperamos como adultos. Somos adultos sem termos, em muitos casos, realmente crescido;
 • cometemos o erro crucial de acreditar que o *status* como adultos nos garantirá liberdade do controle ou da influência de outros... e então nos ressentimos do fato de que parte do controle que pensávamos que estaríamos exercendo é uma ilusão.

Liberdade completa é, no final das contas, não ter nada a perder. Para tudo na vida, para cada relacionamento, apoio, conforto emocional ou financeiro que não gostaríamos de perder, há um preço. Esse preço é um pouco da liberdade e um pouco do controle absoluto sobre sua vida. Estamos tão acostumados, como uma sociedade de consumo, ao conceito de comprar coisas, que nunca questionamos a noção de preço quando se trata de posses materiais. Queremos aquela pele, aquele anel, aquele carro ou outro brinquedo. Para obter tais coisas, pagamos o preço necessário. Talvez devêssemos reconhecer que também existem preços para a teia de relacionamentos, pessoais e profissionais, que define nossa existência. Por que, podemos nos perguntar, não deveríamos reconhecer que aí também há um preço, um preço associado aos relacionamentos? Mais importante, por que deveríamos nos **ressentir** em pagar esse preço mais do que deveríamos por pagar pela pele, pelo anel ou pelo carro?

Porém, não se pode dizer que qualquer preço é aceitável. O preço de viver com um esposo abusivo, por exemplo, é muito alto, não importando o que alguém possa pensar sobre o que se está conseguindo desse relacionamento. O preço de trabalhar para um chefe abusivo ou em um emprego que exige muito mais do que pode dar em troca também pode ser muito alto. Devemos tomar essas decisões da mesma maneira que decidimos que um carro, casa ou outro item qualquer custa mais do que estamos dispostos a pagar, ou mais do que podemos pagar. Cada circunstância ou relacionamento exige que decidamos se o preço vale a recompensa. O importante a reconhecer aqui é que **existe um preço** para cada relacionamento, profissional ou pessoal. Digo que esse reconhecimento, por si só, pode responder amplamente à questão de por que podemos não ter a liberdade ou o controle que uma vez pensamos poder aproveitar. No mínimo, é algo para se pensar.

CAPÍTULO 19
Veja Spot correr

Quando se trata de qualquer atividade humana, existem geralmente três tipos de pessoa. Existem **subempreendedores**, **supra-empreendedores** e o restante, no amplo **meio-termo**. E assim é com trabalho, embora possamos identificar mais subcategorias entre essas três principais quando pensamos sobre trabalho e as maneiras com que as pessoas lidam com ele.

Existem os que trabalham porque precisam, e os que não trabalham, embora devessem. Existem aquelas pessoas que trabalham para se sobressair e outras que trabalham só para viver. Existem as pessoas que fazem o menos possível, as que fazem o que precisam fazer, e aquelas que fazem seu melhor. Finalmente, em um lugar exclusivo que poucos de nós visitamos por muito tempo, existem aquelas pessoas que consistentemente vão acima e além do dever normal, as que sempre marcam o gol aconteça o que acontecer. Essas pessoas são as chamadas **supra-empreendedoras** e, dentro do contexto deste livro, deveríamos parar um momento e dar uma olhada nelas para considerar o que as faz assim. Por quê?

Existem três razões. A primeira é que os supra-empreendedores são constantemente apontados para o restante como modelo de como deveríamos ser. Não é incomum em muitos ambientes de trabalho existirem vários prêmios para reconhecer o melhor empregado/vendedor/gerente do mês/ano. Você pode ler pequenas críticas sobre essas pessoas na seção de comunidade do seu jornal local, ler sobre elas em quase todos os boletins corporativos do país, e até mesmo ver suas fotografias no supermercado da vizinhança. É claro que enquanto a administração quer reconhecer e recompensar essas pessoas por seus feitos, também quer motivar o resto de nós a seguir o exemplo desse pessoal dedicado e dar tudo por nossos empregos.

Da mesma forma, quando promoções são feitas na maioria das firmas, a ética de trabalho e a *performance* da pessoa que recebe a promoção são normalmente intituladas como um exemplo, sendo transmitida a mensagem "Veja, trabalhe duro como Smith aqui e também poderá ser promovido". Assim, a primeira razão para examinar os supra-empreendedores é que eles são **elevados** a exemplos.

A **segunda razão** para examiná-los é o impacto ou efeito que eles têm sobre aqueles à sua volta, quer sejam família, colegas de trabalho ou simplesmente empregadores. Ocasionalmente, supra-empreendedores fazem felizes aqueles à sua volta; mas, por outro lado, com muita freqüência eles fazem completamente infelizes todos à sua volta.

Finalmente, a **terceira razão** para examinar os supra-empreendedores é que eles nem sempre são as pessoas felizes que vários de nós pensamos que sejam. E já que pode haver um supra-empreendedor ou dois entre meus leitores, acho que pode ser importante para eles ouvir uma coisa ou duas sobre a situação em que se encontram.

Começaremos com uma simples pergunta: o que é um **supra-empreendedor**? Pelo próprio termo entendemos que se trata de alguém que não só atinge uma meta, porém também o faz de tal maneira, até um grau e com uma consistência que a maioria não consegue. Então, não é o cara que faz aquela grande venda que é supra-empreendedor. Antes, é o cara que faz grandes vendas o tempo todo; aquele que, em uma competição, leva a maior conta dos adversários, e ao mesmo tempo abre uma marca que ninguém consegue alcançar.

A mulher que vendeu a casa mais cara que a agência listou não é uma supra-empreendedora. Antes, é a mulher que faz aquela venda em um momento em que todos os outros da equipe sabiam que o lugar era caro demais e já haviam desistido. Essa é a mulher que vendeu a casa quando outras quatro agências foram incapazes de fazê-lo depois de mais de um ano tentando. É a mulher que, simultaneamente, vendeu outras três propriedades impossíveis. A supra-empreendedora não é a pessoa que fica até tarde no trabalho para terminar um projeto ou apresentação. Mas é a pessoa que trabalha até tarde todos os dias e trabalha nos fins de semana, no sábado e no domingo.

Temos, então, que não é uma única coisa que faz o supra-empreendedor, é um **padrão**. Por essa razão, podemos tirar a sorte da equação, porque, pela sorte, quase qualquer pessoa pode fazer aquela grande venda de vez em quando. Estar no lugar certo na hora certa, ou simplesmente encontrar o comprador certo, pode resultar na venda que todos invejavam ou pensavam ser impossível. Mas a sorte raramente bate duas vezes na mesma porta, e ela nunca bate consistentemente, semana após semana, mês após mês ou ano após ano. Sucesso, nessa escala, geralmente requer habilidade e trabalho duro, trabalho tão duro na verdade que a maioria não tenta fazê-lo por tanto esforço que requer e com muita freqüência.

Um amigo meu conta uma história sobre uma pessoa que ele conheceu há anos quando estava na pós-graduação. Meu amigo tinha um emprego de meio período em uma filial de uma grande e conhecida loja de departamentos. Ele trabalhava na seção de sapatos femininos. Quando ele começou, todos no departamento tinham um salário apertado, assim como todos os empregados da loja. Então, a sede da corporação decidiu fazer uma experiência: eles colocariam as cinco filiais que mais vendiam sapatos sob uma comissão de 10%. Como meu amigo conta, havia um funcionário que logo emergiu como o clássico "supra-empreendedor". Ele começou tirando dez, depois quinze, depois trinta minutos de seu horário de almoço para não perder tempo. Esse funcionário aparecia para trabalhar mesmo doente, para não perder vendas. E, ao tirar férias, ligava todos os dias para a loja para saber que mercadoria havia chegado, e assim acabou interrompendo as férias ao meio ao saber de um carregamento de sapatos caros, importados da Itália. Durante uma nevasca particularmente ruim, durante a qual o governador declarou estado de emergência, ele marchou para o trabalho e ficou esmurrando a porta, exigindo que o prédio abrisse para que ele pudesse entrar. Meu amigo até hoje diz que esse rapaz é um maluco, mas eu vejo aqui um exemplo de supra-empreendedor que perdeu a perspectiva... como muitos deles perdem.

 Isso não é para dizer que em alguns casos de supra-empreendedorismo aparentemente outros fatores estejam envolvidos. Um fator, por exemplo, é a chamada escalada rápida.

 Não é nada incomum para algumas pessoas em um ambiente corporativo fazer escaladas rápidas, ou seja, uma série de postos e promoções que são especificamente designados e programados para levar uma pessoa a um cargo alto e de grande responsabilidade em curto período de tempo. Mas, como qualquer pessoa que conhece um escalador rápido pode lhe dizer, o sacrifício que vem com essa escalada faria a maioria pensar duas vezes, e talvez ainda estremecer. Essa pessoa pode se encontrar em um país estrangeiro onde não gostaria de estar. Ou pode se ver mudando de estado ou região em um país por três vezes em quatro anos. O lugar onde essa pessoa está acaba se tornando o lar do momento. Coisas que nos são normais, vidas pessoais estáveis, relacionamentos, comprar coisas para a casa, feriados com amigos e família, muitas vezes se tornam meras lembranças para essas pessoas. Além disso, no lugar do conforto tradicional, essa pessoa geralmente tem uma quantidade excessiva de trabalho para fazer durante o tempo que você ou eu passamos com amigos e entes queridos. E, já que relacionamentos pessoais são freqüentemente casualidades na carreira de escalada rápida, quando essas pessoas não estão trabalhando, elas estão sozinhas. Então, dizer que uma pessoa foi promovida por uma escalada rápida, sem reconhecer os sacrifícios pessoais que vêm junto dessa vida, é ignorar o verdadeiro padrão consistente daquela vida. Essencialmente, essa pessoa é um supra-empreendedor cuja única diferença é que ela está empreendendo em uma variedade de lugares, em vez de somente em um escritório.

Mesmo agora posso ouvir alguém dizendo:
– Sim, Mark, mas e quanto ao favoritismo? Muitas pessoas são promovidas porque são parentes do chefe ou, ainda pior, porque estão dormindo com o chefe. É enfurecedor. Você está querendo me dizer que essas pessoas são supra-empreendedoras?

Não, não estou tentando dizer que todo mundo que consegue alguma coisa é um supra-empreendedor. Sim, existem, infelizmente, pessoas que se sobressaem por coisas que alguém lhes dá, por qualquer razão. Mas, por definição, se elas receberam algo porque alguém lhes deu, então não conquistaram; não realizaram nada sozinhas. Portanto, elas não podem, por definição, ser supra-empreendedoras. Assim, com a sorte, podemos riscar o favoritismo da lista de razões pelas quais os supra-empreendedores conseguem as coisas. Também deveríamos nos lembrar de que o conhecido Princípio de Peter[1] muitas vezes, senão normalmente, vem para descarrilar o sucesso da pessoa que ascende através do favoritismo. Mais cedo ou mais tarde, se essa pessoa realmente não tem o talento para lidar com a tarefa, nem mesmo o favoritismo vai levá-la muito mais adiante.

Então, não importa como você corte, fatie ou picote, supra-empreendedores obtêm provavelmente 80% do que conquistam com sacrifício e trabalho duro.

– É? – você pode perguntar. – E quanto aos outros 20%?

Bem, os outros 20% provavelmente são feitos por uma combinação de coisas. Pode ser que pelo menos algumas dessas pessoas sejam realmente mais talentosas ou inteligentes que nós. Pode ser que elas tenham uma propensão para o trabalho escolar, para vendas, ou para administração, política estrangeira, relações humanas ou uma série de outras coisas. Não deve nos magoar o fato de o supra-empreendedor, além de ser mais inteligente ou mais talentoso, também ser singularmente atraente. Numerosos estudos mostram que tanto para o homem como para a mulher existe uma vantagem precisa e mensurável em ser mais atraente que a maioria[2]. É um fato que pessoas atraentes são não só preferidas para encontros, amizades e empregos, mas também acredita-se que sejam mais inteligentes e íntegras[3]. E como se não fosse o bastante, elas são as primeiras a ser notadas em qualquer cenário. Desse modo, ser atraente dá ao supra-empreendedor ainda mais vantagem. E também há o fato de ser notado só por ser um supra-empreendedor. É provável que o supra-empreendedor seja elogiado em demasia pelo chefe, exibido para os colegas e apresentado em conferências da empresa. Tudo isso o leva, mais uma vez, a ser notado, e isso tipicamente resulta em mais oportunidades. Então, sim, podemos dizer que talvez 20% do que o supra-empreendedor consegue não vem diretamente do trabalho esforçado, mas cerca de 80% vem. O que isso diz de nós? Somos fracassados porque não conseguimos tanto? Devemos realmente nos sentir mal e nos obrigar a ir mais longe para igualar as realizações do supra-empreendedor? Provavelmente não.

A comparação entre uma pessoa comum e o supra-empreendedor é mais complexa do que pode parecer; a verdade é que a questão tem vários níveis. O supra-empreendedor, por exemplo, muitas vezes sacrifica relacionamentos pessoais no impulso de fazer e realizar ainda mais. Enquanto alguns são pessoas bem ajustadas e equilibradas, outros não são. O supra-empreendedor pode se achar afastado da família, com poucos verdadeiros amigos. A supra-empreendedora pode ter seu casamento desmoronando, sua família e até mesmo seus filhos, se ela tiver algum, distantes. Envolvimento com a comunidade, para muitos supra-empreendedores, é simplesmente inexistente, portanto, a noção de pertencer a um lugar, de conexão com algo maior que eles mesmos (algo além da organização para a qual eles trabalham), muitas vezes lhes faz falta. Todos esses fatores precisam ser comparados à vida da pessoa comum para que a equação seja válida. Certamente, uma pessoa pode não se voluntariar para fazer algumas horas extras, pode não trabalhar nos fins de semana e pode não levar trabalho para casa toda noite. Mas essa mesma pessoa pode ser um pai atencioso e envolvido, um líder para os escoteiros, para a liga de futebol infantil masculino ou feminino. Essa pessoa pode ser ativa em sua congregação religiosa ou voluntária em alguma instituição de caridade. O supra-empreendedor raramente tem tempo para esses compromissos. Então, deve-se perguntar, em relação a outras coisas além de negócios e carreira – o supra-empreendedor é realmente um sucesso como pessoa?

Antes que alguém me acuse de ser o campeão da mediocridade, deixe-me lembrá-lo da discussão sobre linhas de valores paralelas. Naquela discussão, estabelecemos que todos temos essas linhas de valores paralelas que agem como guias comportamentais para as porções diferentes e separadas da vida. Discutimos como uma pessoa pode ter uma linha de valor para o trabalho, outra para a família, outra para amigos próximos, e outra para conhecidos. Dentro de cada uma dessas linhas existe um conjunto de padrões com os quais avaliamos o que é esperado de nós em dada situação ou relacionamento, o que podemos esperar de uma situação ou relacionamento, e como devemos agir dentro dessa situação ou relacionamento. Até aqui, tudo bem.

Também falamos sobre o que acontece quando duas ou mais dessas linhas se chocam, como quando o chefe quer que você faça aquela importante apresentação na mesma manhã em que a Mamãe quer que você a leve para ver o pedicuro, o fantástico dr. Bunion. Essa questão de linhas de valores em choque, entretanto, leva-nos a algo que podemos não reconhecer à primeira vista, isto é, que também existe em cada um de nós uma linha de valor em arco na qual todas as outras se encaixam. É essa linha de valor em arco que nos informa da importância relativa das outras várias linhas de valor existentes; ela nos ajuda a saber quais são as mais importantes, quais são as menos importantes, e quais são de pouquíssima importância. O conflito pelo qual passamos quando a Mamãe e o chefe esperam algo de nós ao mesmo tempo vem do fato de que nossa linha de valor em arco nos diz que ambas as coisas são importantes. Nesse caso, a linha de valor em arco pode, no final das contas, dizer que a Mamãe e o dr. Bunion terão de esperar, que o trabalho e o chefe vêm em primeiro lugar. Também é possível que a mensagem seja de que a Mama vem em primeiro lugar, e que o chefe vai ter de arrumar outra pessoa para fazer aquela importante apresentação. Esse cálculo, muitas vezes, é a diferença entre o supra-empreendedor e o resto de nós, e é aqui que encontramos a resposta para aqueles que possam nos acusar de estarmos satisfeitos com mediocridade se não nos esforçamos como os supra-empreendedores.

Pois pode ser que no cálculo pessoal a Mamãe, os filhos, o time de futebol infantil, uma vida familiar estável, os *hobbies*, a congregação ou o que mais for sejam mais importantes que o trabalho e, no final das contas, mais importantes que as recompensas que o trabalho tem a oferecer.

Eu tenho um amigo que está bem financeiramente, não maravilhosamente bem, melhor que muitos, mas não chega nem perto do quão bem ele poderia estar. Uma vez eu lhe perguntei por que ele não trabalhava mais e ganhava mais dinheiro.

– Simples – disse ele. – Eu só não quero trabalhar tanto assim.

Ele começou a explicar que trabalhando de quatro a seis horas na maioria dos dias (e em casa!), ele fica livre para cuidar da filha, livre para se envolver na vida dos filhos adolescentes, livre para fazer algumas tarefas domésticas para que sua mulher não tenha de fazer tudo quando chegar da grande corporação em que trabalha. Meu amigo fez um cálculo de que o tempo com seus filhos é mais importante que um carro novo, mais importante que um novo DVD player e, no final, mais importante do que o que está declarado em seu imposto de renda.

Mas para o supra-empreendedor, seu cálculo raramente precisa ser feito, porque o trabalho sempre vem primeiro. Vem antes da família; vem antes das férias. Vem antes dos sábados de futebol infantil, passeios com os escoteiros ou tardes treinando o basquete feminino. Vem antes dos jantares em casa, e vem antes dos passeios nos feriados pelos quais a maioria de nós espera ansiosamente. No filme de sucesso *Náufrago*, Tom Hanks interpreta bem esse tipo de supra-empreendedor. Em uma cena, logo antes do incidente que desencadeia a história, o personagem de Hanks está com amigos e entes queridos em um jantar de Natal quando seu bip toca. Sem reclamar ele se levanta e, depois de ligar para o escritório, prepara-se para voar para a costa pacífica da Sibéria. A maioria jamais faria algo assim. A maioria não gostaria de ter um jantar de Natal interrompido por uma ligação do escritório. A maioria de nós, na verdade, nem estaria com o bip ligado no Natal, para começo de conversa. Mas para o supra-empreendedor, o trabalho e/ou suas recompensas (muitas vezes questionáveis) são mais importantes que quase todo o resto.

O supra-empreendedor leva o bip para um jantar de feriado. A supra-empreendedora deixa o celular ligado durante um casamento. O supra-empreendedor leva o notebook e uma pilha de serviço durante as férias da família, se ele for. O supra-empreendedor faz cálculos que a maioria de nós acharia absurdos. Se tivesse feito reservas para um cruzeiro de $1.200 por pessoa, não reembolsável, você não sentiria que deve ir? Você não pensaria, entre outras coisas, nos $1.200 que investiu e que não pode conseguir de volta? A maioria pensaria assim. Ainda assim, o supra-empreendedor, muitas vezes, vê as coisas de modo diferente. Eu conheço pelo menos um supra-empreendedor que, depois de fazer as reservas para as férias ($1.200 x 4), desistiu na manhã da partida dizendo que não podia escapar do trabalho. Perder o dinheiro não o incomodou. Novamente, sua linha de valor em arco lhe disse que o tempo com sua família, uma chance de melhorar o relacionamento com a esposa, o tempo para dedicar aos seus filhos adolescentes e o dinheiro que ele ia perder eram menos importantes que estar em sua mesa.

Mais adiante, examinaremos as recompensas pelas quais o supra-empreendedor trabalha e daremos uma olhada nos cálculos e racionalizações que ele faz com freqüência. Agora, no entanto, é essencial perceber que a linha de valor em arco que a maioria usa para classificar as linhas de valor individuais em nosso cotidiano segmentado não é realmente necessária para o supra-empreendedor: sua decisão já está tomada. Embora isso não tire o valor daquilo que decidimos ser mais importante. Não é estar satisfeito com a mediocridade; é, muitas vezes, o caso daqueles de nós que não lutamos por mais realizações, simplesmente porque encontramos outras coisas, outras linhas de valores que são mais importantes, mais satisfatórias ou mais urgentes que as exigências do trabalho e sua linha de valor.

Agora, tendo dito isso, não se trata de uma desculpa para se recusar o esforço de manter um emprego. Não é uma desculpa para sentar na frente da televisão o dia inteiro, comendo bombons e assistindo a programas de auditório. Não é um passe livre para a preguiça. Trata-se, entretanto, de reconhecer que aqueles que não são supra-empreendedores no trabalho ou na carreira podem ser empreendedores em outras áreas. Se isso é verdade, por que temos uma reação realmente negativa aos supra-empreendedores?

QUANDO VOCÊ PENSA QUE NÃO ESTÁ MAIS À ALTURA, PODE SER HORA DE ACHAR UMA NOVA REFERÊNCIA!

Antes de tratarmos dessa questão, no entanto, é bastante importante ver a diferença entre os muitos supra-empreendedores que podemos encontrar. Poucos de nós parecemos nos importar com o supra-empreendedor que se tornou uma estrela do esporte. Antes, admiramos os tipos como Mickey Mantle, Venus Williams, Joe Namath, Michael Jordan ou Tiger Woods. Mesmo que trabalho duro resulte na perfeição de sua arte, a maioria de nós reconhece suas habilidades como um talento divino e mesmo as pessoas que não são tão fãs de esportes reconhecem os dons dessas pessoas. Da mesma forma, enquanto gostos musicais diferem, poucas pessoas se ressentem do sucesso de um Pavarotti ou um Sinatra (opiniões a respeito de Britney Spears à parte). Poucas pessoas se ressentem do sucesso de um Donald Trump ou de um Bill Gates, ainda que eles sejam todos supra-empreendedores por conta de quase todos os critérios. Então, por que é que reconhecemos e até mesmo aplaudimos as realizações dessas pessoas (novamente, com a exceção de Britney Spears!), e ainda assim não nos sentimos bem com as realizações de outros supra-empreendedores? Eu diria que uma das razões é o grau de **proximidade** que essas pessoas famosas mencionadas têm com a nossa vida. Um exemplo claro disso pode ser encontrado em sua televisão. Poucos de nós, assistindo a qualquer apresentador ou personalidade de televisão, criticamos seu sucesso. Muitos de nós nunca pensamos de onde essas pessoas vêm. Não conhecemos suas carreiras, como eles chegaram aonde estão hoje ou que acontecimento os levou à exposição nacional. Simplesmente os aceitamos como os rostos e vozes que vemos no telejornal. No entanto, a verdade é que essas pessoas começaram em algum lugar. Todos começaram como ninguém até se tornarem alguém. E todos eles deixaram pessoas, geralmente colegas de trabalho, algumas vezes amigos, para trás.

Nos últimos anos, um exemplo disso ocorreu em minha terra natal. Uma jovem âncora de telenotícias foi notada pelo presidente de sua rede quando, durante uma viagem tranqüila e particular pela região, ele ligou a TV no canal de sua estação. Ele ficou impressionado com o que viu e dentro de 48 horas essa repórter já viajava para a cidade de Nova York, mudava de sobrenome e se tornava parte da equipe nacional. As pessoas em todo o país que não a conheciam a viram meramente como um novo rosto. Porém aqueles que ela deixou para trás, aqueles de sua própria estação e aqueles da estação concorrente podem ter se sentido de maneira diferente. Eles podem ter criticado seu sucesso, o repentino *status* de supra-empreendedora. Qual a diferença entre essas pessoas e as milhões de outras pelo país que agora vêem seu rosto na televisão e não dizem nada sobre isso?

A diferença é a **proximidade** que ela tinha com a vida daqueles que a conheciam, em oposição aos milhões que não a conheciam. Você e eu nunca competimos com essa mulher. Você e eu nunca trabalhamos

Meu terapeuta está me deixando maluco!

com ela, nem vimos seus defeitos. Nunca tivemos de comparar nosso trabalho com o dela. Da mesma maneira, você e eu nunca competimos com Pavarotti. Nunca competimos contra Tiger Woods ou Michael Jordan, enquanto esperávamos por nossa grande chance. Então, seu sucesso nunca nos fez sentir pequenos. Aconteceu fora de nosso mundo pessoal.

Mas o supra-empreendedor no escritório, em nossa sala de aula ou no time é uma história diferente. Aqui, a competição, mesmo que velada, é imediata. Aqui, os prêmios e recompensas são finitos. Se Garth Brooks ganha um Grammy Award, não nos sentimos diminuídos diante dele porque, provavelmente, não fomos indicados para aquele prêmio. O gol da grande estrela de futebol não aconteceu à nossa custa. Mas quando o supra-empreendedor do escritório consegue aquela promoção, podemos sentir como se tivéssemos perdido algo. Percebemos que não podemos mais ganhar o prêmio que ele ganhou. E, como humanos, muitas vezes ficamos ressentidos. Ressentidos com as pessoas que conhecemos nas trincheiras, pessoas que conhecemos quando elas não eram ninguém, mas que de repente foram movidas para um alto escalão. Enquanto sentamos em nosso cubículo apertado, fazendo o mesmo trabalho entediante de sempre, criticamos a nova e espaçosa sala do supra-empreendedor. Criticamos ele ao vê-lo cumprimentando clientes importantes e vemos portas fechando-se diante de nós enquanto ele tem reuniões importantes com os gigantes da empresa. E às vezes até chegamos a ficar deprimidos com isso. Por que, muitas vezes nos perguntamos, parece que nunca conseguimos as grandes oportunidades? Por que não podemos ter aquele sucesso? O que há de errado comigo?

A resposta é que, na maioria dos casos, **nada está errado conosco**; e essa é uma lição importante a se aprender quando temos um supra-empreendedor no nosso meio. Dedicamos uma boa parte deste livro a discutir coisas que buscamos na vida. Discutimos várias maneiras de nos enlouquecer, desde caçar fantasias a tentar exercer controle sobre coisas completamente além de nossas influências. Bem, aqui está outra: **comparar nossa vida com a de outra pessoa**, especialmente com a vida de um supra-empreendedor, é com certeza um bom atalho para a infelicidade. Existe um velho ditado que diz: "Eu chorei porque não tinha sapatos, até que eu vi um homem que não tinha pernas". A mensagem é que, quando comparamos vidas e fortunas, a maioria naturalmente olha para aqueles que têm o que não temos. Pessoas que fazem isso com freqüência se sentem traídas. Infelizmente, é difícil encontrar uma pessoa que olha para aqueles que têm menos e se sente abençoada.

Duas histórias recentes que ocorreram quase ao mesmo tempo fornecem um ótimo exemplo disso. Um homem da costa oeste dos Estados Unidos apareceu como o ganhador de um raro superprêmio da loteria, algo perto de uns $100 milhões. Por todo o país, as pessoas devem ter lido sobre isso e sentido um pouco de inveja. Quase ao mesmo tempo, aconteceu outra história de um homem que foi atingido por um raio numa praia de Massachusetts. Não havia nenhuma nuvem no céu quando esse jovem, batendo bola com alguns amigos, foi atingido por um raio que descarregou de uma tempestade que acontecia alguns quilômetros além da praia. Nos dois casos, as probabilidades são astronômicas. Ambas as situações foram absolutamente anormais, contra todas as probabilidades e completamente impossíveis de ser previstas.

Ainda me pergunto quantas das pessoas que invejaram a sorte do homem na Califórnia com seus $100 milhões pararam para pensar sobre a virada do destino, igualmente aleatória, que matou o garoto em Massachusetts.

Sentir-se diminuído pelas realizações de um supraempreendedor, penso eu, é similar a esperar que a sorte nos recompense com um prêmio de loteria sem admitir que a sorte também pode nos matar, pois em ambos os casos estamos olhando para apenas um lado da equação. **Concentrar-se naquilo que não temos geralmente fecha nossos olhos para aquilo que temos.** Olhar para o que os outros têm, da mesma maneira, faz com que não pensemos naquilo que temos.

Como uma ilustração disso, usarei o exemplo de uma mulher que conheço. Por volta dos seus 30 anos, essa mulher encontrou-se desempregada sem nenhuma preparação, nenhuma carreira em particular e poucas opções atraentes. Vítima de uma série de relacionamentos mal escolhidos, ela era solteira e morava com a mãe, sem nenhum pretendente em vista. Um sério problema ginecológico quase a levou a uma histerectomia. Em seguida diagnosticaram um câncer. As coisas estavam inquestionavelmente desanimadoras.

Ainda assim, em alguns anos, ela havia derrotado o câncer. O trabalho voluntário em uma campanha enquanto estava desempregada chamou a atenção de um proeminente oficial eleito que a contratou para exercer um cargo com o qual ela nunca sonhara. Ela conheceu um homem maravilhoso e casou-se com 38 anos de idade. Eles compraram uma casa adorável e, aos 41 anos, apesar do seu problema e de uma gravidez difícil, ela deu à luz um lindo e saudável menino. Poderia se pensar que ela iria contar suas bênçãos.

Em lugar disso, ela invejava uma amiga que se casara com um supra-empreendedor que ganhava bem e que herdara uma casa na vizinhança. Ela tinha esse sentimento mesmo sabendo que o marido da amiga saía para trabalhar às 5 da manhã e não voltava antes das 9 da noite, dormia em um quarto separado, não tinha nenhum relacionamento com a esposa nem com os filhos e estava a caminho de um ataque cardíaco por conta de estresse no trabalho. Ela invejava a carreira desses conhecidos cujos empregos implicavam viagens freqüentes, mesmo que seu filho fizesse da viagem um problema. Ela invejava amigos que tinham dinheiro para sair de férias, mesmo que ela e o marido tivessem comprado um carro de luxo e um barco. Ou seja, essa mulher estava se fazendo infeliz ao olhar constantemente para as coisas que não tinha, enquanto ignorava as coisas verdadeiramente incríveis que ela possuía.

E assim acontece com muitos de nós quando olhamos para as recompensas dos supra-empreendedores. Vemos recompensa, mas não o preço dela. Vemos coisas que provavelmente não temos e ignoramos as coisas que temos. Invejamos o homem com sapatos finos e ignoramos o homem sem pernas.

Mas a inveja ou o sentimento de inferioridade não são a única faceta de se viver sob a sombra do supra-empreendedor. Enquanto a maioria de nós vê o supra-empreendedor de certa distância – mesmo que a distância seja o corredor –, aqueles que vivem mais perto dele, o marido ou as crianças, muitas vezes experimentam uma série de emoções completamente diferentes; e é isso que quero discutir a seguir.

A mulher de um supra-empreendedor confessou recentemente:

– Ele pensa que eu quero tudo isso. Diz que está trabalhando sete dias por semana, e nos feriados, por mim e pelas crianças. Eu nunca vivi com luxo. Estaria feliz em um bangalô ou em um trailer se eu tivesse um relacionamento estável e carinhoso com meus filhos. Em vez disso, tenho uma casa enorme e vazia. Tenho duas mesas à qual nunca ninguém se senta para uma refeição. Tenho um quarto enorme e bonito onde durmo sozinha e onde a intimidade entre marido e mulher nunca acontece. Eu tenho filhos que estão crescendo mimados e materialistas porque o pai deles lhes presenteia em vez de conversar com eles. Eu sou casada, mas tenho três filhos crescendo sem um pai. Ele veio de uma família grande, mas, sistematicamente, cortou o relacionamento com seus irmãos e irmãs. Se eles pensam nele, pensam como uma fonte de dinheiro. Ele não tem amigos. Eu queria dar uma festa em seu aniversário e não consegui pensar em ninguém para convidar, exceto as pessoas que trabalham com ele. Moramos em três estados diferentes em cinco anos. Ele nunca conheceu ninguém da última vizinhança e agora não conhece ninguém por aqui também. Ele não tem tempo para nada além de trabalho. Não tem tempo para mim, não tem tempo para as crianças, não tem tempo para nada.

O esposo de uma supra-empreendedora colocou a situação dessa forma:

– Eu não me casei para ser um pai solteiro, mas foi isso que me tornei. Quando ela conseguiu essa promoção, não levou uma semana e ela começou a ligar para casa avisando que ia chegar tarde. Em uma semana, eu estava fazendo o jantar, ela começou a ligar dizendo que tinha um jantar de negócios com esse ou aquele cliente. Ela traz trabalho para casa nos fins de semana e arrasta o notebook para onde quer que vamos a fim de que possa se conectar, checar o e-mail e dar um jeito de trabalhar. Ela perdeu o primeiro dia de aula de nossa filha porque estava do outro lado do país a negócios, e perdi a conta de quantas noites já fui dormir com ela sentada do meu lado digitando até depois da meia-noite. Isso está se tornando uma **obsessão** para ela.

Outra pessoa acrescentou:
– Havíamos reservado passagens para um cruzeiro. No último minuto ele disse que não poderia ir, mas que eu deveria ir mesmo assim. Eu estava irada, mas fui. Conheci um homem naquele cruzeiro que parecia interessado, e tenho de admitir que por um minuto pensei: "Por que não? O que tenho a perder?".

Finalmente, o filho de um supra-empreendedor disse:
– É estranho. Por um lado ele se orgulha em dizer que apenas uma pessoa em cada cem é como ele, que ninguém tem o que ele tem. Mas, ao mesmo tempo, ele espera que eu seja como ele. E quando não sou, ele diz que sou um fracasso, que eu nunca vou conseguir, que nunca vou ter sucesso como ele. Mas a questão é: **eu não quero ser como ele**.

Essas histórias pequenas e tristes dizem muito sobre como pode ser viver com um supra-empreendedor. Antes de prosseguir, quero esclarecer algo. Algumas pessoas, ao ler este capítulo, podem se perguntar por que eu me refiro a supra-empreendedores, em vez de *workaholics*, um termo com o qual as pessoas estão mais familiarizadas. Certamente, alguns leitores podem pensar que eu estou descrevendo o perfil do que as pessoas considerariam um *workaholic*. Evitei o termo deliberadamente porque, embora seja popular, não é preciso. Para começar, o termo deriva obviamente da palavra *alcoholic* (alcoólatra, em inglês). Como sabemos, o alcoólatra sofre de uma doença. Ele é realmente viciado em álcool; trata-se de uma dependência química, física e também psicológica. O chamado *workaholic*, no entanto, é raramente viciado em trabalho... pelo menos não fisicamente. Antes, eu vejo essa pessoa como um supra-empreendedor fora de controle, alguém cuja obsessão pelo trabalho encobre outros problemas psicológicos ou emocionais. Embora o tratamento dessa pessoa precise de alguma descompressão, ele nunca vai pedir a desintoxicação de uma dependência química. Portanto, sinto que a palavra *workaholic* não serve bem nem para o supra-empreendedor fora de controle nem para a pessoa sofrendo de uma verdadeira dependência química.

Além disso, o supra-empreendedor pode aparecer de muitas formas. Como estamos falando do ambiente de trabalho, estamos vendo apenas uma manifestação do supra-empreendimento. Supra-empreendimento crônico é uma forma de **compulsão**. Não o tipo de comportamento compulsivo associado a alguém que, por exemplo, não consegue parar de lavar as mãos, mas, antes, uma perspectiva de compulsão com aspectos do dia-a-dia. A pessoa que fica obcecada com perda de peso, o que culmina em anorexia, e o corredor ou instrutor de musculação que se torna compulsivo e leva o corpo a extremos, além da resistência, são supra-empreendedores. A chamada mãe perfeita pode ser uma supra-empreendedora. O estudante que se sente pressionado a ser o primeiro em sua classe e corta todas as suas atividades que não sejam acadêmicas, em favor dos estudos, é um supra-empreendedor. O supervoluntário pode ser um supra-empreendedor. Ou seja, qualquer pessoa que permite que uma linha de valor particular tome conta e domine sua vida é uma supra-empreendedora e provavelmente está sendo compulsiva de alguma forma.

Livros sobre distúrbios de alimentação, para usar novamente esse exemplo, têm demonstrado que a pessoa que faz dietas compulsivamente não nasce daquele jeito nem cresceu condicionada a desenvolver compulsão por comida. Antes, o que pode começar como uma simples dieta atinge proporções em que a pessoa se sente culpada em comer. Ela, então, chega a um estágio em que começa a vomitar ou a passar fome para evitar a culpa associada com o ato de comer.

Você pode lembrar que nos primeiros parágrafos deste capítulo eu disse que o supra-empreendedor não é caracterizado por uma realização ou ação, mas por um **padrão** de comportamentos e realizações que sempre o empurra para além da sua última realização. Então, assim como perder dez quilos passa a não ser suficiente para o supra-empreendedor de dieta, assim como ganhar dez segundos de seu tempo em uma corrida de cinco quilômetros não é suficiente para o corredor compulsivo, ser promovido no trabalho deixa de ser suficiente para o supra-empreendedor. Da mesma maneira que existe sempre mais um quilo para perder, assim como sempre pode ter mais um segundo para ganhar no tempo de corrida, para o supra-empreendedor existe sempre outra promoção ou outro emprego para buscar no trabalho. Assim como as motivações do anoréxico fugiram ao controle e, muitas vezes, escondem outro problema mais sério, a pessoa que cronicamente luta para fazer mais e mais realizações no trabalho pode ter começado com motivações louváveis e pode também estar escondendo coisas mais sérias para suas ações.

Os anoréxicos ou atletas que começam a usar esteróides estão destruindo seus corpos (que eles tanto querem deixar perfeitos). Então, também o supra-empreendedor, muitas vezes, acaba destruindo a vida que ele, inicialmente, tentou criar.

Eu identifiquei três tipos de supra-empreendedores no trabalho. **O primeiro** é a versão Hollywood/romance, na qual se encontram aqueles que sabiam desde a quarta série que iriam para Harvard, que se formariam como ótimos alunos e que conseguiriam um emprego de primeira classe – não deixando que nada os parasse ou os distraísse, acumulando seu primeiro $1 milhão de dólares antes dos 25 anos. Sim, essas pessoas existem, mas a maioria, provavelmente, não vai conhecer muitas delas, muito menos viver com elas. Essas pessoas são extremamente raras e eu, francamente, não sei se devo parabenizá-las por sua visão e determinação ou descartá-las como lunáticas. De qualquer maneira, meu interesse não está nessas superpessoas, mas, antes, nas outras duas categorias que identifiquei: aquelas que se vêem literalmente **seduzidas** pela super-realização, e aquelas que usam as exigências do superempreendimento como maneira de **encobrir** ou **evitar** outros problemas ou situações na vida. Meu interesse por essas pessoas vem do fato de que é bem mais provável encontrá-las, casar-se ou conviver com elas.

 Quando pacientes vêm ao meu consultório porque estão tendo dificuldades de convivência com o supra-empreendedor, é provável que digam que o comportamento da pessoa começou em certo momento, e que ela não era assim antes de se conhecerem. Meu interesse nesses pacientes se desenvolveu porque eles realmente não reconhecem mais o supra-empreendedor como a pessoa por quem se sentiam atraídos, anos atrás.

 Você irá lembrar que, em outra seção deste livro, eu escrevi sobre a formalidade, sobre os primeiros momentos de um relacionamento, quando o sr. Agradável conhece o Agradável dele ou dela. Conforme os relacionamentos se desenvolvem, escrevi, o Agradável geralmente se vai, cai em favor da pessoa informal que Agradável estava encobrindo. Diante dessa pessoa informal, a relaxada, a

distraída, a auto-indulgente, muitas pessoas chegam a mim e perguntam:
— Onde está a pessoa com quem me casei, e como eu posso expulsar essa outra pessoa da minha casa?

Como você já leu, eu geralmente explico para esses pacientes que a pessoa auto-indulgente, relaxada, distraída não é nenhuma impostora; antes, é realmente a pessoa com quem ele/ela se casou, mas quando se conheceram, o AGRADÁVEL estava encobrindo essas charmosas características com uma fachada de comportamento formal.

No entanto, quando a pessoa que me consulta diz que o estranho vivendo em sua casa é um supra-empreendedor, eu realmente acho que dinâmicas diferentes estão envolvidas. Porque enquanto o relaxado, distraído e auto-indulgente pode esconder (e esconde) essas características debaixo de um lençol de comportamento aceitável, formal e até atraente, o supra-empreendedor raramente esconde seus impulsos. De fato, a maioria dos supra-empreendedores não iria querer nem pensar em fazer isso. Na verdade, o supra-empreendedor raramente tem tempo para relacionamentos, então não é muito freqüente que uma vítima potencial chegue longe o bastante em um relacionamento com uma dessas pessoas para se achar com problemas. Com mais freqüência, o "relacionamento" dissolve-se muito antes de ficar sério, quando a outra pessoa se convence de que não está disposta a ficar sempre em segundo lugar, atrás da carreira do supra-empreendedor.

O exemplo que encontro com mais freqüência é o da pessoa, homem ou mulher, que se envolve com uma outra que pensa ser comum, para descobrir, dois, cinco ou dez anos mais tarde que está dividindo um pouco mais que uma caixa de correio com um esposo supra-empreendedor ausente. É para essas pessoas que eu comecei a olhar mais de perto, tentando encontrar as razões para o comportamento do supra-empreendedor.

Como eu disse, defini três tipos de supra-empreendedores: os **nascidos para isso**, os supra-empreendedores **seduzidos** e aqueles que usam sua **dedicação** para se esconder de outro problema.

Vamos examinar a vítima de sedução primeiro. O que quer dizer estar **seduzido**? O dicionário nos diz que seduzir é "tentar, desviar, incitar alguém a fazer algo errado". Então, alguém que foi "seduzido" foi tentado e sucumbido à tentação, foi desviado. Sedução não implica coerção ou abdução; ninguém é "seduzido" contra sua vontade; contra seu julgamento inicial talvez, mas não, no final, contra sua vontade. Antes, a vontade do sedutor torna-se a vontade do seduzido; sedução implica "rendição". Resistência torna-se, aos poucos, enfadonha, difícil, frustrante, e, no fim, vista como negação. O impulso de resistir por si só torna-se ressentido, como o sedutor quer que seja. As metas do sedutor são aceitas e adotadas por quem está sendo seduzido.

Da mesma maneira, sedução tem um curso lento. Não é apressada; o seduzido não está tomando uma decisão rápida. Ele é incitado aos poucos. A imagem de tentáculos lentamente se enrolando na vítima até que a fuga seja impossível vem à mente com a palavra sedução. Sedução é gradual; não é opressiva. Não se anuncia; não assusta a presa. Não manda aviso nem deixa as intenções ou o preço claros.

Finalmente, conforme a tentação cresce, conforme a sedução faz seu trabalho, as próprias dúvidas e apreensões da vítima são suprimidas ou ignoradas, assim como também os avisos dos amigos e entes queridos que vêem, como a vítima não consegue ver, o perigo iminente. No final, a voz do sedutor é a única coisa que a vítima ouve... ou quer ouvir.

O que, então, fazemos do supra-empreendedor "seduzido"? Eu uso este termo, o **supra-empreendedor seduzido**, por duas razões. A primeira é para diferenciar essa pessoa do homem e da mulher que na verdade se encaixam na categoria do supra-empreendedor "Hollywood/romance" que já citei, aquele que sabe desde a quarta série o que quer da vida e como conseguir. Essas pessoas são adequadas para enredos de filmes e romances. Elas são, para dizer de forma simples, nascidas para conseguir tudo. Porém o supra-empreendedor seduzido raramente nasceu para ser um supra-empreendedor ou pagar o preço. A maioria dessas pessoas começou da mesma forma que você e eu. Elas tropeçaram aqui e ali. Podem ter sido inteligentes; podem ter tido uma boa ética de trabalho. Mas não havia nada que fizesse com que elas sobressaíssem. E aí algo aconteceu.

Essa é a **segunda** razão pela qual eu uso o termo supra-empreendedor **seduzido**, porque o "algo" que aconteceu geralmente provoca uma mudança nas ações e atitudes da pessoa. E as mudanças não acontecem da noite para o dia. Extremamente rara é a pessoa que passa de um esposo ou pai carinhoso e envolvido para um esposo ou pai ausente em poucos dias. Também rara é a pessoa que logo de cara percebe as exigências fora do comum que ela está começando a aceitar e encontrar. Mas com o tempo, esse reconhecimento acaba. Com o tempo, a pessoa muda e não mais vê, necessariamente, as exigências como sendo fora do comum ou enfadonhas. Com o tempo, o foco da pessoa muda. Com o tempo, ela é seduzida.

Com muita freqüência, o "algo" que acontece para começar tudo isso vem na forma de uma promoção ou novo emprego. Algumas vezes, um novo negócio que a pessoa começou. De qualquer maneira, reconhecendo que o novo emprego, posição ou negócio exigem mais esforço do que lhe era exigido antes, a pessoa aceita a tarefa. No começo, as exigências incomuns, sejam noites longas, jantares e viagens de negócios, levar trabalho para casa, ou aparecer no escritório em dias de folga, são aceitas como parte do território e como se não fossem nada demais. "É só dessa vez", "É só nessa época do ano", "É só até terminarmos o projeto" são racionalizações comuns de se ouvir.

Mas a sedução continua. Talvez existam algumas vantagens. Talvez seja a oportunidade de fazer aquela viagem de negócios para Londres. Pode ser uma conferência na bela São Francisco. Talvez haja um bônus, ou uma chance de subir de posto. Quase sempre, existem os elogios e as adulações não só dos superiores. Cabeças começam a se voltar. Prioridades mudam. Logo, as racionalizações param. Afinal, não existem desculpas ou justificativas para se fazer o trabalho de alguém, não é? Por que você/as crianças/meus pais/meus supostos amigos simplesmente não calam a boca e param de reclamar que eu nunca estou disponível para (*preencha o espaço*)? Ninguém vê que estou chegando ao topo? Olhe todo o dinheiro que estou ganhando. Olhe só o que pude comprar. Você não quer que eu seja um sucesso? Se você vai continuar no meu caminho, então talvez minha vida seja melhor sem você. Você pode ser um fracassado se quiser. Aliás, vá achar outro fracassado, se quiser; tenho certeza de que serão muito felizes juntos perdendo seu tempo em (*preencha o espaço*). Mas eu não. **Eu**, eu sou um vencedor!

E por aí vai... sedução completa.

Uma variação freqüente desse tema é "Estou fazendo isso por **você e pelas crianças**". No entanto tudo sucumbe quando o esposo/os filhos/a família e amigos do supra-

Veja Spot correr

empreendedor começam a se ressentir do abandono, conforme as recompensas materiais não mais se comparam à atenção que eles realmente querem e fica claro que o supra-empreendedor está ganhando bem mais com tudo isso do que as pessoas que ele sugere estarem realmente se beneficiando.

Como isso acontece? Por que isso acontece?

Eu acredito que existam três dinâmicas possíveis, algumas vezes trabalhando separadamente, outras vezes trabalhando uma atrás da outra. A primeira é a **dinâmica da afirmação**, constantemente confundida com ganância ou materialismo.

Sob a influência da dinâmica da afirmação, a vítima começa a identificar a si mesma em termos de trabalho e posição. As **fontes de aprovação, cédulas de aprovação e de gratificação da vítima** mudam. O trabalho e sua hierarquia tornam-se as novas e, finalmente, as únicas fontes de aprovação. As cédulas de aprovação que uma vez poderiam ter feito essa pessoa sentir orgulho e se sentir completa são todas substituídas por cédulas associadas com o trabalho. As cédulas de gratificação começam, cada vez mais, a mudar para aquelas coisas que o emprego tem a oferecer, normalmente poder, dinheiro e prestígio.

Em outras palavras, a pessoa começa a definir a si mesma, para encontrar afirmação, em termos do trabalho, e não em termos de família, amigos, comunidade ou grupo. A pessoa "se torna", num sentido muito real, aquilo que ela faz. As velhas relações de fidelidade são trocadas por outras. Não é mais o trabalho que interfere na vida da pessoa, e sim a vida da pessoa que interfere no trabalho. É o trabalho agora, e não o esposo, as crianças, a comunidade ou as associações, que faz essa pessoa se sentir realizada. Às vezes, parece que ela se tornou obcecada por dinheiro e materialismo. É uma dedução fácil de fazer porque é o que a maioria das pessoas vê. Elas vêem recompensas, o dinheiro, as novas aquisições, e pensam que a nova "devoção" da pessoa para com seu trabalho se explica pelo desejo por essas coisas. Porém essa é uma análise muito simplista, porque está acontecendo aqui muito mais do que ganância. Embora eu acredite que os benefícios associados com a posição sejam inúteis – pois eles fazem parte da sedução –, a pergunta que se deve fazer é se o supra-empreendedor está realmente aproveitando essas coisas. Do que serve a casa de $700.000 para alguém que nem vive nela? Do que serve ser associado ao country club para quem nem tem tempo de freqüentá-lo? De que servem todos os últimos aparelhos eletrônicos para alguém que nunca tem tempo de escutar música ou assistir a filmes... e nem saberia que filmes estão passando, porque está muito absorto no trabalho? Então, "ganância" e "materialismo" não são, por si sós, a resposta completa.

Pode ser, no entanto, que a coleção, a aquisição dessas coisas, objetos físicos ou apenas uma crescente conta no banco sejam a gratificação da ação. Ver esses objetos e ler o extrato do banco podem ser afirmantes; pode dar à pessoa uma sensação de realização e valor que ela não consegue encontrar mais em lugar nenhum. Nada mais, nem a família, a casa, os amigos ou o envolvimento com a comunidade preenchem essa necessidade. E então, o trabalho e suas recompensas tornam-se a afirmação.

Para alguns, as recompensas financeiras não são o fator de afirmação, mas o poder e a influência que o trabalho proporciona. "Poder", dizia Henry Kissinger, "é um afrodisíaco". Isso pode ser verdade, mas também é um tóxico potente para a pessoa que o usa. Os vapores do sucesso podem virar a cabeça de alguém tão facilmente quanto o dinheiro. Ter pessoas ouvindo cada comando seu, bajulando, sempre concordando com você... essas coisas podem ser sedutoras. Podem ser afirmantes. Podem levar uma pessoa a se identificar completamente com o papel que ela tem em uma organização.

E assim vemos como a **dinâmica da afirmação** pode ajudar a criar um tipo do **supra-empreendedor** seduzido.

A segunda dinâmica que leva a essa sedução pode ser o **medo de fracassar** ou a sensação de que se tem algo para provar. Lembre-se: agora não estamos falando da versão Hollywood/romance do supra-empreendedor que está contando que seu primeiro $1 milhão vem com a idade de 25. Antes, estamos falando de uma pessoa de sucesso que repentinamente se enfiou em um mundo completamente diferente e foi engolido por ele. Para muitas dessas pessoas, estudos têm mostrado que existe um medo oculto de que a pessoa seja, na verdade, uma fraude, que ela não está realmente à altura da sua posição ou da confiança depositada nela. Medo de que a pessoa vai falhar; de que ela vai ser exposta. Esse medo pode impulsionar muitas pessoas a ser supra-empreendedoras porque estão continuamente tentando satisfazer o demônio interior da dúvida.

Similarmente, a pessoa pode ter sido um fracasso em uma tentativa anterior. Ela pode ter vindo de uma família pobre ou ser membro de uma minoria étnica, racial ou religiosa. Por essas razões e milhares de outras, a pessoa pode sentir que tem algo a provar; e o supra-empreendedorismo se torna o meio de fazê-lo.

É claro que desde que seja a própria pessoa quem está aplicando a pressão, a "prova" nunca será suficiente. Pois não importa quanto a pessoa consiga, nem quão longe ela vá, sempre haverá mais para provar ou mais uma tarefa na qual ela tenha medo de falhar. A sedução, nesse caso, é a crença de que, por meio do supra-empreendedorismo além das expectativas normais, o fracasso pode ser esquecido; que realizar além de todas as expectativas normais pode produzir a "prova" do valor. Infelizmente, já que o medo é auto-induzido, em primeiro lugar, nenhuma influência exterior pode satisfazê-lo. A sedução é, entretanto, o processo por meio do qual a pessoa acredita que pode provar alguma coisa.

O **terceiro** tipo do supra-empreendedor seduzido é aquele que se encontra montando em um tigre do qual "não se atreve a descer"[4]. Essa é a pessoa que ficou tão seduzida pelo estilo de vida do supra-empreendedor que não consegue se imaginar vivendo de qualquer outra maneira. Não importa se ela nunca está na mansão ou apartamento chique que comprou. Essa pessoa não consegue se imaginar vivendo de maneira mais simples, sem as armadilhas do sucesso. Quão forte pode ser essa sedução? Quando a ex-mulher de uma certa estrela do esporte cometeu suicídio, seus amigos mais próximos atribuíram sua ação à inabilidade de viver longe dos holofotes, fama e riqueza que dividia com seu ex-marido.

A sensação de estar quase preso ao sucesso e a suas exigências é freqüentemente posta da seguinte forma:
– Estou em um redemoinho e não sei como sair.

Mas isso é só um artifício. A verdade é que a pessoa tem medo do que vai acontecer se ela sair do "redemoinho". A pessoa pode, por exemplo, não conseguir imaginar o que fazer com o tempo consumido pelo trabalho se esse tempo ficar repentinamente desocupado. Esse medo não é desconhecido dos aposentados e daqueles que foram abruptamente separados de seus trabalhos aos quais se devotaram a vida inteira. Quão forte é esse sentimento para o supra-empreendedor que literalmente preenche sua vida com trabalho? Isso também é sedução; o trabalho, nesse caso, persuadiu a vítima a acreditar que "Você não pode viver sem mim".

Mas nem todos os supra-empreendedores nascem para isso ou são seduzidos para isso. Existe um terceiro tipo de supra-empreendedor que deliberadamente usa as exigências do supra-empreendedorismo como um **refúgio** de outras exigências, responsabilidades ou expectativas que ele não pode cumprir. Qual a reclamação mais básica que aqueles que vivem perto de supra-empreendedores fazem? Com mais freqüência, é a de que eles estão completamente absortos em trabalho; que eles são emocionalmente inacessíveis e indisponíveis para compromissos, porque todas suas energias estão concentradas na carreira. Mas, em muitos casos, isso é intencional.

O homem casado e com filhos, que não queria estar casado ou com filhos, pode usar o supra-empreendedorismo para não ter tempo para as exigências do casamento e da paternidade. A mulher que está muito presa à sua carreira e não tem tempo para relacionamentos pode estar evitando-os por causa de medos e problemas mais profundos. A pessoa que, infeliz consigo mesma, desconta tudo em trabalho, 24 horas por dia, sete dias por semana, pode estar usando o trabalho para evitar quem ela realmente é.

Em todos esses casos, o sintoma frontal, externo, que o mundo vê, é que o supra-empreendedor está dedicando sua vida inteira à sua carreira e ao trabalho. Essa é a pessoa de que falamos anteriormente no livro; é a casca na qual queremos que o mundo nos veja. Mas o **eu** por trás da máscara pode estar usando o supra-empreendedorismo e as exigências que vêm com ele para evitar outras questões de responsabilidade, intimidade e compromisso.

Então, o que isso diz da pessoa que vive ou está envolvida com um supra-empreendedor? O que isso diz sobre o próprio supra-empreendedor? Para aqueles vivendo, ou envolvidos com o supra-empreendedor, infelizmente, esses critérios não são como um passe de mágica que irá mudar o comportamento do supra-empreendedor do dia para a noite. Mas é importante reconhecer que gritar, ameaçar e agir de maneira negativa, ou até ir embora, **NÃO** terão o impacto que você espera. Antes, essas atitudes podem fortalecer a determinação do supra-empreendedor em não ser atrapalhado pelas suas palhaçadas, ou podem, se você for embora, se tornar um alívio para os dois e uma confirmação de que você apenas estava ficando no caminho do sucesso dele. Você não vai ganhar nada atacando de frente o **sintoma** do supra-empreendedorismo, porque o sintoma é apenas um sintoma. É a manifestação interna de algo maior. Muitas vezes, esse algo maior é a sedução que já discutimos. Freqüentemente também é uma máscara para o medo de fracassar ou para a sensação de se ter algo a provar. Se quer salvar o relacionamento com o supra-empreendedor, esses são os problemas que precisam ser tratados. Os critérios apresentados aqui, eu espero, ajudarão você a fazê-lo.

E, para o próprio supra-empreendedor, o que podemos dizer? Vem à cabeça imediatamente aquele velho ditado de que poucas pessoas, em seu leito de morte, foram ouvidas dizendo: "Eu só queria ter passado mais tempo no escritório". Existe verdade nessas palavras, mas talvez as palavras ditas por um amigo sejam mais eficazes.

Ao ser removido da posição com a qual um homem se identificou completamente por quatro anos, abandonando totalmente o resto de sua vida, ele se encontrou devastado.

Ele sentiu que sua identidade lhe tinha sido arrancada. Totalmente deprimido, fez um comentário sobre **seu** escritório e **sua** cadeira, onde agora outra pessoa sentava.

– Esse é o seu erro – comentei. – Não era o **seu** escritório. Você meramente o ocupou por um tempo, como outra pessoa o ocupou antes de você, e outra pessoa ocupou antes dele. Só as paredes ficam para sempre.

É algo para pensar...

CONSIDERAÇÕES FINAIS:
A longa e sinuosa estrada...

Muito bem; então aqui estamos, no fim. E onde isso tudo nos coloca? Espero que nos tenha colocado em uma **posição melhor** do que aquela em que estávamos antes da jornada.

Se você se lembrar, quando começamos o livro, eu falei sobre o *Dick Van Dyke Show* e os pufes nos quais ele costumava tropeçar durante os créditos de abertura, toda semana. Eu disse que todos temos pufes psicológicos ou emocionais nos quais tropeçamos repetidamente, assim como o pobre Dick. Disse que tentaria ajudá-lo a mover aqueles que estavam bloqueando seu caminho para a realização pessoal e profissional.

Agora alguns de vocês podem estar perguntando por que eu não falei de *felicidade* pessoal e profissional. A razão é simples: **eu não posso** fazê-lo feliz. **Não posso fazê-lo e jamais prometeria isso.** Similarmente, você vai notar que eu disse que **tentaria ajudá-lo** a mover os obstáculos psicológicos e emocionais que geramos para nós mesmos; eu nunca disse que eu os moveria. Essa é outra coisa que eu jamais poderia fazer nem prometeria fazer. Só *você* pode fazer isso; a resposta está em *você*.

Este livro trata dos *seus* obstáculos psicológicos e emocionais. Meu trabalho tem sido ajudá-lo a identificá-los, e dar sugestões para evitá-los. Porém, em última estância, como lidar com eles depende de **você**.

– É só isso? – você pode perguntar. – *Nenhuma resposta, nenhuma solução?*

Minha resposta para essa pergunta é: "**Não**... eu não ousaria lhe dar as respostas e certamente não ousaria tentar vender a idéia de que eu tinha **A** resposta para os seus problemas". A *verdade* é que só você pode formular essas respostas.

Na introdução deste livro, se você lembrar, eu escrevi sobre como um amigo meu estava reclamando que o terapeuta dele **o estava deixando louco**. Esse profissional que estava tentando ajudá-lo, ele disse, ficava lhe sugerindo livros para ler e paradigmas para seguir. Então ele foi levado a acreditar que aqui estavam as respostas para suas frustrações pessoais e emocionais: um livro iria resolver suas frustrações românticas e emocionais, outro livro iria resolver seu relacionamento problemático com seus pais. Outro livro ali no canto livraria seu espírito e aquele outro o ajudaria a abrir a porta para a auto-realização. Infelizmente, o único que fica realizado com esses volumes é o autor... que sai para depositar os lucros no banco.

Nesse ponto, você provavelmente notou que eu nunca, nem por uma vez, mencionei o seu eu interior, sua criança interior ou o seu eu-ainda-não-realizado. Francamente, acho que a maioria dessas coisas são **bobagens**. Quando decidi escrever este livro, prometi a mim mesmo e aos meus leitores que eu evitaria a **psicotagarelice**. Não tentaria passar **jargões** como **substitutos para conceitos**. Eu recheei este livro com alguns novos termos? Certamente; o glossário está cheio deles e eles foram necessários para descrever alguns conceitos importantes que eu queria discutir. Mas se você olhar para cada um deles, vai descobrir que são *coisas verdadeiras* que enfrentamos *na vida real*. São apenas nomes que eu dei a coisas e processos pelos quais todos passamos. **Eu acho que isso tudo faz deste livro um livro diferente.** Comecei-o com dois conceitos básicos. O primeiro foi que o **pensamento antecede a ação**; o segundo foi que geralmente nos encontramos em **uma corrente de situações negativas recorrentes por causa dos comportamentos negativos, derrotistas, que repetimos continuamente**. Colocando de outra maneira, eu acredito que somos nós, cada um de nós, quem geralmente provoca uma queda. As situações negativas que normalmente encontramos são, com mais freqüência, produtos do que **pensamos** e do que **fazemos**. Existem somente três exceções a essa regra. São situações negativas que encontramos como resultado de:

- um acidente terrível, imprevisível;
- uma virada cruel do destino; ou
- algo que alguém faz, por qualquer razão, para nos ferir.

Vamos encarar: com que freqüência, no esquema das coisas, somos vítimas de tais acidentes, de viradas do destino incrivelmente cruéis ou da ação ruim e intencional de outra pessoa? Eu diria que a resposta é **não com muita freqüência**. As desilusões que a maioria encontra rotineiramente, aquelas coisas que nos magoam, que acabam com nosso dia e que finalmente se tornam incômodas são os produtos de expectativas não atendidas, desapontamentos e frustrações. Eu ainda diria que a maioria de nossas frustrações com certas situações tem mais a ver com o que pensamos não estar conseguindo de uma situação do que com uma situação particularmente terrível ou onerosa relacionada àquela situação ou relacionamento. Para colocar de outra maneira, o problema geralmente não é o mundo; geralmente o problema somos nós. Portanto, a resposta não está em uma **inversão de paradigma** (seja lá o *que* for!). Certamente também não está em outras pessoas. Para citar Shakespeare, "a culpa... não está nas estrelas, mas em nós mesmos...". Deixe-me dar dois exemplos.

Um casal veio me consultar para falar do estado horrível de seu relacionamento. Infelizmente, quando eles vieram, o casamento estava realmente em apuros. Ele havia se mudado do quarto do casal e eles mal se falavam. Ele havia começado, repentinamente, a desaparecer durante a noite e ela pensava que ele estava tendo um caso. O problema, parecia-me, era a repentina insatisfação do rapaz com quase todos os aspectos de sua vida. Ele estava hostil com sua parceira, de repente passou a odiar seu trabalho e estava correndo o risco de arruinar uma ótima carreira de quinze anos. Quando perguntei o que estava errado, ele tinha uma penca de reclamações, todas focadas na parceira. Com o tempo, percebemos que o problema *real* não tinha nada a ver com ela, que na verdade tinha a ver com o ciúme que ele tinha de um ou outro aspecto do trabalho dela.

Como muitas mulheres fazem quando seus filhos ainda são pequenos, essa mulher teve de arriscar seus quase dez anos de trabalho em uma grande corporação em uma posição que estava abaixo de suas capacidades e suas aspirações. O benefício da troca, é claro, era que a posição não exigia muito dela, o que lhe deixava tempo livre para cuidar das necessidades das crianças. Mas quando o segundo filho do casal chegou à quarta série, essa mulher, *com* o apoio do marido, voltou à carreira que ela seguia antes do nascimento de seus filhos. De repente, não só haviam jantares como também viagens de negócios; e foi aí que o problema realmente começou. O marido *sempre* viajava a negócios, porém, sua posição dentro do governo do estado fazia com que essas viagens fossem quase exclusivamente de automóvel e dentro do estado. As poucas viagens interestaduais geralmente implicavam ir de carro até uma capital próxima ou ocasionalmente ir de trem para a cidade de Nova York. Em contraste, de repente sua esposa estava viajando de jato para Chicago, São Francisco, Nova Orleans, Atlanta, Colorado, Havaí, Montreal, Seattle, Vancouver e Londres. Além do mais, enquanto as despesas eram estritas nas viagens de negócios e também nas acomodações que ele poderia desfrutar, a esposa estava se hospedando em hotéis de primeira classe em alguns dos melhores lugares do hemisfério.

No final das contas, parecia que 90% dos problemas desse casal vinham do ciúme do marido quanto aos locais para os quais sua mulher viajava. Assim, cada vez que ela viajava a negócios, ele ficava mais hostil e mais descontente quando ela voltava. Seu comportamento verdadeiramente lamentável era, em essência, uma tentativa de **se vingar** por ela ter feito a viagem que ele gostaria de fazer. No trabalho, ele estava ameaçando sua carreira por declarar sua frustração diante do fato de que sua próxima viagem era para alguma cidadezinha, e não para San Diego.

No fim, eu ofereci a ele quatro opções, as únicas que ele tinha:

- ele poderia pedir o divórcio e tentar encontrar uma mulher que nunca viajasse para lugares melhores que ele;
- ele poderia tentar forçar a esposa a se demitir do emprego, o que também acabaria no dito divórcio;
- ele poderia tentar encontrar um emprego semelhante ao de sua esposa, mas para o qual estaria despreparado e desqualificado;

• ou ele podia mudar suas atitudes, porque o problema era, em grande parte, ele e sua percepção das coisas.

– O problema – eu disse a ele – não é o que ela está fazendo. É como *você* está encarando. Em outras palavras, o problema não era do tipo que precisava de uma mudança mundial. O problema não era do tipo que precisava que sua esposa mudasse. Antes, as mudanças só poderiam vir dele mesmo. Mas isso não é algo que a maioria de nós faz com facilidade.

Uma das razões pelas quais isso é muitas vezes mais difícil do que podemos imaginar é porque estamos freqüentemente aumentando a situação pela repetição de um padrão negativo. Todos já ouvimos o exemplo no qual uma mulher, a filha de um pai abusivo, alcoólatra, acaba crescendo e tendo uma série de relacionamentos desastrosos com homens alcoólatras. Uma razão pela qual esse exemplo é tão conhecido é porque é fácil de ver. Contudo nem todos os padrões desse tipo são tão evidentes ou facilmente identificáveis.

Como exemplo, usarei um conhecido cuja vida profissional era uma série de frustrações repetitivas. Freqüentemente, ele era contratado para uma posição alta, importante e muito bem paga. E com a mesma freqüência com que era contratado, acabava saindo entre um e dois anos, depois de se indispor com seu superior imediato. Ao olhar para as particularidades de cada situação, essa pessoa viu pouca semelhança entre elas. Existiam aspectos, ele dizia, que faziam cada experiência única. Ao deixar de procurar por um padrão, ele não encontrou nenhum. Mas o padrão *existia*.

No caso dele, o padrão, o pufe profissional sobre o qual ele tropeçava repetidamente, consistia em procurar um trabalho em hieraquias altamente estruturadas, muitas vezes hierarquias muito formais. Esse colega não só tinha um problema com figuras autoritárias, mas também com equipes. Um lobo solitário como sempre foi, ele era um automotivador, aquele que tomava a iniciativa. Na verdade, ele percebeu que suas maiores realizações ocorreram com projetos em que trabalhou sozinho. Era ao término desses projetos, entretanto, quando ele tentava se encaixar na hierarquia corporativa **normal**, que ele inevitavelmente fracassava. O problema não foram os vários supervisores com quem ele entrou em conflito. O problema não era a "carga de trabalho". Antes, o problema era ele mesmo, devido ao seu único estilo de trabalho e sistema de valor. A resposta tinha duas partes. A primeira estava em reconhecer a verdadeira natureza do problema e sua fonte. A segunda era decidir se ele continuaria tentando ser um pino redondo buscando se encaixar em um buraco quadrado.

No final, ele optou por ser autônomo.

Darei um terceiro exemplo. Eu tinha uma paciente há alguns anos. Embora ela tivesse o que muitos consideram uma vida perfeita, como se saída de um livro, ela me procurou com essa vida em completa desordem. Com o tempo, trabalhamos a situação e tudo parecia bem. Dois anos depois, ela voltou. Mais uma vez sua vida estava confusa. Novamente, trabalhamos os problemas e as questões e a colocamos de volta na reta. Três anos mais tarde, no entanto, ela havia voltado. Já que nenhuma das três circunstâncias parecia estar conectada com as demais, precisamos procurar em outro lugar para entender sua situação, especialmente por que realmente não acredito em **má sorte**, a que ela estava atribuindo suas dificuldades contínuas.

Com o tempo, e depois de focar muita atenção em sua infância e criação, eu percebi que essa mulher era **psico-**

logicamente viciada em drama. Situações tumultuosas, discussões angustiantes e confrontos violentos pareciam ser o que caracterizava o relacionamento dos seus pais e de sua infância. Ou seja, essa mulher achava o normal entediante. Quanto mais sob controle a situação se encontrava, mais sufocante ficava para ela. Quanto menos crises havia em sua vida, mais ela se sentia confinada. Tendo um marido amável, carinhoso e um relacionamento estável, ela ansiava pela incerteza e novidade (conseqüentemente, pela excitação) de seus dias de namoro. Tendo chegado a um ponto de segurança em sua carreira, ela sentia falta do desafio de ter de provar algo a si mesma. Tendo conquistado uma posição de respeito em sua comunidade, ela sentia falta de sua fama de adolescente rebelde desrespeitável da cidade. O padrão estava dentro dela; o **problema** estava dentro dela. A resposta, no final, estava **dentro dela**.

Se pensarmos nisso, acredito que muitos, se não a maioria, dos problemas da vida real nos quais tropeçamos todos os dias são como os que estivemos discutindo neste livro; eles vêm de dentro de nós. Vêm de algo que estamos fazendo, de algo que não estamos fazendo, ou de algo que estamos esperando (em vão) que aconteça. Então, se é aí que a maioria das frustrações têm sua origem, não faria sentido começar a procura por soluções ali?

Nada disso é para dizer que a mudança é fácil. As pessoas normalmente querem que os outros mudem primeiro. Querem que a situação mude a seu gosto. Mas isso raramente acontece, e, mesmo que aconteça, normalmente não resolve o problema mais profundo nem trata das questões-base. Nosso amigo que invejava os hotéis nos quais sua mulher se hospedava poderia ficar temporariamente satisfeito se ela começasse a se hospedar em hotéis baratos, mas isso não resolveria as questões mais profundas. No final, a menos que **ele** mudasse a maneira como estava vendo as coisas, continuaria infeliz, não importando quantas mudanças ela fizesse. Além do mais, reconhecer as mudanças que precisamos fazer, e até fazê-las, não significa que um dia iremos gostar da coisa ou situação que, no momento, nos enraivece ou nos frustra. O camarada que estamos discutindo provavelmente *nunca* vai "gostar" do fato de que sua mulher viaje de jatinho para Maui ou Miami a negócios, enquanto ele dirige um carro do estado até uma cidadezinha próxima no meio de uma tempestade de gelo. Mas se ele reconhecer o fato de que a verdadeira fonte de seus sentimentos negativos é o seu ciúme, e não que ela o ignora, abandonando suas responsabilidades ou tendo um caso, ele tem uma chance de lidar melhor com esses sentimentos em vez de deixar que eles o controlem e arruínem seu casamento.

Durante os dezenove capítulos deste livro, tentei ilustrar as coisas que pensamos e impactam nossa vida. Tentei oferecer sinais. Tentei oferecer maneiras de lidar com problemas comuns que atormentam a maioria. Não ofereci respostas garantidas nem soluções completamente certas. As garantias encolhem com o papel; poucas coisas na vida são certas. E como disse Ben Franklin, neste mundo só a morte e os impostos são completamente certos.

Então, o que isso nos deixa?

Deixa a mim a sensação de ter feito o melhor que podia; espero que tenha ajudado.

Deixa a você algumas **escolhas** que provavelmente precisa fazer; espero que faça a melhor delas.

NOTAS

[1] Peter, Laurence J. e Raymond Hull. Morrow, William and Company (maio, 1976).

[2] Existe uma grande quantidade de material acadêmico e popular sobre esse assunto. Apresento apenas uns exemplos, aos quais o leitor pode convenientemente ter acesso.
Modern Beauty: Successes and Failures (http://www.gened.arizona.edu/maccorqu/student_work/dan.htm).
Brumberg, Joan Jacobs. *The body project: an intimate history of american girls*. Random House, New York, 1997.
Lakoff, Robin Tolmach & Raquel L. Scherr. *Face value: the politics of beauty*. Routledge and Kegan, New York, 1984.
Landau, Elaine. *The beauty trap*. MacMillan Publishing Company, New York, 1994.
Sanford Linda T. & Mary Ellen Donovan. *Women and self-esteem*. The Penguin Group, New York, 1984.
Gustafson, Robert & Mark Popovich. *Eating disorders among high school girls*. (http://www.journalism.bsu.edu/Journalism/Alumni/PhoenixSpg00Mark_Bob.html).
Henss, R. *The big five and physical attractiveness*. Presented at the 8th European Conference on Personality. Ghent, Bélgica, 12 de agosto de 1996. (http://www.cops.unisaar-land.de/ronald/PUBLICAT/ABSTRACT/EAPP96.HTM).
Steele. "A threat in the air: how stereotypes shape intellectual identity and performance". In: *American psychologist* 52, p. 713-729, 1997.

Budesheim & DePaula. "Beauty or the beast? The effects of appearance, personality, and issue information on evaluation of political candidates". In: *Personality and social psychology bulletin* 20, p. 339-348, 1994.

Shahani, Dipboye & Gehrlein. "Attractiveness bias in the interview: exploring the boundaries of an effect". In: *Basic and applies social psychology* 14, p. 317-328, 1993.

[3] http://fb.women.com/fashionandbeauty/fashion/imgtalk/b9beau11.htm.

[4] Scarborough, William. *Chinese proverbs*, n. 2082, 1875: "He who rides a tiger is afraid to desmount".

GLOSSÁRIO

Associação de figuras autoritárias: o resultado do processo no qual o lugar, o papel, os direitos e os relacionamentos de uma pessoa com sua figura autoritária primária são estendidos a todas as outras figuras autoritárias (tenha ela direito à autoridade ou não).

Atitudes operantes: aquelas noções de competência própria e habilidade com a qual enfrentamos o mundo; um medidor mental e emocional avaliando riscos e probabilidades de sucesso para cada vez que enfrentamos uma situação desafiadora.

Cédulas de aprovação: as diferentes formas por meio das quais procuramos, reconhecemos e aceitamos aprovação durante a vida.

Cédulas de gratificação: as coisas que nos satisfazem e nos fazem felizes e que mudam com o tempo, conforme amadurecemos.

Competência consciente: o estágio em que sabemos que conhecimento estamos aplicando de forma ativa.

Competência inconsciente: o estágio em que não mais pensamos no que sabemos.

Condicionamento: uma resposta ao estímulo, aprendida, padronizada e muitas vezes subconsciente.

Contradição: uma descontinuidade entre uma meta e as condições sob as quais cada um está tentando atingi-la.

Controle efetivo: a habilidade de ditar inquestionavelmente aspectos importantes e principais de uma situação ou da ação de outra pessoa.

Crenças: uma série de expectativas baseadas em experiência concreta e em uma avaliação racional das ocorrências e resultados prováveis.

Dissonância cognitiva: a descoberta, muitas vezes desagradável, de que aquilo em que firmemente acreditamos não é verdade; que o que pensamos saber é impreciso, mal orientado ou simplesmente errado. Vai além do conhecimento de simples fatos, até crenças mais enraizadas e profundas, confianças e expectativas. Uma incongruência entre o que acreditamos (que é, deveria ser ou vai ser) e o que, talvez tardiamente, descobrimos ser verdade.

Ego ferido: uma série de circunstâncias que prejudica o conceito que você tem sobre si mesmo.

Estímulo: um evento ativo, algo que estimula o cérebro subconscientemente a responder de alguma forma.

Facilitar o ambiente: o processo de identificar uma meta, identificar as partes dela sobre as quais temos algum potencial de controle e fazer tudo, racionalmente,

Glossário

que pudermos para aumentar as chances de atingir essa meta ao exercitar o controle que temos.

Fantasias: uma série de expectativas baseadas mais em desejos do que em experiência concreta e na avaliação racional das ocorrências e resultados prováveis.

Figura autoritária: uma pessoa ou um grupo de pessoas que permitimos ter *controle efetivo* sobre pelo menos uma porção das ações que abrangem nossa vida.

Fontes de aprovação: aquelas pessoas, instituições ou situações que procuramos para a comprovação de nosso valor, lugar e eu.

Hipóteses: uma série de expectativas que vai além da suposição racional, realista de um resultado sobre o qual alguém tem algum grau de controle, em adição a um resultado sobre o qual esse alguém não tem controle nenhum.

Incompetência consciente: estar ciente de conhecimento que não possui.

Incompetência inconsciente: inconsciência da inabilidade de fazer algo.

Individuação: a ruptura dos padrões e laços que definiam amplamente a infância.

Linhas de valores paralelas: ferramentas subconscientes ou emocionais para administrar as vidas crescentemente segmentadas. Conjuntos de valores e normas de comportamento internos que usamos para cada situação e relacionamento diferentes.

Mentira social: palavras ou ações especificamente criadas para esconder ou ocultar os verdadeiros sentimentos em relação a uma situação em favor de uma fachada socialmente aceitável de competência, felicidade, condescendência ou prazer.

Negação: a recusa ativa em aceitar o que é.

Noção de eu: como vemos a nós mesmos, a noção de valor próprio e do tratamento que merecemos.

Padrões de aprovação: aquelas coisas ou ações pelas quais somos recompensados.

Padrão de configuração: aqueles eventos e circunstâncias, especialmente nos primeiros anos da infância, que começam a formar a personalidade e o que vamos ser no futuro.

Pessoa e eu: a diferenciação entre quem realmente somos e como nos sentimos por dentro (o eu), e quem o mundo vê e com quem ele interage (a pessoa).

Projeção: o processo pelo qual atribuímos ou antecipamos sentimentos e atitudes de outra pessoa que na verdade originaram-se em nós.

Recompensa: um benefício palpável que vem das ações ou da performance de alguém.

Glossário

Reconhecimento: a admissão, muitas vezes impalpável, da ação ou da performance de alguém.

Reforço de pensamento: o processo pelo qual a mente subconsciente fabrica substanciação para um sentimento autogerado, muitas vezes projetado.

Resultado planejado: um resultado direcionado, benéfico das ações de alguém. Por definição, algo sobre o qual alguém tem pelo menos um potencial para algum grau de controle.

Ritos de passagem: marcos valorosos, momentos definitivos da vida. Eles podem ter a forma de um evento ou podem ser legal, física ou simbolicamente atribuídos como um significado ou valor.

Supra-empreendedor: alguém que não só atinge uma meta, mas o faz de maneira e com consistência que a maioria das pessoas não consegue. Um padrão comportamental observável.

Sobre o Autor

Mark Hillman, Ph.D., é um conselheiro/professor particular desde 1982. Ele é devotado a ajudar indivíduos, famílias e corporações de negócios a resolver crises e conflitos. Começou sua carreira como diretor do Veterans Educational Program (Programa Educacional dos Veteranos) em Albany, Nova York, depois passou sete anos no ensino público e, desde então, há 21 anos, tem fornecido consultoria privada.

Como indivíduo e terapeuta corporativo, é muito procurado para consultorias e palestras, fornecendo uma grande gama de serviços para mudança positiva. Sua obra foi publicada nos Estados Unidos e ultimamente ele tem realizado seminários na Rússia.

Ele oferece, entre outros serviços:

- aconselhamento individual, matrimonial e familiar;
- treinamento de *performance* máxima;
- aconselhamento estratégico;
- administração sistemática;
- sistemas para o sucesso;
- treinamento executivo;
- pensamento estratégico;
- treinamento criativo;
- planejamento tático;
- formação de equipe.

Natural da cidade de Nova York, ele é casado, tem duas filhas e atualmente mora em Clifton Park, Nova York.

Para mais informações sobre a vasta gama de recursos disponíveis, visite seu website (em inglês):

www.drmarkhillman.com

Leia também outros lançamentos da editora Novo Conceito

O amor não é um jogo

Por que é tão difícil encontrar um bom relacionamento amoroso (e um bom sexo)? Com base em princípios psicológicos testados, utilize os "Dados do Amor" para encontrar sua cara-metade.

Espírito de Dragão

Espírito de Dragão é um guia indispensável para o empreendedorismo do século XXI. Faça a si próprio e a seus negócios um favor. Esta obra não é apenas um livro, e sim um estilo de vida. Aproveite e divirta-se!

Novo Conceito
editora

sac@editoranovoconceito.com.br
Centro de distribuição - (11) 3512-5500
Centro administrativo - (16) 3512-5500

cole aqui

Sim, quero fazer parte do banco de dados seletivo da editora Novo Conceito para receber informações sobre lançamentos na(s) área(s) de meu interesse.

Nome: _____
CPF: _____
Sexo: ○ Masc. ○ Fem.   Data de aniversário: _____

Endereço: _____
Cidade: _____
CEP: _____
Telefone: _____
Fax: _____
E-mail: _____

dobre aqui

De que forma tomou conhecimento deste livro?

○ Jornal   ○ Revista   ○ Internet   ○ Rádio
○ TV   ○ Mala direta   ○ Indicação de professores
○ Outros: _____

Indique sua(s) área(s) de interesse:

○ Interesse geral
○ Relacionamento
○ Negócios
○ Auto-ajuda
○ Saúde
○ Outras áreas _____

Comentários

_____
_____
_____
_____

corte aqui

Título: Meu terapeuta está me deixando maluco!
Autoria: Mark Hillman

Carta Resposta
1.74.05.0297-0 - *DR/SPI*
AC/ Presidente Kennedy
Tecmedd Imp. Dist.
Livros Ltda
CORREIOS

CARTA - RESPOSTA
não é necessário selar

O selo será pago por

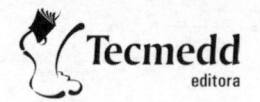

Tecmedd
editora

AC Presidente Kennedy
14.095-971 - Ribeirão Preto - SP

REMETENTE:
ENDEREÇO:

Impressão e Acabamento